배우 탄생

배우 탄생

ⓒ 윤용근 2024

초판 1쇄	2024년 6월 14일			
초판 2쇄	2025년 2월 25일			

지은이	윤용근			

출판책임	박성규		펴낸이	이정원
편집주간	선우미정		펴낸곳	도서출판 들녘
기획이사	이지윤		등록일자	1987년 12월 12일
편집	이동하·이수연·김혜민		등록번호	10-156
디자인	하민우		주소	경기도 파주시 회동길 198
마케팅	전병우		전화	031-955-7374 (대표)
경영지원	김은주·나수정			031-955-7381 (편집)
제작관리	구법모		팩스	031-955-7393
물류관리	엄철용		이메일	dulnyouk@dulnyouk.co.kr

ISBN	979-11-5925-874-9 (03680)

누구나 배우가 될 수 있는
하루 10분 연기 수업

배우
탄생

윤용근 지음

들녘

· 일러두기

- 현장감을 살리기 위해 실제 연기 및 촬영 현장에서 쓰이는 용어들을 본문 중 적극 사용하였다.
- 외래어 표기는 국립국어원의 규정을 따르되 실제 교육 현장에서 쓰이는 용어들의 경우 일부 예외를 두었다.
- 본문 중 예시로 든 시나리오와 대본 등은 저작권사에서 제공받은 원문의 표기법을 따랐다.

목차

"엄마! 내 초록색 긴팔이 어디에 있어?"

유학을 마치고 모스크바에서 귀국하여 인사차 친한 선배가 운영하는 연기학원에 들렀습니다. 그리고 선배의 수업을 우연히 참관하게 되었습니다. 이 글의 첫 문장은 제가 몇 년만에 처음으로 고국에 와서 들었던 어느 연기 지망생의 대사입니다. 어때요? 별로 어려울 것도, 특이할 것도 없는 짧은 대사입니다.

하지만 선배는 한심하다는 듯이 "왜 그게 안 되니?" 하고 면박을 줍니다. 그리고 학생의 연기가 답답했는지 이내 직접 무대에 올라 시범을 보입니다. 중요한 약속 시간에 늦을까 봐 조바심이 난다는 듯 다급히 옷장을 뒤집니다. 찾는 옷이 없자 문밖에 있는 엄마에게 짜증스럽게 소리칩니다. "엄마! 내 초록색 긴팔 어딨어?" 생동감 넘치는 연기에서 인물의 불쾌한 감정이 생생하게 느껴집니다. 하지만 선생님의 시범 연기에 주눅이 들었는지 이후 학생의 연기는 더욱 어색해집니다. 선배가 잔뜩 굳은 표정으로 묻습니다. "연습했니?" 학생은 기어가는 목소리로 대답합니다 "예." 그러자 선배는 이해할 수 없다는 표정으로 그를 더욱 다그칩니다. "연습했는데 옷장 뒤지면서 "엄마! 내 초록색 긴팔 어딨어?" 말하는 게 도대체 왜 안 되냐?" 이제 학생은 금방이라도 울음이 쏟아질 지경입니다. 저는 그 학생이 너무나 안쓰러워서 혼났습니다.

어쩌면 여러분도 이 단순한 대사 한마디를 하지 못하는 연기 지망생을 한심하게 생각할지도 모르겠습니다. 하지만 전 그 학생의 심정을 너무나 잘 이해할 수 있습니다.

'왜 그 학생은 이 단순한 연기를 잘하지 못했을까?'라는 물음이 이 책을 쓴 동기입니다.

저는 이 단순한 연기가 왜 제대로 작동하지 않았는지 정확하게 이해합니다. 옷을 급하게 찾는 '행동'과 "엄마! 내 초록색 긴팔이 어디에 있어?"라는 '대사'를 동시에 수행하다 보니 어색해진 것입니다. 이 경우에는 각각 따로따로 반복 연습하다가 하나로 합쳐서 연습하면 금방 개선됩니다. 이 방법을 알 수 있었던 이유는 선배와 다르게 전 연기를 너무나 못했기 때문입니다. 그래서 연기가 잘되지 않는 원인을 연구하고 수없이 연습하는 습관이 생겼습니다. 하지만 선배는 이 방법을 알 리가 만무합니다. 학부 시절부터 탁월한 재능으로 주인공을 독차지했던 그에게 행동하면서 대사를 뱉기란 너무나 쉬운 일이었기 때문입니다.

　　연기는 과연 선배와 같이 재능 있는 사람들만의 영역일까요? 저는 연기야말로 앞의 학생과 저처럼 재능이 없더라도 남녀노소가 즐길 수 있는 분야라고 생각합니다. 연기는 우리 삶 전반에 알게 모르게 깔려 있기 때문입니다. 예를 들어 아침잠이 많은 전 때론 게을러 보이기도 하지만, 학생들에게는 다정하면서 칭찬이 많은 유머러스한 연기 선생님으로 비춰집니다. 한편 연기 현장에서는 감독과 동료 배우들에게 잘 보이기 위해서 아메리카노를 사람 수만큼 사서 대접하는 여우 같은 배우이기도 합니다. 연극 연출가로서는 카리스마 있게 배우들과 스태프들을 강력하게 통제하는 엄격한 성격도 다분합니다. 저는 한 사람이지만 여러 역할을 수행하기 위해 가면을 쓰고 연기하고 있는 것입니다. 이처럼 우리의 일상생활 곳곳에 연기가 자리 잡고 있기에, 이를 무대나 스크린으로 옮기기 위한 기술만 습득하면 평범한 우리도 훌륭한 연기자가 될 수 있습니다. 그렇다면 드라마, 영화, 연극에서 나오는 배우들을 그저 선망의 대상으로 보는 것을 넘어 한 번쯤은 스스로 유쾌하게 연기라는 장르에 도전해보면 어떨까요?

　　이 책은 연기 지망생과 현장에서 연기를 하고 있지만 실력이 늘지 않는 배우, 연기에 관심 있는 일반인들의 눈높이에 맞춰 쓰였습니다. 저는 비록 재능이 없었지만 연기가 잘되지 않는 원인에 대해서 진지하게 탐구해왔고, 학부 과정과 연극·영화 현장에서 쌓은 이십 년 동안의 연기 경험을 바탕으로 현장에서 유용하게 쓸 수 있는 실용적인 연기술을 터득했습니다. 이를 바탕으로 교육 현장에서 학생들을 가르치면서 효과적인 교육법도 체득하였습니다. 또 영화를 공부하며 단편영화를 연출해보기도 하였고 연극 연출가로서도 활동하고 있기 때문에 배우가 익혀야 할 연기술의 개념과 기술, 마음가짐 등을 포괄적인 안목으로 소개할 수 있게 되었습니다. 이 책에는 현장에서 마주한 다양한 에피소드들이 담겨 있기에 쉽게 공감할 수 있을 것입니다. 꼭 본격적으로 연기를 하지 않더라도 이 책에서 말하는 연기술을 우리 삶에 적용해보면 보다 행복한 삶이 될 수 있을 것이라고 생각합니다.

이 책을 단번에 읽을 필요는 없습니다. 하루 10분이면 연기술의 개념과 원리 한 가지를 이해하기에 충분합니다! 그리고 응용해보세요. 알면 쉽습니다. 이 책을 통해 배우 지망생들은 훨씬 깊이 있는 연기를 하게 될 것입니다. 일반 독자들도 '나도 충분히 연기자가 될 수 있다'는 자신감과 꿈을 얻게 될 것입니다.

우리 모두는 이미 연기자입니다.

저자 윤용근

1부

연기 공부의
중심 잡기

들어가며

"이 안에 너 있다."

십수 년 전 선풍적인 인기를 끌었던 로맨스 드라마 〈파리의 연인〉 에서 '수혁(이동건 분)'이 짝사랑하는 '태영(김정은 분)'에게 사랑을 고백하는 대사입니다. 사랑하는 사람의 손을 자신의 가슴에 가져다 대며 마음을 고백하는 이 장면은 신드롬을 불러일으켰습니다. 각종 매체에서 여러 패러디가 나와 사람들을 즐겁게 했고 연인들 사이에서는 이 대사를 이용해 청혼하는 이벤트가 유행하기도 했습니다. 자신의 마음을 몰라주는 태영에게 "네 눈에 내가 안 보이니?" "이 안에 너 있다." "내 맘속에 너 있어."라고 애절하게 고백하는 이 말들은 지금 생각해도 참 명대사다 싶습니다.

"이 안에 너 있다." 즉 "내 안에 너 있다."라는 말은 묘하게도 연기의 본질을 연상시킵니다. 연기의 본질은 자신이 역할 속으로 들어가서 그 인물을 살아 있게 구현하는 것입니다. 재치 있게 '네 안에 나 있다.'라고 살짝 바꾸면 참 어울리는 표현인 것 같습니다.

누구에게나 수혁처럼 짝사랑을 했던 경험이 있을 것입니다. 그 사람과 함께하는 상상만 해도 즐거워지죠. 어쩌면 연기는 우리에게 짝사랑의 대상일 수 있습니다. 하지만 〈파리의 연인〉에서 수혁의 짝사랑은 태영이 '기주(박신양 분)'에게 마음을 뺏기며 산산이 깨져버립니다. 그리고 수혁은 속상한 마음에 태영에게 "너 가질 거야!"라고 선언합니다.

그렇습니다! 이번 장에서는 짝사랑하는 '연기'를 내 것으로 만들기 위한 여정을 소개합니다. 연기의 핵심 개념과 기본 원리를 소개하고 이를 습득하기 위한 훈련 과정을 단계별로 설명하려 합니다. 바로 연기를 위한 중심을 잡는 것입니다.

1장
연기란 무엇인가?
- 연기의 기본 원리

연기란 예술인가?

드디어 첫 수업 시간입니다. 학생들은 새로운 선생님과 친구들, 낯선 환경에 긴장감이 역력합니다. 하지만 한편으로는 열심히 공부하겠다는 각오와 함께 설렘도 느껴집니다. 저는 간략하게 자기소개를 하고 무거운 분위기를 가볍게 하기 위해서 이런저런 얘기들을 합니다. 다소 분위기가 밝아집니다. 이제 수업을 시작할 준비가 된 것 같습니다. 첫날 수업 주제는 '연기란 예술인가?'입니다. 선생님의 뜬금없는 질문에 학생들의 표정이 하나같이 알송달송해졌습니다. 뭐라고 말해야 할지 머릿속으로 궁리하며 서로 눈치를 보는 듯하더니 한 학생이 용기 있게 대답합니다.

"연기는 예술입니다. 창조 활동이기 때문입니다."

그러자 다른 학생이 반론합니다.

"연기자는 관객을 즐겁게 하는 사람이잖아요? 그런 점에서 광대와 같지요. 많은 연기자가 예능 프로그램에도 적극적으로 출연하잖아요. 예술가가 아니라 사람들을 즐겁게 하는 '엔터테이너'라고 생각해요."

이에 또 다른 학생이 동조하듯 얘기합니다.

"전 연기는 예술이 아니라고 생각합니다. 예술을 떠올리면 피카소의 그림이라든지 클래식 음악같이 뭔가 고상한 것들이 생각나요. 근데 조폭 영화에는 온갖 욕설과 폭력이 난무하잖아요."

첫 시간이라 서로 서먹했던 학생들은 얼마 지나지 않아 의견을 주고받으며 열정적으로 자유 토론에 참여합니다.

"배우가 멋진 연기를 했을 때, 관객들은 감동하잖아요. 이게 예술인 것 같은데요?"

"연기자는 끼가 있어야 한다고 들었는데… 끼랑 예술이 잘 어울리는 말인가요?"

"초등학교 발표회 때 연극을 올렸는데 공연이 끝날 때 관객들이 박수 치는 모습을 보고 굉장한 희열을 느꼈어요. 예술이 뭔지는 모르겠지만… 아 몰라! 그냥 그 순간이 좋았어요!"

저마다 의견이 분분합니다. 여러분은 연기가 예술이라고 생각하시나요? 학생들과 같이 갸우뚱하시는 분들이 계실 것 같습니다. 공부를 시작하기 앞서 우리는 먼저 연기가 예술의 영역에 속하는지 아닌지 따져볼 필요가 있습니다. 우리가 배우를 꿈꾸며 출발할 때 연기가 무엇인지 명확하게 알고 가야 흔들리지 않기 때문입니다.

사실 '무엇이 예술이고, 예술이 아닌가?' '예술의 정의란 무엇인가?'는 학자들 간에도 의견이 분분하며 결코 답을 내릴 수 없는 미학의 난제입니다. 그래서 '이것이 예술이다.'라고 단정 짓기보다는 배우와 연기 선생님으로서, 그리고 연출가의 입장에서 제가 경험한 바에 의해 '연기가 예술에 부합하는가'에 대해 서술해나가려고 합니다.

예술의 사전적 정의는 "특별한 재료, 기교, 양식 따위로 감상의 대상이 되는 아름다움을 표현하려는 인간의 활동 및 그 작품"입니다. 그렇습니다. 아름다움을 향한 욕구는 인간의 자연스러운 본능입니다. 자신이 생각하는 아름다움을 표현하고 싶어 하는 것 또한 그렇습니다. 우리는 그림, 춤, 시 등 아름다운 무언가를 창조하기 위해서 아무런 대가 없이 즐겁게 수고하고 노력합니다. 그리고 마침내 작품이 완성되었을 때 '희열'을 느낍니다. 더 나아가 자신이 만든 작품이 감상의 대상이 되어 사람들을 감동시키고 공감을 얻게 되면 그 감정은 극대화됩니다. 이렇게 관람객과 공유된 정서적인 상태를 '카타르시스'*라고 하며 이는 창작의 중

---

* 아리스토텔레스는 『시학』에서 '카타르시스'는 비극을 봄으로써 마음에 쌓여 있던 우울함, 불안감, 긴장감 따위가 해소되고 마음이 정화되는 일이라고 설명한다.

요한 동기가 됩니다.

그렇다면 연기는 어떤가요? 앞서 설명한 일련의 단계를 완벽하게 반영합니다. 처음에는 드라마·영화·연극 등을 보면서 배우들의 연기가 멋지다고 느낍니다. 그러다 보면 나도 한번 연기를 해보고 싶다는 생각이 듭니다. 그래서 대학이나 학원을 다니며 멋진 연기를 하기 위해서 공부하고 끊임없이 기술을 연마합니다. 대가 없이 수고하고 노력하는 것입니다. 드디어 첫 작품이 올라가고 자신의 역할에 혼신의 힘을 다합니다. 사람들의 우레와 같은 박수 소리를 들으며 매우 뿌듯한 성취감을 느낍니다.

이와 같은 관점에서 배우는 예술가라고 할 수 있습니다. 이 책은 연기는 예술이라고 인식하는 데서 출발합니다.

10분 Key Point
연기는 예술이다.

연기의 본질과 메소드 연기

예능 프로그램을 보다 보면 '메소드 연기'라는 용어를 자주 듣게 됩니다. 패널이 주어진 역할을 잘해내면 주변 패널들은 "오! 메소드 연기 멋져요!" 하면서 흥을 돋우고, 어설픈 연기를 펼쳤을 때는 "에이! 완전히 발연기다!"라고 놀리면서 시청자들을 즐겁게 하죠.

이런 장면만으로 메소드 연기가 무엇인지 정확히 알 수는 없지만, 긍정적인 의미를 가지고 있는 것만은 분명해 보입니다. 학생들에게 메소드 연기란 무엇이라고 생각하는지 물어보았습니다. '진실되고 진성성이 느껴지는 연기' '관객과 교감하는 연기' '감동을 주는 연기' 등 다양한 대답이 돌아옵니다. 그럴듯하지만, 과연 그럴까요? 메소드 연기란 무엇일까요?

'메소드(method)'는 '방법'이라는 뜻입니다. 이를 바탕으로 직역하면 '메소드 연기'는 '연기 방법'이 되겠네요. 학생들의 생각까지 풀어서 얘기하면 메소드 연기는 '좋은 연기, 관객과 교감하는 연기, 진실된 연기를 하기 위한 방법'이라고 해석할 수 있습니다. 예술가들은 작품을 아름답게 완성하기 위해서 '어떻게 표현할 것인가'에 대해 깊이 고민하고 상당한 수고와 시간을 들여서 '기법'을 연마합니다. 즉 예술가인 우리에게 메소드 연기는 '아름다운 연기를 위한 기법'을 의미합니다.

　　연기론의 역사를 살펴보면, 유럽과 러시아, 미국의 훌륭한 연기 교육자들은 이 '메소드 연기'를 깊이 연구하고 제자들에게 전파했습니다. 그중 러시아의 콘스탄틴 스타니슬랍스키(Konstantin Stanislavsky, 1863~1938)는 단연 눈에 띄는 인물입니다. 전 세계의 모든 메소드 연기론이 그가 창안한 '연기 시스템'에 뿌리를 두고 있기 때문입니다. 현대 연기술의 아버지라 불리는 그는 19세기 말 유럽에서 유행하던 과장되고 외형적인 연기를 경계했습니다. 대신 배우가 자신이 맡은 역할의 내면으로 들어가서 그 역할을 살아 있는 인격과 영혼을 가진 인물로 구현하기를 원했지요. 연기를 통해서 예술적인 감동을 관객에게 전달하고 싶었기 때문입니다. 그래서 이를 위한 연기 방법론, 즉 메소드 연기를 평생 연구했습니다.

　　이후 '스타니슬랍스키 연기 시스템'이라고 불리는 그의 이론은 전 세계로 뻗어나가 자리를 잡았습니다. 대중에게 잘 알려진 할리우드 배우들의 연기도 그의 연기 시스템에 기초한다고 볼 수 있습니다. 할리우드 배우들의 산실이라고 불리는 그 유명한 '액터스 스쿨'도 그의 제자의 제자들에 의해 설립되었기 때문입니다. 이 책 또한 한국의 현실에 맞게 그의 연기 시스템을 바탕으로 하고 있어요.

　　저는 스타니슬랍스키를 매우 좋아하고 존경합니다. 평생 배우로 살았던 그는 여느 이론가와는 달리 연기의 작동 원리를 배우의 입장에서 고찰했을 뿐만 아니라 배우의 심리적인 부분까지 매우 섬세하게 연구했기 때문입니다. 러시아 유학 시절에 그의 시스템을 온몸으로 체득한 저는 한국에서 배우 활동을 하고 학생들을 가르치면서 그의 이론에 공감할 때가 참 많습니다. 사실 스타니슬랍스키는 저의 모교인 쉐프킨 대학의 120년 전 선배이기도 합니다.

아차! 얘기가 삼천포로 빠졌네요. 메소드 연기를 얘기하다가 정작 매우 중요한 연기의 본질을 설명하지 못했습니다. '진실되고 진정성 있는 연기' '관객과 교감하며 감동을 주는 연기'의 본질은 스타니슬랍스키가 설파한 '자신이 역할 속으로 들어가서 그 인물을 살아 있게 구현하는 것'입니다. 그리고 우리는 이를 위한 '메소드 연기'를 공부하는 것입니다.

10분 Key Point
메소드 연기는 자신이 역할 속으로 들어가서
그 인물을 살아 있게 구현함으로써
'연기의 본질'을 실현하기 위한 방법이다.

연기에도 원리가 있다

어떤 분야든 기본 원리가 있습니다. 저는 사진 찍는 것을 아주 좋아합니다. 사진을 잘 찍기 위해서는 카메라가 가지고 있는 세 가지 기술적 속성을 잘 알아야 합니다. '조리개' '셔터 스피드' '감도'가 바로 그것입니다. 이 속성들을 잘 파악하고 활용했는가에 따라 좋은 사진과 나쁜 사진이 갈립니다. 이외에도 음악, 스포츠 등 모든 분야에는 기본 원리가 있습니다. 서점에 가면 '돈의 원리' '정치의 원리' 등 다양한 분야에서 원리를 강조하는 책들을 찾아볼 수 있습니다. 이처럼 메소드 연기에도 명백하고 분명한 원리가 있습니다! 바로 다음의 세 가지입니다.

1. 보고 듣고 말하기
2. 상황·목적·사건
3. 이성·의지·감정

매우 단순하고 쉽지요? 이 세 가지 원리만 깨닫는다면 연기 실력은 쑥쑥 발전합니다. 하지만 이 원리들은 쉬워 보여도 막상 습득하려면 은근히 만만치 않습니다. 헷갈릴 수도 있고, 머리로 이해했다 해도 몸으로 익히는 데는 또 다른 어려움이 따르거든요. 하지만 걱정할 필요는 없습니다. 제가 이해하기 쉽게 설명해 드릴 것이기 때문입니다. 지금부터 하나씩 차분하게 알아봅시다.

10분 Key Point
메소드 연기에는 세 가지 원리가 있다.

첫 번째 원리: 보고 듣고 말하기

연기의 첫 번째 작동 원리는 바로 '보고 듣고 말하기'입니다. ('상대방을 느끼기' 혹은 '상대방에 반응하기' 등으로 가르치는 교사들도 있습니다.) 대단한 원리를 기대했는데 너무나 당연한 내용인가요? 하지만 연기자 지망생과 초보 배우들은 상대방을 전혀 보거나 듣지 않고 자기할 말만 합니다. 머릿속에 자신이 외운 대사만 가득 차 있어서 상대방의 표정과 행동을 보는 듯해도 보지 못하고, 대사 또한 전혀 들리지 않는 것입니다. 대신 상대방의 대사가 끝나는 지점이나 어떤 약속된 액션 타이밍에 맞춰서 자신의 대사를 칩니다. ('대사를 치다'는 '대사를 말하다'라는 뜻으로 연극·영화 현장에서 통용되는 은어입니다. 이 책에서는 현장에서 쓰는 여러 은어들도 소개할게요. 알게 되면 굉장히 재밌을 뿐 아니라, 실제 연기 현장에 와 있는 듯한 느낌을 받을 수 있을 거예요.) 그래서 상대 연기자와 교감하지 못합니다.

　　왜 이런 현상이 나타날까요? 이것은 비단 연기 현장에서만 일어나는 일이 아닙니다. 곰곰이 생각해보면 일상 대화 속에서도 이런 경향은 두드러집니다. 누구나 상대방이 아직 이야기하고 있는데 내가 하고 싶은 말이 떠올랐던 경험이 있을 것입니다. 참지 못하고 내뱉어버리고 나면, 상대방은 '어, 내 말이 끊겼네.' 하고 다시 자기 생각을 이어 말할 타이밍을 찾습니다. 그렇게 대화가 끊어지는 경우가 다반사입니다. 사람은 듣기보다는 말하고 싶은 본능이 강하고, 자신의 생각과 이야기를 털어놓고 인정받고 공감받고 싶은 욕구가 크기 때문입니다.

그래서 연기에서 '보고 듣고 말하기'는 결코 쉽지 않습니다! 저 또한 학부 시절 교수님들로부터 지적을 많이 받았습니다. "욘!* 너는 상대방을 보지도, 듣지도 않고 네 대사만 내뱉어! 이 무대에 너만 있다고 생각하니? 그러니까 진정성 없는 보여주기식 연기만 하는 거야!" 머나먼 이국땅까지 유학 와서 이 년 넘게 같은 지적을 받다 보니 스트레스가 극심했습니다. 하지만 3학년이 되면서 이 원리를 극적으로 깨닫게 되었습니다. 이후로 교수님들로부터 칭찬도 많이 받게 되었고 결국 4학년 졸업 공연에서 주인공 역할도 따내게 되었습니다.

연기는 상대방을 정확하게 보고 상대방의 대사를 정확하게 듣고 그다음에 자신의 얘기, 즉 대사를 하는 것입니다!

하지만 이 원리는 만만한 게 아닙니다. 저는 아둔하게도 이

* '욘'은 러시아에서 불리는 저자의 애칭이다. 러시아어에는 이응 받침이 없어서 용근을 '욘'이라 불렀다. 러시아 사람들은 이름이 길어서 애칭으로 대화하는 경우가 많다.

개념을 깨닫는 데 이 년 넘게 걸렸지만, 여러분은 단숨에 깨달으셨으면 좋겠습니다.

10분 Key Point
연기의 첫 번째 원리는 '보고 듣고 말하기'다.

두 번째 원리: 상황·목적·사건

배우는 당연히 대본을 보고 연기합니다. 그렇다면 대본을 분석하는 기준이 있어야 하고 대본 속에서 연기가 작동하는 근거를 찾아야 합니다. 그 기준과 근거가 바로 '상황·목적·사건'입니다. 풀어서 설명하겠습니다. 상황 속에서 인물은 목적을 지니는데, 이 목적이 방해받는 지점이 사건입니다. 그리고 사건으로 인해서 상황은 변하거나 굴절되거나 반전되거나 승화됩니다. 좋은 작품은 처음부터 끝까지 사건으로 인해서 상황이 변화무쌍하게 달라집니다. 맡은 역할을 훌륭히 연기해내기 위해서 배우는 대본 속에 나타난 상황을 파악하고 인물의 목적을 정해야 합니다. 그리고 사건의 양상이 달라지는 지점을 정확하게 찾아서 그 크기와 강도에 적절하게 반응해야 합니다.

강조하겠습니다! 배우가 대본 속의 '상황·목적·사건'을 분석하는 일은 작가가 쓴 대본 속 인물을 파고 들어가는 핵심 사고입니다. 저는 이를 아주 중요하게 생각하여 학생들을 가르칠 때마다 나를 '상황·목적·사건의 쌤'으로 불러달라고 할 정도입니다.

고대 희랍극부터 현대극까지 희곡의 범위는 무궁무진합니다. 극작법 역시 시대와 국가, 종교, 문학사조별로 너무나 다양해서 하나의 포괄적인 이론으로 정리되지 못합니다. 영화 시나리오도 마찬가지입니다. 물론 시나리오 작가 지망생들의 바이블로 불리는 로버트 맥키의 시나리오 작법서『STORY: 시나리오 어떻게 쓸 것인가』나 할리우드의 유명 시나리오 작가 블레이크 스나이더의『SAVE THE CAT!: 흥행하는 영화 시나리오의 8가지 법칙』같은 걸출한 작법 이론서들도 있지만, 영화는 마치 현대미술과 같아서 감독의 성향, 개성, 추구하는 장르, 가치관 등에 따라 너무나 다양한 작품들이 넘쳐납니다. 이것들을 통일되고 규격화된 이론으로 정의할 수는 없습니다. 그렇지만 어떠한 대본이든 '상황·목적·사건'이라는 개념으로 텍스트를 파고 들어가서 분석할 수 있는 능력만 있다면 그 어떤 연출가나 작가가 그린 장면이라 해도 멋지게 표현할 수 있을 것입니다.

#후원 / 밤

손을 가져가 하선의 얼굴을 찬찬히 쓰다듬는 중전. 잔뜩 긴장하여 굳어 있는 하선, 침을 꿀꺽 삼킨다. 바로 그때, 하선의 목으로 시퍼렇게 날선 **칼날**이 들어온다. 칼을 따라가면, 도부장이 칼을 겨누고 있다. 당혹스런 하선, 이해할 수 없다는 표정으로 도부장을 쳐다본다.　[A]

하선: 도, 도부장…?　[B]

[B]

도부장: 어디서 돼먹지 않은 수작질이냐.

중전: 이 무슨 짓이오!

도부장: 마마 비켜서십시오. 이자는 전하가 아니옵니다.

하선: …! (안색이 흙빛이 된다)

도부장: 네놈이 도승지 영감을 속이고 상선을 속였을지는 몰라도
　　　　내 눈을 속일 수는 없다. 네가 임금이라면 당장 이 자리에
　　　　서 네가 전하임을 증명해라. 그리하지 못하면… 너의 목을
　　　　칠 것이다.

하선: (땀 삐질… 힐끗 중전을 보며) 아니, 내가 임금인데 임금인 걸 증명
　　　　하라니…

중전: 어서 검을 거두지 못할까!

도부장: 아니 되옵니다. 이자가 진짜라면 신이 이 자리에서 칼을
　　　　물 것입니다!

기겁한 얼굴로 침을 꿀꺽 삼키는 하선,
도부장은 조금의 흔들림도 없이 결연한 표정이고…

중전: 중전인 내가 전하를 못 알아볼까 싶은가.

도부장: (살짝 흔들리는) 허나… 분명히 이자는…

중전: 전하. 소첩의 몸에 **손톱만 한 붉은 점**이 있사옵니다. 아시옵
　　　　는지요.

하선: (잠시) 그것이… 왼쪽… 젖가슴에…

030

중전: 어서 검을 거두어라.

하선: (동그랗게 눈을 뜨고… ??)

도부장: (여전히 칼을 겨눈 채 주저)

중전: 내가 네놈에게 젖가슴이라도 내보여야 믿겠느냐!

중전이 옷고름을 풀어헤치자 기겁하며 무릎 꿇는 도부장.

도부장: 전하~ 죽여주시옵소서~

하선: (식겁해서) 아니 뭐… 그럴 거까진 없고…

도부장: (칼끝을 자기 목에 들이대며) 무엇으로 대역죄를 덮을 수 있겠
　　　　사옵니까. 불충의 죄, 소신의 목숨으로 갚겠나이다.

하선: 야아~ 그러지 말라니까~

도부장: 강녕하시옵소서 전하~

갑작스런 상황에 놀란 중전, 미처 말리지도 못하고 질끈 눈을 감는
데… 퍽! 중전이 다시 눈을 뜨면, 정신을 잃은 채 옆으로 쓰러진 도
부장 보이고… 그 뒤에 두루마리로 내리친 하선, 식은 땀을 훔쳐
낸다.

[C]

추창민 감독. 영화 〈광해, 왕이 된 남자〉.
하선(이병헌 분), 중전(한효주 분), 도부장(김인권 분).
CJ ENM 제공.

'천만 영화'로 우리에게 잘 알려진 영화 〈광해, 왕이 된 남

자〉의 대본 일부입니다. 참 극적인 장면입니다. A4 용지 한 장 정도의 짧은 분량 속에 사건이 무려 세 번 들어가 있고 네 개의 상황이 응축되어 있습니다. 이 사건들이 굴절되는 지점은 '칼날' '손톱만 한 붉은 점' '퍽!'입니다. [A]에서 하선과 중전의 은밀한 데이트는 '칼날'이 들어오는 사건으로 인해서 생사가 오가는 긴박한 상황으로 굴절됩니다. 그리고 이 위급한 상황은 [B]에서 '손톱만 한 붉은 점'으로 인해 완전히 반전됩니다. 도부장이 공격하고 하선과 중전이 방어하는 상황이었는데 전세가 역전된 것입니다. [C]에서 도부장은 불충의 죄를 저질렀다는 죄책감을 감당하지 못하고 자결하려 합니다. 그리고 하선이 그런 그의 머리를 두루마리로 '퍽!' 하고 내리침으로써 상황이 승화됩니다. 자신을 해하려 했던 도부장을 살려냈으니까요.

각 인물의 목적도 사건으로 인해서 달라집니다. 데이트 상황에서 중전과 하선의 목적은 연인과 로맨틱한 시간을 갖는 것입니다. 하지만 하선의 목에 도부장의 '칼날'이 들어오면서 하선의 목적은 이 위급한 상황을 모면하는 것으로, 중전의 목적은 하선을 구출하는 것으로 변합니다. 도부장의 목적은 하선의 정체를 밝혀내는 것입니다. 이후 '손톱만 한 붉은 점'이라는 사건의 지점이 제시되면서 각 인물의 목적은 또다시 바뀝니다. 도부장은 자결하려 하고, 하선과 중전은 그런 도부장을 말리려 합니다. 그리고 '퍽!' 소리와 함께 하선과 중전의 목적이 달성되면서 긴박했던 장면이 마무리됩니다. 복잡하죠?

텍스트를 시각적으로 구현하는 우리 배우들은 꼭 대본에 있는 '상황'을 면밀하게 파악하고 인물의 '목적'에 맞게 행동해야 합니다. 그리고 '사건'의 지점을 정확하게 파악하고 그 크기와 경중에 알맞게 반응해야 하죠. 학생들 대부분은 '칼날'과 '퍽!'이라는 사건을 잘 받아들입니다. 액팅(acting)이 외적으로 강하게 표현되기 때문입니다. 그에 반해 대사로 표현되는 '손톱만 한 붉은 점'은 아예 인지하지 못하는 경우가 대부분입니다. 하지만 가만히 생각해보세요. 손톱만 한 큰 점, 그것도 붉은색 점이 팔이나 손등에 있었다면 하선뿐 아니라 다른 사람들 눈에도 충분히 잘 띄었을 것입니다. 그러나 하선이 '그 점은 중전의 왼쪽 가슴에 있다'고 말함으로써 도부장은 감히 더 이상 그를 의심할 수 없게 되었습니다. 큰 충격을 받았을 도부장의 상황도 우리는 충분히 납득할 수 있습니다.

연기가 작동하는 두 번째 기본 원리는 '상황·목적·사건'입니다. 다시 강조하자면, 상황 속에 인물의 목적이 있고 목적이 방해받는 지점이 사건이 됩니다. 그리고 사건으로 인해서 상황은 변하거나 굴절되거나 반전되거나 승화됩니다.

10분 Key Point
연기의 두 번째 원리는 '상황·목적·사건'이다.

세 번째 원리: 이성·의지·감정

우리는 늘 생각하고 행동하며 감정을 느낍니다. 무대 위나 스크린 속 인물들도 마찬가집니다. 그렇기에 우리는 그들의 이야기에 공감할 수 있습니다. 배우는 이성으로 생각하고 의지로 행동하면서 감정을 표현합니다. 바로 '이성' '의지' '감정'으로 연기하는 것이죠. 그런데 이 세 가지 요소는 각각 중요도가 다릅니다. 우선순위가 있다는 것입니다. 그렇다면 이 세 가지 요소 중 연기할 때 가장 중요한 요소가 무엇일까요? 가장 중요하지 않은 요소는요?

학생들 대부분은 '연기에서 가장 중요한 요소는 감정'이라고 대답합니다. 배우의 감정이 살아 있어야 관객들에게 인물의 정서를 전달할 수 있다면서요. 의외로 의지가 가장 중요하다는 답변도 꽤 나옵니다. 감정은 희곡이나 시나리오와 같이 글에서도 충분히 전달될 수 있지만, 연기자는 행동으로 감정을 표현하기 때문에 의지가 가장 중요한 요소라는 것이지요. 매우 훌륭한 대답입니다. 이때, 한 학생이 친구들의 자신감 있는 대답에 기가 눌렸는지 확신이 없어서인지는 모르겠으나 별 기대 없이 힘없는 목소리로 발표합니다. "이성이 아닐까요? 감정과 의지도 연기함에 있어 물론 중요하지만, 그 연기를 조절하는 것은 이성 같아요."

맞습니다! 이성이 가장 중요합니다. 정리하자면 세 요소는 '이성>의지>감정' 순으로 우선순위를 가지며, 의외로 연기하는 데 감정은 별로 중요하지 않습니다. 심지어 연기를 할 때 감정이 생기면 선물 받은 것처럼 고맙게 생각하면 되고 생기지 않으면 그만입니다! 한 문장으로 풀어서 설명하자면 **"이성으로 생각하고 의지로 행동하면 감정은 딸려온다. 안 딸려와도 상관없다."**입니다. 파격적인 논리에 학생들은 일동 찬물을 맞은 것처럼 혼란스러워하다가 이내 사뭇 진지해집니다. 이 글을 읽는 여러분도 어쩌면 혼란스럽고 헷갈리실지도 모르겠습니다. 하지만 다음의 이야기를 차분하게 읽으면 이해하실 수 있을 거예요.

먼저 연기술에서 이성, 의지, 감정은 각각 무엇인지 알아보죠. 앞서 우리는 '상황·목적·사건'을 배웠습니다. 연기술에서 '이성'은 인물이 처한 상황에 대한 정확한 사고입니다. 배우는 대본을 통해 인물이 처한 상황을 논리적으로 파악하는 것은 물론 목적도 분명하게 설정해야 합니다. 또한 사건의 강도도 정해야 합니다. '의지'는 목적을 향한 인물의 행동이 될 것입니다. '감정'은 상황 속에서 사건으로 인한 인물의 고뇌, 기쁨, 슬픔, 분노 등의 기분이나 상태입니다.

허회진 작/연출.
연극 〈서울 도심의 어느 지하실〉. 윤용근 배우.

저는 왜 연기에 있어 감정이 그리 중요하지 않다고 말했을 까요? 인물의 감정을 잘 표현했을 때 배우는 그 역할에서 완벽하게 성공합니다. 관객들의 찬사는 물론이고 연출가의 호평도 이어집니다. 매우 이상적이죠. 하지만 현실은 인물의 감정을 잘 표현하지 못하는 경우가 생각보다 많습니다. 이 경우 역할 수행은 완전히 실패하고 이는 곧 작품의 실패로 직결됩니다.

연극 작품이 10일 동안 총 14회 공연된다고 가정했을 때 배우는 그 모든 공연 중 같은 시간, 같은 타이밍에 맡은 인물의 감정을 정확하게 표현해야만 합니다. 그렇지만 감정이 잘 잡힐 때가 있다면 안 잡힐 때도 있는 법입니다. 그래서 감정을 중요하게 생각하면 연기의 기복이 생기게 됩니다. 그렇게 되면 성공한 공연과 실패한 공연이 극명하게 나뉘게 되지요. 또한 배우의 신변에 어떤 문제라도 발생하면 연기에 큰 방해 요인이 됩니다. 저는 새벽에 급성 장염으로 엄청난 복통을 호소하며 응급실에 실려 간 적이 있습니다. 당장 그날 오후 세 시에 공연이 있었습니다. 입원하라는 의사의 권유를 물리치고 무대에 올라 공연을 어떻게 마쳤는지 기억도 나지 않습니다. 다만 극중에서 연기할 때는 이성으로 상황을 파악하고 의지로 행동을 밀어붙였습니다. 아쉽게도 컨디션이 너무 안 좋았기 때문에 전혀 감정이 따라오지 않았습니다. 하지만 그날 공연은 다행히 실패하지 않았습니다. 성에 차지는 않았지만, 공연이 끝났을 때 관객들의 반응과 연출의 평가에 의하면 평소 공연과 별 차이가 없었다고 합니다.

　　이밖에도 두 시간 가까이 공연하다 보면 무대 위에서 배우의 감정이 깨지는 치명적인 사고가 비일비재합니다. 본인 혹은 상대 배우가 대사를 잊어버리거나 공연 중 소품이 망가지는 경우, 상대 배우와 약속된 액션에서 합이 맞지 않아 부상당하는 경우 등. 만약 감정을 가장 중요하게 앞세운다면 이런 역경을 헤치고 끝까지 공연을 마칠 수 있을까요? 감정이 무너지는 순간 우리는 이성으로 재빠르게 상황을 판단하고 그다음 의지로 행동해서 공연을 끝까지 마무리해야 합니다.

　　영화에서는 하나의 장면을 만들 때 배우에게 같은 연기를 여러 번 반복하게 하고 그중 가장 좋은 것을 골라 편집합니다. 배우는 같은 연기를 생각보다 훨씬 많이 반복해야 합니다. 이를 설명하기 위해서 먼저 '신(scene)' '컷(cut)' '테이크(take)'의 개념을 간략하게 설명하겠습니다. 영화에서의 장면을 '신'이라고 합니다. '신'은 여러 '컷'으로 이루어지고 '컷'은 몇 번의 '테이크'로 촬영됩니다. '신'은 시간과 공간이 구분된 장면이고 '컷'은 장면을 구성하는 영상입니다. 그리고 '테이크'는 영상을 반복하여 촬영하는 횟수입니다.

전쟁으로 오랫동안 헤어져 있던 부부가 극적으로 재회합니다. 아내는 전투에서 부상을 입어 불구가 된 남편을 보고 오열합니다. 이 신을 네 개의 컷으로 구성했다고 가정해봅시다. 컷마다 연기자가 단번에 성공적인 연기를 했을 때, 연기자는 최소한 같은 연기를 네 번 반복합니다. 하지만 자신 혹은 상대 배우가 실수하거나 스태프의 기술적인 문제 등으로 인해 엔지(NG)*가 나면 어떨까요? 바로 테이크, 즉 영상을 촬영하는 횟수가 늘어나게 됩니다. 이런 일은 흔합니다. 이러저러한 이유로 하나의 컷을 위해 세 번의 테이크가 진행된다고 치면 배우는 하나의 신을 위해서 총

---

* 엔지(NG)는 촬영에 실패해서 편집에서 쓸 수 없는 경우를 이르는 용어다. 보통 촬영에 성공했을 때는 오케이(OK), 편집에서 필요할 여지가 있는 테이크라면 킵(KEEP)이라고 칭한다.

열두 번 같은 연기를 해야 합니다. 네 개의 컷을 각각 세 번의 테이크로 촬영하니까요. 무려 열두 번이나 같은 타이밍에 오열하며 눈물을 흘려야 하는데, 이게 과연 가능할까요? 초보 배우라면 어떤 테이크에서는 오열하며 연기를 펼칠 수 있겠으나, 상당 부분 실패할 것입니다. 편집 감독의 원망도 커지겠지요. 이 컷에서는 눈물을 흘렸는데 다른 컷에서는 눈물이 안 났으니 컷이 전혀 붙지 않으니까요. (여기서 '붙다'는 '어울리다' '조화를 이루다'라는 뜻으로 영화 현장에서 쓰는 은어입니다.)

　　앞서 든 예시는 영화 〈국제시장〉에서 '영자(김윤진 분)'가 베트남 전쟁을 마치고 귀국한 남편 '덕수(황정민 분)'를 수년 만에 만나는 장면입니다. 실제 영화에서는 무려 열세 개의 컷으로 구성되었습니다. 그렇다면 과연 총 몇 테이크가 진행되었고 연기자는 몇 번 오열하면서 감정연기를 했을까요? 산술적으로 컷당 세 번의 테이크로 진행되었다고 쳐도 서른아홉 번입니다! 서른아홉 번을 눈물 콧물 흘리며 오열하는 일이 가능할까요? 가능합니다! 인물의 감정을 피상적으로 표현하려 하지 않고 이성으로 상황을 파악하고 의지로 행동한다면 백 퍼센트까지는 아니라 해도 감정이 딸려오기 마련입니다.

　　이십 년 동안 연기하고 학생들을 가르치면서 관찰한 결과 감정을 중요시하면 역할을 성공적으로 연기할 확률은 십 퍼센트 정도밖에 안 되는 것 같습니다. 소위 영감이라는 게 왔기 때문에 이 십 퍼센트의 연기는 백 점 만점짜리 연기입니다. 하지만 나머지 구십 퍼센트는 빵점짜리 연기가 됩니다. 한두 번 정도는 역할을 성공적으로 연기할 수 있지만 나머지는 성공 확률도 적을 뿐 아니라 연기의 기복도 상당합니다. 프로의 세계에서는 용납할 수 없는 일입니다. 반면 이성으로 상황을 판단하고 의지로 행동한다면 설사 감정이 전혀 따라오지 않아서 아쉬울 수는 있겠지만 14회의 공연과 서른아홉 번의 테이크 내내 최소한 실패하지 않고 안정적인 연기를 수행할 수 있습니다. 칠십 점은 받고 시작하는 셈인데, 최악의 상황이 아니라면 반드시 감정도 어느 정도 딸려올 것입니다. 백 점 만점을 받을 확률이 훨씬 더 높아지는 것입니다.

오디션에서의 연기는 이 개념이 더욱 처절하게 적용됩니다. 오디션은 배우에게 매우 불리한 상황입니다. 연극과 영화는 상대 배우가 있고 연습과 리허설도 충분히 해볼 수 있습니다. 좋은 연기를 위한 조명과 세트, 소품도 준비되어 있고 의상과 분장도 역할에 몰입할 수 있게 도움을 줍니다. 여러 스태프의 도움도 받을 수 있습니다. 하지만 오디션 장소는 썰렁하기만 합니다. 엄청난 긴장감까지 더해집니다. 그래서 분명 연습할 때는 잘됐는데 실제 오디션에서는 역량을 제대로 발휘하지 못하는 경우가 다반사입니다. 감정표현이 거의 불가능한 환경이기 때문입니다. 그럼에도 불구하고 역할의 감정을 표현하겠다고 고집을 부리는 것은 승산 없는 게임과 같습니다.

사람은 본래 감정에 대해 수동적입니다. 기쁨, 분노, 슬픔 등의 감정을 능동적으로 느끼겠다고 하는 것은 억지입니다. 느끼려고 노력한다고 감정이 느껴지나요? 한두 번 정도 일시적으로 감정을 쥐어짜내듯 끌어올릴 수는 있겠죠. 하지만 본질적으로 우리는 어떤 사건과 상황에 의해서 '감정을 느끼게 되는 것'입니다. 그래서 '감정이 느껴지는 상황과 사건에 이성으로 집중하고 의지로 인물의 목적을 수행해야 한다'고 거듭 강조하는 것입니다. 감정은 유혹적이지만 불안정하고 변덕스럽습니다. 쫓아가려 할수록 감정은 저 멀리 도망갑니다.

　　이해가 되시나요? 여전히 미심쩍다는 분들도 계실 거예요. 연기는 감정을 표현하는 일이라는 고정관념이 강하기 때문입니다. 그런 분들께 저는 연기도 수영과 같다고 말씀드리고 싶습니다. 일단 몸이 물 위에 뜨는 감각을 느낀 후에야 비로소 자유형도 배우고 배영과 평영도 배우게 되잖아요? 팔을 앞으로 내젓고 발장구를 치기 전에 우선 물에 뜨는 감각을 느끼는 것이 중요합니다. 처음에는 어렵지만 실습하다 보면 어느새 물 위에 떠 있는 자신을 느낄 수 있을 거예요.

　　이번에는 이성이 의지보다 중요한 이유를 알아봐요. 보통 초보 배우들은 충분한 대본 분석 없이 액면 그대로 연기합니다. 말 그대로 생각 없이 의지로 행동만 하는 것인데요, 이 경우에는 피상적일 뿐만 아니라 인물 간 상호관계와는 동떨어진 연기가 됩니다. 슬픈 대사다 싶으면 시종일관 구슬프게, 분노하는 대사다 싶으면 내내 상대방에게 악만 지르게 됩니다. 행동의 명분도 없습니다. 연기자는 작품과 역할 전체에서 배역의 상호관계를 조화롭고 치밀하게 계산하여 배역을 소화해야 합니다. 의지로 행동(연기)하더라도 내면의 정당성, 논리성, 일관성, 현실성이 충분히 뒷받침되어야 관객들에게 자신의 연기를 납득시킬 수 있습니다. 그래서 의지로 행동하기 이전에 이성으로 대본을 충분히 분석하여 '상황·목적·사건'을 올바르고 섬세하게 설정해야 합니다. 이성을 잘 조절하고 활용하려면 어떻게 해야 할까요? 훈련이 필요합니다. 앞으로 소개해드릴 다양한 연기술의 내용이 '이성'과 밀접한 관계를 맺고 있습니다. 책을 읽다 보면 어느새 연기라는 분야에서 통용되는 사고방식을 몸으로 익히게 될 것입니다.

그리하여 연기의 세 번째 작동 원리는 다음과 같습니다.

"이성으로 분석하고 의지로 행동하세요. 그러면 감정이 따라옵니다."

감정을 좇지 말고 감정이 딸려오게 하세요. '이성>의지>감정'의 우선순위를 절대 잊지 마세요.

지금까지 연기의 기본 개념과 세 가지 작동 원리를 공부하였습니다. 이것만 깨달으면 세상 그 어느 연기론과 훈련법이라도 자기 것으로 소화할 수 있습니다. 이제 우리는 건물을 짓기 위한 아주 튼튼한 토대를 만들었습니다. 이 튼튼한 토대 위에 견고하면서도 아름답고 멋진 연기라는 건물을 세울 것입니다.

10분 Key Point
연기의 세 번째 작동 원리는 '이성>의지>감정'이다.

명품 배우를 만드는 사소한 기술

* 연기는 예술이다.
* 연기의 본질은 '자신이 역할 속으로 들어가서 그 인물을 살아 있게 구현하는 것'이다.
* 연기의 본질을 성취하기 위해서 우리는 메소드 연기를 공부한다.
* 메소드 연기의 세 가지 작동 원리가 있다.
 1) 보고 듣고 말하기
 2) 상황, 목적, 사건
 3) 이성 > 의지 > 감정

2장
당신 안에 내가 있어요
- 역할 속으로

'나'로부터 출발하는 연기

지난 시간에 연기의 본질은 '자신이 역할 속으로 들어가서 그 인물을 살아 있게 구현하는 것'이라고 공부했습니다. 그리고 이를 위한 메소드 연기와 연기의 기본 작동 원리 세 가지도 배웠습니다. 하지만 복잡한 심리를 가진 역할 속으로 들어가서 인물을 살아 있게 구현하기란 단번에 되기 어렵습니다. 그래서 몇 가지 단계가 필요합니다. 다음과 같은 일련의 과정을 거쳐 우리는 드디어 인물 속으로 들어갈 것입니다. 나로 시작해서 점점 인물로 들어가는 것입니다. 연기의 본질은 '당신 안에 내가 있어요.'라는 대사와 잘 어울립니다.

1. 상황·목적·사건으로 자기소개하기
2. 상황·목적·사건으로 자신의 경험 이야기하기
3. 남이 쓴 독백을 내 이야기로 각색하기
4. 대본 속의 인물로 들어가서 연기하기

첫 번째 단계는 '나로부터 출발'합니다. 이를 위해 '상황·목적·사건'이라는 규칙으로 자신이 어떻게 연기를 공부하게 되었는지 소개해봐요. '과거에 나는 어떠한 상황 속에서 어떤 목적을 가지고 있었는데 어떤 사건으로 인해서 지금 여기서 연기를 배우게 되었습니다.'라고 자기를 소개하는 것입니다. 여러분도 응용해보시면 어떨까요? 연인에게 예쁜 시집을 선물하려고 서점에 왔다가 『배우 탄생』이라는 책이 눈에 띄어 충동적으로 구매하게 되었고 '나도 연기를 한번 해볼까'라는 호기심에 연기를 공부하게 되었다, 뭐 이런 식으로요.

학생들은 '상황·목적·사건'이라는 개념이 생소한 나머지 금방 이 규칙을 잊어버리고 두서없이 자기소개를 합니다. 더구나 자기 얘기에 빠져서 정해진 시간을 넘겼는데도 얘기가 끝나지 않습니다. 저는 실컷 발표하고 있는 학생에게는 미안하지만 말을 끊습니다. 그리고 다시 한 번 강조합니다. "일반적인 자기소개를 하지 말고 반드시 '상황·목적·사건'으로 발표합시다!" 그러면 학생들은 비록 어색하지만 얼추 이 규칙에 맞게 자신을 소개합니다. 그중 기억에 남는 발표를 소개하겠습니다.

저는 어렸을 때 끼가 많았어요. 몇몇 방송에 아역 배우로도 출연했구요. 연기뿐만 아니라 노래와 춤도 잘해서 늘 친구와 어른 들의 인기를 독차지했죠.

저는 그때 유명한 탤런트를 꿈꿨습니다. 하지만 아빠가 사업에 실패하면서 다니던 엔터테인먼트 학원을 더 이상 다닐 수 없게 되었어요. 어려운 가정 형편에 고등학교를 졸업하자마자 취직했고 몇 년 후에는 결혼도 하고 아이들도 생겼습니다.

어느덧 시간이 지나고 벌써 마흔 살이 되었네요. 아이들은 무럭무럭 자랐고 가정생활도 순탄했습니다. 그러던 어느 날 동네 문화원에 '힐링 연기'라는 강좌가 생겼다고 해서 수강하게 되었습니다.

수업 시간마다 어렸을 적 꿈이 되살아나는 것 같았어요. 그래서 용기 내어 남편과 아이들을 불러놓고 가족회의를 열었습니다. 늦었지만 내가 좋아하는 일을 하고 싶다, 연기를 제대로 배우고 싶다고 말했지요. 순진한 아이들은 "그럼 엄마가 TV에 나오는 거야?" 하고 반겼지만 남편은 일주일 동안 진지하게 생각해보자고 했습니다. 일주일이 일 년 같았어요. 결국 남편은 "하려면 제대로 해! 응원할게." 하고 격려해주었어요.

그렇게 저는 여기서 연기를 배우게 되었습니다.

어린 시절 유복한 가정에서 자란 이 학생은 대중에게 인기 많은 탤런트가 되는 것이 목적이었지만 아버지의 사업 실패라는 사건으로 상황이 변하고 목적을 상실했습니다. 그로부터 시간이 지난 어느 날 '힐링 연기 강좌'라는 새로운 사건을 만나면서 잊었던 목적을 되찾고 연기를 공부하는 상황으로 변한 것입니다.

비록 처음이라 어색하긴 했지만 학생들이 '자신이 과거에는 어떤 상황 속에서 어떤 목적을 가지고 있었는데 예기치 않은 사건으로 인해 상황이 변했다'라는 개념을 어렴풋이나마 이해하고 발표했다는 것이 만족스럽습니다. 내친김에 학생들에게 숙제를 하나 더 내줬습니다. 인생에서 경험한 특별한 일을 '상황·목적·사건'으로 발표하기. 일주일 뒤 학생들은 자신들이 준비한 경험을 좀 더 분명한 '상황·목적·사건'의 형식으로 발표했습니다.

저는 멀리뛰기 선수였습니다. 지금은 배우가 되고 싶어서 여기서 연기를 공부하고 있지만 전에는 나름 실력 있는 운동선수였어요. 멀리뛰기 선수로서 전국 체전을 준비했던 기억이 나네요. 운동선수에게 전국 체전은 매우 중요한 경기입니다. 실업팀 연봉 협상뿐만 아니라 국가대표 선발에도 영향을 미치기 때문입니다.
정말 열심히 연습했어요. 당시 제 기록은 국내 5위권 정도였는데 대회를 불과 두 달 앞두고 훈련 도중에 오른쪽 발목에 부상을 입었습니다. 골절은 피했지만 인대가 손상되어 발이 퉁퉁 부었고 통증도 심했습니다. 도움닫기를 하는 오른발을 다쳤으니 치명적이었죠. 도저히 대회에 나갈 수 없는 상황이었어요.
그 당시 제 목표는 순위권에 들어서 국가대표가 되는 것이었습니다. 이대로 물거품이 되게 할 수는 없었어요. 치료를 받으며 가벼운 훈련을 병행했습니다. 달릴 때는 괜찮았지만 도움닫기를 하는 순간에 극한의 통증이 밀려오더군요. 절망적이었습니다. 저는 자포자기하는 심정으로 왼발로 도움닫기를 시도해보았습니다. 그런데 생각보다 괜찮은 거예요. 여태껏 한 번도 왼발로 도움닫기를 해본 적이 없었습니다. 서너 번 시도해보았습니다. 물론 오른발이랑 비교하면 차이가 났지만, 기록이 의외로 좋았습니다.

'그래, 이번에는 왼발로 도전해보자.'라고 결심하고 두 달 동안 왼발 도움닫기 훈련에 매진했습니다. 드디어 대회 날이 다가왔습니다. 힘차게 출발하고 온 힘을 쏟아서 왼발로 도움닫기했습니다. 세상에, 제 개인 최고 기록을 경신했을 뿐만 아니라 대회에서 1등을 했습니다.

10분 Key Point
연기는 나의 경험을 '상황·목적·사건'으로 해석해보는 데서 출발한다.

만약 나라면?
대본을 내 이야기로 각색하기

상황 속 인물을 배우 자신이 구체적으로 느끼기 위해서 스타니슬랍스키는 그 유명한 'Magic If'라는 개념을 도입하였습니다. 우리나라에는 '만약 나라면'이라고 소개되어 있습니다. 이 훈련은 역할이 처한 상황을 놓고 '만약 나라면 어떻게 할까?'라고 가정함으로써 배우가 인물로 들어가기 위한 상상력을 자극하는 방법론입니다. 저는 매우 효과적인 훈련법을 개발했습니다. 바로 다른 사람이 쓴 대본을 자신의 이야기로 각색하는 것입니다. '만약에 나라면 어떨까?' 하고 말입니다.

 # 라디오 방송국 스튜디오 / 비 내리는 오후

다방 종업원 '김 양'이 라디오 방송에 출연한다.

(주저하다가) 엄… 엄마. 나 선옥이… 엄만 잘 있나? 이거 들리나?
(무거운 표정으로) 어… 엄마, 비 오네…. 기억나?
나 집 나올 때도 비 왔는데, 엄마, 그거 알아?
나 엄마 미워서 집 나온 거 아니거든.

그때는 내가 엄마 미워하는 줄 알았는데….

(눈물을 참으며) 집 나와서 생각해보니까 세상 사람들은 다 밉고, 엄마만 안 밉더라.

그래서 내가 미웠어. 나 내가 너무 미워 가지고… 막살았다!

(흐느끼며) 미쳤나 봐.

엄마! 나 비 오는 날이면 항상 엄마가 해주던 부침개 해보거든.

근데 이렇게도 해보고 저렇게도 해봐도 그때 그 맛이 안 나더라.

(눈물을 흘리며) 엄마 보고 싶어. 엄… 마… 너무 보고 싶어.

> 이준익 감독. 영화 〈라디오 스타〉.
> 김 양(안미나 분). CJ ENM 제공.

　　　　박중훈·안성기 주연, 이준익 감독의 영화 〈라디오 스타〉는 따스한 인간미가 돋보이는 영화입니다. 앞서 인용한 대본은 등장인물 다방 종업원 '김 양(안미나 분)'의 독백입니다. 이제 우리가 할 일은 이 대본을 내가 겪었거나 목격한 사건, 남에게 들었거나 책에서 읽은 내용 등 직간접적 경험을 총동원해서 각색하고 연기하는 것입니다. 이를 위해서는 대본의 구조를 파악해야 합니다. 앞의 대본에서 가장 주목해야 할 점은 엄마와 선옥이를 이어주는 두 매개체가 있다는 점입니다. 하나는 '비', 다른 하나는 '부침개' 입니다. '비'는 과거의 상황과 현재 상황을 연결하고, '부침개'는 엄마와 나의 관계를 이어주는 역할을 합니다. 각색한다면 '비'는 '눈'이 될 수도 있습니다. '부침개'는 부자지간이라면 '막걸리'가,

어린 시절 친구라면 '구슬치기'가 될 수도 있습니다. 저는 학생들에게 각색을 위한 규칙을 정해줍니다.

1. 선옥은 지금 매우 어려운 처지에 있고 고생을 많이 했다.
2. 선옥은 엄마를 십 년 동안 보지 못했다.
3. 선옥은 엄마와 화해하고 싶다.
4. 선옥이 엄마와 사이가 좋지 않을 때 비가 왔었다.
5. 선옥은 엄마가 해준 부침개가 생각난다.
6. 선옥은 엄마가 매우 보고 싶다.

학생들은 생각에 잠깁니다. 지난 시간까지 '상황·목적·사건'에 따라 자기소개를 했고 자신의 인생 중에 일어난 사건을 훌륭하게 발표했습니다. 이번에는 한 발짝 더 나아가 남의 인생 얘기를 자신의 이야기로 각색하여 발표하는 것입니다.

일주일 뒤, 발표 시간이 다가왔습니다. 학생들은 의욕이 강해서인지 다들 준비를 잘해 온 듯합니다. 수업 시간 한참 전에 미리 와서 각색한 대본을 고치기도 하고 친구들과 의견도 교환합니다. 드디어 첫 번째 남학생이 발표를 위해 힘차게 무대에 오릅니다. 그리고 일주일 동안 수고하여 쓴 대본을 펼쳐 듭니다. 그 모습에서 자신감이 엿보입니다. 그때 저는 단호하게 요구합니다. 대본을 치우라고요. "선생님! 대본을 보지 말고 발표하라는 말씀은 없었잖아요. 저는 대본을 하나도 안 외웠단 말이에요!" 학생은 볼멘

소리로 항의합니다. 첫 번째로 발표하는 남학생이 가장 많이 당황했고 나머지 학생들도 매우 동요하고 있습니다. 술렁이는 분위기 속에서 저는 냉정하게 말합니다. "보지 말고 발표해봐! 네 얘기를 하는데 외울 게 뭐 있니? 지난 시간에 '상황·목적·사건'으로 자기소개했을 때는 외워서 했니?" 학생은 아직도 불만이 남아 있나 봅니다. "그러면 십 분만 시간을 주세요!" 저는 더욱 단호하게 말합니다. "지금 바로 해봐!" 학생은 잠시 머뭇거리더니 결국 포기한 듯 대본을 치우고 연기에 집중합니다.

엄마, 아빠! 나 왔어. 지금 눈 온다. 그때도 눈 왔는데….
솔직히… 내가 여기 올 자격이 있나 싶더라.
왔는데 발을 못 뗄까 봐 두렵기도 했고.
근데 막상 오니까… 내가 지금 너무 침착해서 더 무서운 것 같아.
내 마음속에서 엄마가 지워진 게 아닌가 싶어서….

사뭇 진지합니다. 발표를 지켜보면서도 자기 순서에 '어떻게 발표해야 하나'에만 골몰해 있던 다른 학생들도 하나둘씩 자기 대본을 내려놓고 경청하기 시작합니다.

매년 12월 31일마다 무섭기도 하고 기대되기도 하더라.
둘 다 떠난 걸 아는데 혹시나 거짓말처럼 돌아오진 않을까, 하고.
돌아오지 않는다는 걸 받아들였을 때,

내가 직접 찾아오려고 했던 건데… 좀 오래 걸렸네….

저를 비롯해 모든 학생이 숙연해졌습니다.

그날이 마지막인 줄 알았으면 그렇게 퉁명스럽게 대하진 않았을 텐데.

'그날이'라는 대사를 내뱉는 순간 학생은 갑자기 감정이 복받친다는 듯 눈물을 흘립니다. 보고 있는 다른 학생들도 완전히 몰입하여 하나둘씩 눈물을 닦습니다. 제 눈에도 눈물이 맺힙니다.

보고 싶어 엄마! 그리고 사랑해요, 아빠. 최선을 다하신 거 알아요. 돌아오셨을 때 옮기기로 했던 탁자, 제가 옮겨놨어요.

발표가 끝났습니다. 매우 묵직하고 묘한 분위기가 흐릅니다. 학생들은 고개를 푹 숙이고 있거나 휴지를 돌리면서 눈물을 닦느라 여념이 없습니다. 이 학생은 상황을 '사고로 돌아가신 부모님의 산소에 오랜만에 왔다'고 재설정했습니다. 부모님과의 매개체는 '눈'과 '탁자'입니다. 또한 12월 31일이라는 날짜를 상징적으로 사용하였습니다.

십 분간 휴식하며 감정을 추스른 후 나머지 학생들도 차례대로 발표합니다. 어떤 학생은 돌아가신 할머니에게, 다른 학생은 오랫동안 못 만난 친구에게, 또 다른 학생은 잃어버린 강아지한

테… 하나같이 감동스럽고 훌륭한 연기에 우리는 두 시간 동안 매우 황홀한 감정에 휩싸였고 교실은 눈물바다가 됐습니다. 이 학생들은 연기를 배운 지 겨우 삼 개월밖에 안 되었습니다. 연기술은 커녕 화술도 모르고 발성도 제대로 되지 않는 초보자들입니다. 왜 이런 현상이 일어났을까요? 바로 진정성 때문입니다!

어떻게 '진정성'이 나타난 걸까요? '상황·목적·사건'으로 자기소개할 때와 자신의 인생 중에 일어났던 일을 발표했을 때와 인식의 흐름이 매우 유사했기 때문입니다. 자신이 각색한 이야기를 마치 자신의 이야기인 것처럼 적극적으로 믿게 되었고 확신에 찬 연기가 공감을 얻은 것입니다. 내가 직접 쓴 이야기이기 때문에 자신의 과거 경험을 얘기하는 것만큼이나 인물을 매우 분명하게 그려낼 수 있었습니다. 그러니 대사를 외울 필요도 없고, 보는 사람들도 그 이야기를 믿고 공감할 수 있었습니다. 이 기술은 우리가 앞으로 인물 속으로 들어가서 연기하는 데 있어 매우 중요한 단초입니다. 남의 이야기가 내 안으로 들어오는 이 경험! 두고두고 마음속에 간직했으면 좋겠습니다.

10분 Key Point

스스로 대본을 각색하여 발표했을 때,
마치 자신의 경험을 얘기하듯이 진정성이 나타났다.

페레지바니예, 그의 삶을 체험하다

이제 최종 단계 '대본 속 인물로 들어가서 연기하기'를 해볼까요? 각색하지 않고 시나리오 작가가 쓴 그대로의 대본 속으로 들어가 보는 거예요. 진짜 '선옥'이 되어서 연기하는 겁니다. 학생들에게 그동안 배운 내용을 토대로 대본을 분석하고 숙지하여 선옥을 연기하라는 숙제를 내주었습니다. 드디어 작품 속 인물을 연기한다는 생각에 학생들의 눈빛이 반짝거립니다. 뭐 어려울 게 없습니다. 그동안 연기의 본질과 개념, 세 가지 작동 원리도 배웠고 '상황·목적·사건'으로 본인의 이야기를 훌륭하게 발표했습니다. 저는 학생들이 펼칠 연기가 무척 기대됩니다. 왜냐면 우리는 역할 속으로 들어가기 위한 단계들을 충실하게 밟아왔기 때문입니다.

그러나 일주일 뒤, 학생들의 연기는 모두 너무나 어설펐습니다. 하나같이 진정성 없이 공허하게 대사를 내뱉습니다. 그동안 배운 것들은 다 어디로 갔는지 충만하지 못하고 피상적으로 연기합니다. 저마다 애로사항이 있습니다.

"선생님. 인물이 여자인데 저는 남자잖아요."
"그럼 선욱이로 바꾸면 되잖아."

"눈물이 나오지 않아요."
"각색해서 연기했을 때는 눈물을 펑펑 흘렸잖니?"

"너무 긴장해서 대사를 까먹었어요."
"연기는 대사를 달달달 외워서 하는 게 아니야."

무엇이 문제였을까요? 먼저 대본 분석이 제대로 이루어지지 않았기 때문입니다. 대본을 액면 그대로 생각하고 감정만 표현하려고 했기 때문입니다. 분명 대사 속에 숨은 의미가 있고 상황과 목적도 있을 텐데 아직 초보인 학생들은 그저 슬픈 대사다 싶으면 '슬픈 연기를 해야지.' 하고 단순하게 대본에 접근한 것입니다. 게다가 인물 속으로 들어가는 일이 낯선 나머지 무의식적으로 선옥이 아니라 내 연기가 어떻게 보일지에만 신경 쓰게 되었습니다. 또 대사를 외워서 연기해야 한다는 고정관념 때문에 대사를 달달달 외우기에만 급급했던 것입니다. 그러니 중간에 대사를 까먹고 당황하죠. 마지막으로 인물의 과거를 충분히 그리지 않았기 때문입니다. 아니, 그동안 단계별 발표에서는 아주 훌륭하게 과거를 회상했으면서!

자 괜찮습니다. 차분하게 처음부터 다시 시작해요. 지금 소개할 핵심 개념을 공부하면 '아 그렇구나!' 하고 무릎을 탁 칠 것입니다. 연기의 본질은 '자신이 역할 속으로 들어가서 그 인물을 살아 있게 구현하는 것'이라고 배웠습니다. 스타니슬랍스키 연기술에서 이 개념을 설명하는 단어가 바로 '페레지바니예(переживáние)'입니다. 페레지바니예는 러시아 단어로, 한국어로 직역하면 '체험'이라는 뜻입니다. 조금 더 자세히 설명하자면, '페레(пере)'는 '~를 대신하여 전달하다.'라는 의미의 접두사입니다. 그리고 '지바니예(живáние)'는 '삶'이라는 뜻입니다. 그렇습니다! 연기술에서 페레지바니예는 '삶을 대신하여 전달하는 것' 즉 '역할의 삶을 체험하는 것'입니다.

사실 학생들은 이미 페레지바니예를 공부했습니다. 가장 먼저 '상황·목적·사건'으로 자신을 친구들에게 소개했습니다. 인생에서 경험한 특별한 일을 '상황·목적·사건'으로 발표했을 때도 마찬가지입니다. 내가 직접 보거나 경험한 일, 남들로부터 들은 이야기, 책에서 읽은 내용 등을 통하여 각색한 대본을 연기했을 때도 자신이 만든 인물을 체험해서 관객에게 전달한 것입니다. 다만 아직 이를 자신이 맡은 역할에까지 응용하지는 못했을 뿐이죠.

인격과 감정, 심지어 영혼까지 살아 있는 가상의 인물 속으로 투입하기 위해서는 역할을 체험하기 위해 노력해야 합니다. 인물의 캐릭터는 어떤지, 인물을 둘러싸고 있는 상황은 어떠한지, 목적은 무엇인지, 그의 과거는 어떠했는지, 주변 사람들과 어떤 관계를 맺고 있는지 등을 철저하게 분석해야 합니다. 이를 위해서는 세 가지 분석 기술이 필요합니다. 바로 '대본 분석'과 '전사'

'캐릭터 구축'입니다.

첫 번째 분석 기술: 대본 분석

연기를 잘하기 위한 기술이 많이 있지만, 그중에서도 대본 분석은 연기의 성공 여부를 결정하는 중요한 잣대입니다. 대본 분석만으로 책을 한 권 내도 이상하지 않을 만큼 그 내용이 상당합니다. 따라서 단숨에 되지 않고 일정 기간의 훈련 과정이 필요합니다. 오늘은 앞뒤 문맥을 논리와 근거를 가지고 살피는 대본 분석법을 소개하겠습니다.

앞서 보여드린 대본의 제목은 〈라디오 스타〉입니다. 여기서 우리는 무엇을 유추할 수 있을까요? 제목은 작품 전체를 상징하는 메타포입니다. 메타포는 은유라는 뜻인데, 우리가 잘 아는 봉준호 감독의 영화 제목 〈기생충〉은 가난한 계급이 살아가는 방식을 은유하고 있어요. 다시 처음으로 돌아가서 '라디오'에 주목해봅시다. 여러분은 주로 어떤 상황에서 라디오를 들으시나요? 라디오를 많이 듣는 이들은 어떤 사람일까요? 생각해보면 라디오는 택시 기사나 작가 등 혼자 있는 사람들에게 벗이 되어주는 것 같습니다. TV보다는 내면적이고 따스합니다. 그렇다면 '스타'는 어떤 느낌이 드나요? 화려하고 외향적입니다. 유명한 배우나 가수 들이 연상됩니다. 그래서 '라디오 스타'라는 제목은 언뜻 이질적인 느낌이 듭니다. 우리는 '아마 주인공은 라디오로 스타가 되지 않았을까?'라고 상상해볼 수 있습니다. 아니면 스타가 라디오에 출연하여 우리와 내면적이고 따스한 대화를 나누는 이야기일 수도 있겠지요. 어쩌면 선옥이는 스타를 꿈꾸기 위해서 집을 나왔을지도 모릅니다. 하지만 스타는 현실과 동떨어진 존재입니다.

대본상 시대적 배경은 언제일까요? 2020년대를 사는 우리는 라디오를 자주 듣나요? CD나 MP3 플레이어, 오디오 등의 매체를 사용해야 했던 시대를 넘어 요즘은 핸드폰만 있으면 전문 스트리밍 플랫폼을 통해 음악을 듣고 뉴스와 정보를 얻을 수 있는 시대입니다. 라디오는 2000년대 이후 수요가 급격히 적어졌습니다.

'선옥'이라는 이름은 어떤가요? 요즘 아기들을 보면 '아름' '하음' 등 독특하고 예쁜 순우리말 이름이 많습니다. 사십 대인 제 세대는 '용근' '영훈' '선영' 등 한자 이름을 많이 썼습니다. 칠십 대인 제 부모님 세대로 올라가면 '순례' '점순' '영천' '종길' '춘자' 등 지금 기준에서 촌스러운 이름이 대부분입니다. '선옥'은 이름의 세대로 보아 제 막내 고모와 동년배일 것 같습니다. 오십 대 후반 정도로 추정됩니다. 작중 선옥이 꽤 젊다는 점과 지금은 다방 종업원이라는 직업이 거의 사라졌다는 점, '라디오'라는 단어를 함께 추론해보면 대본상의 시대는 1990년대 후반이나 2000년대 초반이 아닐까 하고 유추해볼 수 있습니다.

(주저하다가) 엄… 엄마. 나 선옥이… 엄만 잘 있나?
이거 들리나?

만약 여러분이 라디오에 출연한다면 엄마에게 주저하며 애기할까요? 방송에 출연했다면 오히려 자랑스러울 것 같은데, 무슨 사연이 있길래 주저할까요? "엄만 잘 있나?" 안부를 묻는 것을 보니 오랫동안 떨어져 지낸 것 같습니다. 얼마나 오랫동안 엄마를 못 봤을까요? 배우는 대사의 전후 문맥을 따져서 선옥이 엄마와 헤어져 있었던 기간을 타당하게 정해야 합니다.

(무거운 표정으로) 어… 엄마, 비 오네… 기억나?
나 집 나올 때도 비 왔는데, 엄마, 그거 알아?

아하! 선옥이는 오래전에 가출했나 봅니다. 그리고 지금 내리는 비는 가출했을 때를 연상하게 합니다. 그때 내리던 비를 떠올리면서 선옥은 이야기를 시작합니다.

나 엄마 미워서 집 나온 거 아니거든.
그때는 내가 엄마 미워하는 줄 알았는데…

이 대목에서 우리는 '선옥은 엄마와의 갈등 때문에 가출했다'는 정보를 얻을 수 있습니다. 하지만 지금 선옥은 엄마가 미워서 집을 나온 게 아니라고 회상합니다. 무슨 의도로 이런 얘기를 할까요? 여기서 배우는 선옥과 엄마 사이의 갈등의 크기를 정해야 합니다. 엄마와 왜 갈등이 생겼을까요? 얼마나 큰 갈등이기에 집까지 나왔을까요?

(눈물을 참으며)
집 나와서 생각해보니까 세상 사람들은 다 밉고,
엄마만 안 밉더라.

선옥은 세상에 나오니 사람들이 다 미웠다고 합니다. 아마도 가출 후에 사람들로부터 사기도 맞고 배신도 당하면서 상처를 많이 받은 모양입니다. 그리고 엄마만 안 밉대요. 아마도 철없을 때 엄마와의 갈등으로 집을 나왔겠지만, 이제는 엄마가 안 밉다고 고백합니다. 눈물을 꾹꾹 참아가며 말하는 것을 보니 선옥이 세상에 나와서 얼마나 고생을 많이 했는지 짐작이 갑니다.

그래서 내가 미웠어. 나 내가 너무 미워 가지고… 막살았다!
(흐느끼며) 미쳤나 봐.

선옥의 감정이 클라이맥스에 이릅니다. 후회가 절절히 느껴집니다. 자신이 미워서 막살았다고 하네요. 여러분은 좌절하고 후회가 막심할 때 스스로를 미워해본 적이 있나요? 막살았을 정도로 내팽개쳐버린 자신을 생각할 때, 스스로가 얼마나 한심하고 미울까요? 선옥이는 미쳤다고 표현할 정도로 크게 자책합니다.

> 엄마! 나 비 오는 날이면 항상 엄마가 해주던 부침개 해보거든.
> 근데 이렇게도 해보고 저렇게도 해봐도
> 그때 그 맛이 안 나더라.

허허, 갑자기 뚱딴지 같은 소리를 하네요. 엄마가 해주었던 부침개를 회상하면서요. 사실 부침개는 비교적 요리하기 쉬운 음식입니다. 근데 선옥이는 이렇게 해보고 저렇게 해봐도 엄마 부침개 맛이 안 난다고 응석을 부립니다. 여기 숨어 있는 선옥의 의도는 무엇일까요? 바로 엄마 손맛이 그리운 것입니다.

선옥에게 부침개가 얼마나 중요한 의미를 갖는지 제 경험에 빗대어 설명하겠습니다. 어린 시절 부모님이 이혼하여 아버지 밑에서 자라며 엄마를 만나지 못한 사촌 동생이 있습니다. 저와는 어렸을 때부터 같이 놀며 자랐기에 추억이 참 많습니다. 그런 동생이 어느덧 성인이 되어 예비 신부를 소개해주었습니다. 얼마 뒤 예비 신부는 사정이 있어 먼저 떠나고 오랜만에 동생과 술을 한잔 기울였습니다. 결혼식이 불과 이 주 앞으로 다가왔기에, 저는 조심스럽게 물었습니다.

"엄마한테 소식 전했어?"

"아직…."

"그래도 전해야지….."

"그렇지. 전해야지…. 형! 나 있잖아! 와이프랑 같이 엄마 만나면 뭐 하고 싶은 줄 알아?"

"…뭔데?"

"나… 엄마가 해준 밥 딱 한 번만 먹고 싶어! 그게 다야."

그렇습니다. 선옥이에게 엄마가 해준 부침개는 바로 엄마와 자신을 이어주는 강력한 매개체인 것입니다. 어미가 주는 먹이를 먹고 싶은 것이 새끼의 본능입니다.

(눈물을 흘리며) 엄마 보고 싶어. 엄… 마… 너무 보고 싶어.

마침내 극적으로 선옥이는 자신의 본심을 표현합니다. 보고 싶다고 절박하게 외칩니다.

휴, 몹시 아름다운 대사입니다. 분석을 마치자 학생들은 먹먹해진 가슴을 누르고 있습니다. 자신들의 가벼웠던 연기를 돌아보는 것 같기도 합니다. 저는 분위기를 정리하고 질문합니다. "선옥이의 궁극적인 목적이 뭐야?" 갖가지 대답이 나옵니다.

"엄마를 그리워하는 거요."

"엄마에 대한 사랑이요."

"반성이요."

"후회와 엄마에 대한 미안함이요"

"엄마에게 사과하는 것입니다."

틀린 대답은 아니지만 조금 미흡합니다. 선옥의 궁극적인 목적은 바로 '화해'입니다. 엄마와 화해하기 위해서 선옥은 에둘러서 얘기하는 것입니다. 안부, 회상, 자기 삶에 대한 고백, 비, 부침개 등 이런저런 요소들로요.

자, 우리 집중해서 좀 더 깊게 전문적 관점으로 분석해봐요. 연기를 위해서는 대사 속에 담긴 '초목표'와 '단위목표'라는 개념을 생각해봐야 합니다. 초목표는 역할의 궁극적인 목적이고, 초목표를 이루기 위한 단계별 목표가 단위목표입니다. 초목표는 단위목표의 서브텍스트(subtext)가 됩니다. 서브텍스트는 드러난 대사 이면에 숨겨진 인물의 의도입니다. 이를 적용하면 선옥은 초목표 '엄마와의 화해'를 위해서 단위목표 '안부→연상→회상→고백→자책→응석'을 거친 끝에 결국 '본심'인 엄마와 화해하고 싶다'는 마음, 즉 서브 텍스트를 절박하게 외치는 것입니다. 놀랍지 않나요? 이 짧은 독백에서 하나의 초목표를 위해 연기의 단위목표가 일곱 번이나 입체적으로 바뀌는 것입니다. 무작정 감정을 쥐어짜서 단순히 울고불고 슬프게 연기하는 것이 아닙니다.

10분 Key Point
역할을 체험하기 위해서는 첫 번째로 정밀한 대본 분석이 필요하다.

두 번째 분석 기술: 전사

‘전사’는 연기 현장에서 자주 쓰이는 용어입니다. 대본에 나타나지 않은 인물의 과거 역사를 뜻합니다. 역사 분야에서 ‘현시대에 대하여 그 이전의 역사’라는 의미로 사용되는 단어 ‘전사(前史)’에서 따온 것으로, 인물의 과거를 분석할 때 사용됩니다. 전사는 인물의 캐릭터를 구축함에 있어 매우 중요한 역할을 합니다. 전사를 연구하는 데는 상당히 깊은 사고와 수고가 필요합니다. 인물의 전사, 즉 인물의 과거를 얼마나 논리적이고 세밀하게 구축했는지에 따라 맡은 배역을 성공적으로 소화해낼 수 있는지, 그 성패가 좌우됩니다. 실제로 연출가와 배우들은 대본을 놓고 전사에 대해서 지속적으로 심도 있는 대화를 나눕니다. 역할의 체험과 깊은 관련이 있기 때문입니다.

과연 선옥의 전사는 어떠할까요? 학생들에게 자기 각색과 유사한 과제를 내주었습니다. 선옥이라는 역할 안으로 들어가서 전사를 연구하고 발표하는 것입니다. 그중 가장 인상 깊었던 전사를 소개합니다.

저는 외동딸입니다. 어렸을 때 저희 집은 가난했어요. 아빠는 무명

가수였는데 집에 돈을 거의 벌어다 주지 못했습니다. 오히려 의상비, 레슨비 등으로 엄마에게 돈을 타서 썼죠. 지방 공연이 있다며 집에 들어오지 않는 날도 많았어요. 엄마는 시장에서 부침개를 팔았어요. 엄마와 아빠는 경제적인 문제로 자주 심하게 싸웠지만 그래도 전 아빠가 좋았어요. 제 눈에는 아빠가 노래할 때 잘생기고 멋있어 보였거든요. 아빠는 매일 신경질적으로 잔소리만 하는 엄마와 달리 제게 다정했어요.

그러던 어느 날 아빠에게 다른 여자가 생겼고 엄마와 이혼했습니다. 시간이 지나고 중학교 3학년이 되었을 때, 아빠가 자살했다는 소식을 들었어요. 그때부터 엄마는 술을 마시기 시작했고 제게 집착이 심해졌습니다. 저는 아빠를 닮아서 끼가 많고 춤추고 노래 부르는 것을 좋아했습니다. 잘나가는 아이돌 가수가 되는 게 꿈이었어요. 그래서 춤과 노래를 열심히 연습했죠. 그런데 엄마는 계속 잔소리만 했어요. "네 아빠를 닮아서 정신 못 차리고 공부도 안 하는구나."

엄마가 점점 미워졌습니다. 그래서 반항심으로 질 나쁜 친구들과 어울렸어요. 결국엔 고등학교 진학을 포기하고 가출하기에 이르렀지요. 그 후 여러 아르바이트를 전전하며 생계를 이어가다가 운 좋게 제법 유명한 기획사 오디션에 합격했습니다. 멤버들과 아이돌 가수를 꿈꾸면서 연습에 매진했던 그때가 제 인생에서 가장 행복한 시간이었어요.

하지만 얼마 지나지 않아 기획사는 부도로 망하고 오히려 제게 들어간 투자비를 돌려달라고 요구해 왔습니다. 저는 생활고에 시달리며 다른 기획사를 알아보고 오디션도 봤지만, 어느덧 성년이 된 저를 받아주는 곳은 어디에도 없었습니다. 결국 가라오케나 나이트 같은 유흥업소에서 공연하게 되었습니다. 의외로 돈이 잘 벌리더라구요. 명품 옷과 외제 차를 사고 강남의 좋은 오피스텔에서 살았어요. 무엇보다 비록 유흥업소였지만 춤추고 노래할 수 있다는 사실이 위안이 되었습니다.

저는 그 당시 같은 직장에서 매니저로 일하던 오빠와 사랑에 빠져 동거하기 시작했습니다. 수년 뒤 남자친구가 기획사를 차리고 싶다고 말했습니다. 저를 메인 연예인으로 밀어주겠다고 약속했어요. 저는 그를 사랑했을 뿐 아니라 가수로서 성공하고 싶은 열망이 매우 컸기 때문에 제가 모은 돈 전부에 대출까지 받아서 투자했습니다. 그 뒤로는… 뻔한 이야기예요. 사기를 당했습니다. 알고 보니 남자친구에게는 다른 여자까지 있었더라고요. 마음의 상처뿐 아니라 빚더미까지 떠안게 되었습니다. 죽을 만큼 괴로웠던 그때, 아빠가 돌아가셨을 때 엄마가 왜 그랬는지 비로소 이해하게 되었어요.

제가 이십 대 후반이 되자 회사는 유흥업소에서 공연하기에는 제 나이가 너무 많다며 계약을 일방적으로 해지했습니다. 생활고는 더욱 심해졌어요. 어릴 때 꿈은 이미 희미해진 지 오래였죠. 당장 먹고살기 위해서 노래방 도우미, 다방 레지, 룸살롱 접대부까지 전전하면서 살아왔습니다. 그러다 평소 즐겨 듣는 라디오 프로그램

에서 '사람을 찾아요' 섹션에 출연할 청취자를 모집한다기에 엄마
가 너무 보고 싶어서 신청하게 되었습니다.

참 논리적이고 구체적으로 전사를 잘 짰습니다. 대본을 바
탕으로 자신이 맡은 역할을 잘 연기하기 위해서 상상력을 동원하
고 상당히 고심한 흔적이 엿보입니다. 엄마, 아빠, 부침개, 이혼,
죽음, 바람, 사기, 가난 등의 키워드로 '상황·목적·사건'의 형식에
맞게 전사를 짰고, 대본의 내용에 위배되는 것이 전혀 없습니다.
자신의 인생이 왜 이렇게 흘러왔는지에 대한 명분도 있습니다. 예
를 들어 엄마와 나를 이어주는 매개체로서 부침개를 부각하기 위
해 엄마를 '시장에서 부침개 가게를 운영하는 사람'으로 설정했
습니다. 사랑하는 연인의 배신을 통하여 어릴 때는 몰랐던 엄마와
아빠의 관계를 이해하게 되기도 합니다.

한편 대본의 내용과 맞지 않는 엉뚱한 전사를 짜 온 학생도
있고, 그저 엉성하게 추상적으로 생각해 온 학생도 있습니다. 확
실히 논리적이고 구체적이며 생동감 있게 전사를 구성한 학생의
연기가 다른 학생들보다 월등히 좋았습니다. '전사'는 '페레지바
니예' 즉 '역할 체험'의 핵심 요소라고 할 수 있습니다.

10분 Key Point
역할을 체험하기 위해서는 인물의 전사를 세밀하고 구체적으로 짜야 한다.

세 번째 분석 기술: 캐릭터 구축

캐릭터는 연기 현장뿐만 아니라 일상생활에서도 흔하게 쓰이는 용어입니다. 그렇다면 캐릭터는 정확히 무슨 뜻일까요? 연극이나 영화에서는 인물을 연구할 때 캐릭터라는 용어를 항상 사용합니다. 인물을 분류할 때 '모험하는 캐릭터' '유혹적인 캐릭터' '정의로운 캐릭터' 등 성격으로 분류하기도 하고, 배우가 가지고 있는 고유의 외모나 이미지를 기준으로 '순정파 배우' '육체파 배우' '개성파 배우' 등으로 구분하기도 합니다. 일단 사전에서는 캐릭터를 '소설이나 연극 따위에 등장하는 인물. 또는 작품 내용 속에서 드러나는 인물의 개성과 이미지'로 정의하고 있습니다.

이를 보면 캐릭터는 인물의 개성이라고 할 수 있습니다. 개성은 인물의 성격일 수도 있고 외적인 이미지일 수도 있습니다. 혹은 이 두 가지를 혼용한 의미로 사용하기도 합니다. 이처럼 다의적으로 해석되는 '캐릭터'라는 용어를 우리는 정리할 필요가 있습니다. 캐릭터는 크게 세 가지로 볼 수 있습니다. '인물의 외형적인 이미지' '인물의 성격' '인물의 본능' 이 세 가지가 모여 인물의 개성이 형성됩니다. 배우는 이 세 가지를 연구해서 캐릭터를 구축하는 것입니다.

먼저 캐릭터는 인물의 '외형적인 모습'을 나타냅니다. 이것은 연극·영화의 미장센*을 구성함에 있어 매우 중요합니다. 우리는 직업군에 따라서 외형적인 이미지를 가늠할 수 있습니다. 예를 들어 건달이라고 하면 일반적으로 험상궂은 이미지가 떠오릅니다. 씨름선수라고 하면 덩치가 매우 클 것 같고요, 스튜어디스를 생각하면 단정하고 친근한 미소가 연상되지요. 선옥의 외적인 이미지는 어떨까요? 대본과 전사로 미루어보면 연예인을 꿈꿨던 인물인 만큼 화려한 옷과 세련된 스타일을 좋아할 것 같아요. 대중매체에 나오는 유명 댄스 가수들의 화려하고 섹시한 모습이 연상되지 않나요?

다음으로 캐릭터는 '성격'을 내포합니다. 제 친구 춘기는 성격이 느긋해서 무슨 일을 같이할 때마다 무척 답답합니다. 대신 매우 꼼꼼해요. 제가 가르친 학생 중 한 명은 무뚝뚝해서 도대체 수업 내용을 잘 이해했는지 전혀 가늠되지 않습니다. 하지만 발표를 시키면 매번 훌륭하게 해내요. 그걸 보고 격하게 칭찬해도 전혀 표정이 변하지 않습니다. 선옥은 매우 진취적인 성격을 가지고 있을 것 같습니다. 꿈을 위해서 가출까지 했으니까요. 또 자존심도 매우 강할 듯합니다. 저였다면 가출하더라도 먹고살기 힘들다

* 무대 위 등장인물의 배치나 역할, 무대 장치, 조명 등에 관한 총체적인 계획.

싶으면 얼른 엄마에게 용서를 구하고 집으로 들어갔을 것입니다. 아마 일주일도 못 버텼을 것 같아요. 하지만 선옥이는 무려 십 년 동안 아무리 힘들어도 엄마에게 연락하지 않았을 정도로 자존심이 강합니다. 또한 성공에 대한 욕망이 정말 컸습니다. 전사를 보면 성공을 위해서 가출하고 연예기획사의 연습생 시절도 견뎌냈으며, 남자친구가 기획사를 차리는 데 돈을 투자했을 정도니까요.

마지막으로 캐릭터는 극한 상황에 닥쳤을 때 드러나는 인물의 '본능'입니다. 덩치 큰 건달이 여자친구와 함께 으쓱거리면서 음식점에 등장합니다. 하지만 바퀴벌레를 보고 기겁을 합니다. 반면 체구가 작고 연약해 보이는 귀여운 여자친구는 손으로 단번에 바퀴벌레를 내리칩니다. 식탁 위에 터져 죽은 벌레를 아무렇지도 않게 휴지로 감싸 쓰레기통에 버리고는 천연덕스럽게 덩치 큰 남자친구에게 애교를 부린다고 생각해보세요. "오빠! 나, 떡볶이랑 어묵 먹고 싶어."

관객은 예상치 못했던 인물의 본능적인 모습에 매료됩니다. 이는 작품의 중요 요소입니다. 세계저인 배우 장국영과 공리가 주연한 영화 〈패왕별희〉에서 인민재판으로 죽임을 당할 위기에 몰린 '시투'는 평생 함께한 친구와 아내를 배신합니다. 그는 남자다운 씩씩한 외모에 유머러스하고 다정다감한 성격을 지녔지만, 극한 상황에서 드러나는 그의 본능은 관객들에게 충격을 선사합니다. 따라서 배우는 이 지점에 캐릭터 분석의 최종적인 중심을 잡아야 합니다. 선옥은 극한 상황에서 어떠한 본능을 드러낼까요? 저는 단연코 '용기'라고 생각합니다. 선옥은 엄마와의 갈등과 자신을 둘러싼 현실 속에서 꿈을 이루기 위해 가출을 감행했습니다. 그 뒤 세상의 풍파를 만났지만 용기 있게 대처했고 안정적인 삶을 추구하기보다는 꿈을 이루기 위해 투자를 감행하는 과단성도 보여주었습니다. 결국 엄마와의 화해를 위해서도 큰 용기를 냅니다. 그 용기에 우리는 도덕적인 잣대를 들이댈 수 없습니다.

지금까지 우리는 '선옥'이라는 인물로 들어가기 위해서 '상황·목적·사건'으로 대본을 분석했고 이를 바탕으로 전사도 구성해보았습니다. 캐릭터 구축에 대해서도 공부했습니다. 외모, 성격, 본능 외에도 인물의 취향, 버릇, 가치관 등을 덧붙여 세심하게 캐릭터를 만들어간다면 더욱 빛나는 연기를 할 수 있을 것이라고 확신합니다. 그러니 여러분이 만날 역할을 구체적이고 명확하게 연구하기를 바랍니다. 이렇게 연기에 대한 짝사랑의 여정이 마무리되었습니다.

10분 Key Point
인물의 캐릭터는 크게 '외모' '성격' '본능' 세 가지로 이루어진다.

명품 배우를 만드는 사소한 기술

* 연기의 본질인 '인물 속으로 들어가서 살아 있게 구현하기'를 성취하기 위해서는 세 가지 단계가 필요하다.

1단계: '상황·목적·사건'으로 자기소개하기

2단계: '상황·목적·사건'으로 자신이 겪은 특별한 사건을 소개하기

3단계: 남이 쓴 대본을 나의 직간접적인 경험을 통해서 각색하기

* 연기의 본질인 '인물 속으로 들어가서 살아 있게 구현하기'는 '역할의 삶을 체험하는 것'이다. 이를 위해서 세 가지 분석 기술이 필요하다.

1. 대본 분석

2. 전사

3. 캐릭터 구축

2부

배우의 기본기

: 화술과 발성

들어가며

칸 영화제 황금 종려상과 아카데미 오스카 4관왕에 빛나는 봉준호 감독의 영화 〈기생충〉에서 집안이 가난한 '기우(최우식 분)'는 친구가 연결해준 고액 과외 면접을 위해서 위조된 명문 대학교 졸업장을 가지고 집을 나섭니다. 그리고 자신을 격려하는 아버지 '기택(송강호 분)'에게 당당히 말합니다. "아버지! 전 이게 위조나 범죄라고 생각하지 않아요. 저 내년에 이 대학 꼭 갈 거거든요." 어리숙한 아버지는 "오! 너는 계획이 다 있구나."라고 자식을 응원합니다. 이 책을 집필하면서 저는 속으로 대답합니다. "그럼요 아버지! 저는 기우처럼 위조하지도 않고 정정당당하게 학생들을 잘 가르칠 수 있는 계획이 다 있거든요."

　　여러분도 기우처럼 멋진 배우가 되기 위한 나름의 계획이 있을 것입니다. 저 역시 여러분에게 연기를 가르치기 위한 계획이 있습니다! 하지만 연기 교육자로서 또한 선배 배우로서 제가 가진 계획은 여러분의 계획과는 다소 다를 것입니다.

지난 장에서 연기의 본질과 개념, 기본 원리를 배웠으니 이번 장에서는 연기의 기초 기술을 소개합니다. 바로 '화술과 발성'입니다. 화술과 발성이 훈련되어 있지 않으면 아무리 좋은 연기를 하더라도 대사의 정보와 감정이 관객에게 전달되지 않습니다. 여러분의 숨은 재능이 만개할 수 있도록 연기의 기본인 화술과 발성을 확실히 훈련시키는 것이 저의 계획입니다!

1장
배우의 화술,
한글 원리에
답이 있다

말하는 직업, 배우

연기는 기술입니다. 그리고 '화술'은 연기자가 익혀야 할 기술들 중에서도 핵심입니다. 화술은 말 그대로 '말하는 기술'입니다. 화술이 좋은 배우는 발음이 명확해서 관객이 대사를 정확하게 알아들을 수 있습니다. 연기 현장에서는 주로 '딕션이 좋다'는 말로 통하지요. 사전은 '딕션'을 '말의 정확성과 유창성을 두루 갖춘 발음'이라고 설명합니다. 정확한 화술은 딕션을 좋게 합니다.

　　저는 피아노 연주를 즐겨 합니다. 어렸을 때 작은 콩쿠르에서 우승한 경험도 있고요, 막 러시아로 유학 갔을 때는 러시아말을 단 한마디도 못했지만 피아노 연주로 호감을 사 친구들을 빠

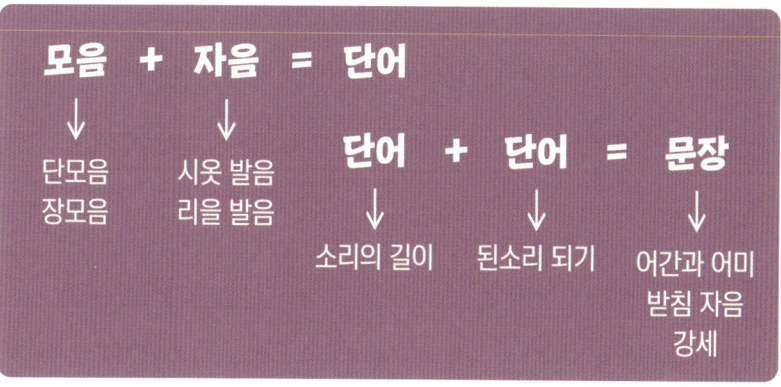

모음 + 자음 = 단어
↓   ↓
단모음   시옷 발음
장모음   리을 발음

단어 + 단어 = 문장
↓   ↓   ↓
소리의 길이 된소리 되기 어간과 어미
                      받침 자음
                      강세

르게 사귈 수 있었습니다. 이렇게 피아노 연주를 잘하기 위해서는 가장 먼저 무엇을 해야 할까요? 바로 '조율'입니다. 연기에서 화술은 악기를 조율하는 것과 같은 역할을 합니다. 정확한 조율이 좋은 연주를 가능케 하는 것처럼, 정확한 화술은 딕션을 좋게 해서 관객들에게 대사를 명확히 전달할 수 있게 합니다.

배우는 기본적으로 말하는 직업입니다. 러시아 배우는 노어로, 프랑스 배우는 불어로, 미국 배우는 영어로 연기합니다. 그렇다면 한국 배우는 어떨까요? 당연히 한국어로 연기하겠죠. 따라서 연기 교육자나 배우 들은 어떤 직업군보다도 우리말에 관심을 가져야 하는데도 불구하고 이를 간과하는 경우가 많습니다. 큰 서점에 가서 배우 화술 교육에 참고할 수 있는 책을 찾아봤습니다. 하지만 몇몇 서적을 제외하고 한글의 원리를 무시한 조악한 책과 우리말의 특징과 전혀 관련 없는 외국 번역서뿐이었습니다. 좋은 화술을 위해서는 세종대왕이 창제한 한글의 원리와 우리말의 특징에 대해 반드시 이해해야 합니다.

세종대왕은 백성들이 어려운 한자를 몰라서 뜻을 제대로 펴지 못하거나 자신의 생각을 전달하지 못해 억울한 일을 당하는 것을 안타깝게 생각했습니다. 그래서 집현전을 두어 누구나 쉽게 배우고 쓸 수 있는 '훈민정음', 즉 한글을 만들었습니다. 그런데 그 과정이 녹록지 않았습니다. 상민이나 여자 들도 글을 쉽게 배우고 읽고 쓸 수 있게 하려고 했지만 양반들은 한자가 아닌 한글을 쓰는 것이 옳지 않다고 생각했습니다. 무엇보다 글을 읽고 쓸 줄 아는 능력을 독점하고 싶어 했기 때문입니다. 당시 강대국이었던 명나라로부터 정치적인 압박을 받았다는 설도 있습니다. 하지만 세종대왕이 뚝심 있게 밀어붙여 한글을 창제한 덕분에 오늘날 우리나라는 문자를 가진 몇 안 되는 나라 중 하나가 되었습니다. 우리 배우들도 우리글로 쓰인 희곡이나 시나리오를 읽고 자유롭게 연기할 수 있게 되었습니다. 자랑스럽습니다!

우리는 배우의 화술에 필요한 한글의 원리를 공부하고 우리말의 특징을 공부해서 연기에 응용할 것입니다.

10분 Key Point
좋은 화술을 위해서 배우는 한글을 이해해야 한다.

단모음과 장모음

한글은 모음과 자음이 마치 퍼즐처럼 합쳐져서 한 음절을 이룹니다. 음절은 소리가 나는 최소 단위입니다. 다음의 그림은 한글을 처음 배우는 만 4세 유아들이 보는 한글공부책의 첫 장에 나오는 것과 같은 그림입니다. 유쾌하게 만 4세로 돌아갔다고 상상하며 그림을 유심히 관찰하고 하나씩 발음해보세요.

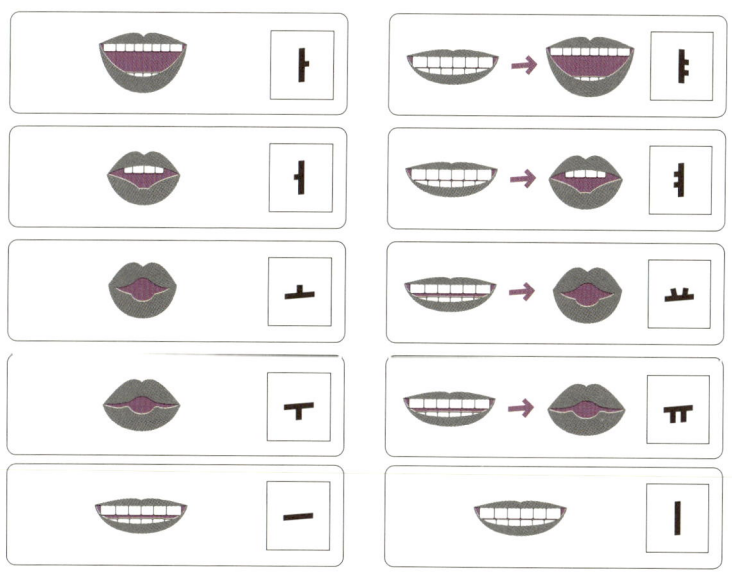

만 4세가 공부하는 단모음과 장모음

[아] [야] [어] [여] [오] [요] [우] [유] [으] [이]

삼 년 동안 거의 백 명의 학생을 만나봤지만 유감스럽게도 위의 단순한 모음을 정확하게 발음하는 학생을 단 한 명도 보지 못했습니다. 하지만 괜찮아요. 지금부터 차근차근 공부하면 되니까요. 모음은 발음 기관의 마찰 없이 나오는 소리입니다. 모음 기호는 천지인(天地人)을 본땄습니다. 옛날 사람들은 하늘을 둥그렇다고 생각하여 [ㆍ]으로, 땅은 평평하다고 생각해서 [ㅡ]로 표현했습니다. 사람이 땅 위에 서 있는 모습은 [ㅣ]로 생각했지요. 이들의 조합으로 훈민정음 창제 당시 총 열한 개의 모음*이 만들어졌습니다. 모음에서 우리가 주목할 부분은 바로 단모음과 장모음입니다. 단모음은 말 그대로 하나의 소리로 발음되고 장모음은 두 개의 소리로 구성됩니다.

앞서 본 그림에서 단모음 'ㅏ' 'ㅓ' 'ㅗ' 'ㅜ' 'ㅡ' 'ㅣ' 는 [아] [어] [오] [우] [으] [이]로 발음됩니다. 단모음은 혀의 위치나 입술 모양이 변하지 않고 하나의 소리로 발음됩니다. 쉽게 생각하지만 실제로 발음하며 입술 크기와 이의 위치를 관찰해보면 의외

---

* 'ㆍ (아래 아)'는 현재 사용되지 않는다. 'ㆍ'는 'ㅏ'와 'ㅗ'의 중간 소리로 추정되는데, 18세기 이후 'ㅡ'나 'ㅏ'등으로 변하였다. 그래서 현재는 열 개의 모음이 인정된다.

로 앞의 그림과 다르다는 것을 깨닫게 됩니다. [아]를 발음할 때는 입술이 삶은 달걀을 문 듯 위아래로 크게 벌어지고, [어]는 입술이 소극적으로 벌어져 윗니만 보이는 모양입니다. [오] 발음은 입술이 오므라들고 [우]는 발음이 밖으로 나가는 까닭에 입술이 다소 옆으로 넓게 벌어져 있습니다. [으]와 [이]도 차이점이 명확합니다. [으]는 윗니와 아랫니 사이가 떨어져 있으며 입술의 넓이가 다소 좁지만 [이]는 윗니와 아랫니가 붙고 입술도 양옆으로 넓게 벌어집니다.

'ㅑ' 'ㅕ' 'ㅛ' 'ㅠ' 장모음은 두 개의 소리로 구성됩니다.

ㅑ : [이 + 아 = 야]

ㅕ : [이 + 어 = 여]

ㅛ : [으 + 오 = 요]

ㅠ : [으 + 우 = 유]

앞의 그림을 자세히 관찰하면서 입술의 모양과 윗니와 아랫니가 닿는지 여부에 따라서 연습해보세요. [야]와 [여]는 입술이 생각보다 크게 옆으로 벌어지고 윗니와 아랫니가 붙어 있는 상태에서 발음하게 됩니다. 하지만 끝 발음의 모양은 다릅니다. [야]는 입이 시원하게 옆으로 벌어지는데 [여]는 입이 작게 벌어집니다. [요]와 [유]는 모두 입이 다소 좁게 열리고 윗니와 아랫니가 떨어진 상태로 출발합니다. 그러나 [요] 발음의 끝은 [오] 발음과 같이 입술이 둥글게 모이고 [유] 발음의 끝은 [우] 발음과 같이 다소 넓은 모양으로 둥글게 모입니다.

우리가 모음을 발음할 때 생각보다 입술이 양옆으로 넓게 벌어지고 적극적으로 움직인다는 사실을 강조하고 싶습니다. 숙달되면 입 모양과 이의 위치를 정확히 하여 다음과 같이 발음하게 될 것입니다.

[아], [이+아=야], [어], [이+어=여], [오], [으+오=요],
[우], [으+우=유], [으], [이]

숙달되더라도 시간이 지나면 흐트러질 수 있기 때문에 수시로 체크해야 합니다. 마치 피아니스트가 연주하기 전에 연습곡으로 손을 푸는 것처럼, 모음 연습은 정확한 발음을 위한 매우 기초 단계입니다. 모음은 자음을 연결하는 조인트 역할을 하는 만큼, 당연히 발음이 정확하고 튼튼해야겠죠.

10분 Key Point
단모음과 장모음을 정확하게 발음해야 한다.

시옷 발음 논란에 대하여

여러분! 지금 'ㅅ[시옷]'을 한번 발음해보세요. 혀가 잇몸에 닿나요, 닿지 않나요? 오늘의 주제는 바로 논란의 시옷 발음입니다. 연기를 하다 보면 발음이 샌다는 지적을 많이 받습니다. 저 또한 학생들을 가르칠 때 시옷 발음이 샌다는 지적을 많이 합니다. 그렇다면 도대체 왜 발음이 새는 걸까요? 지난 시간 공부했던 선옥의 대사 중 "세상사람들 다 밉고 엄마만 안 밉더라."라는 말이 있었습니다. 학생들에게 그중 '세상사람'이라는 네 음절의 단어를 발음하게끔 시켜보았습니다. 시옷이 세 음절에 들어가 있고 ㅔ와 ㅏ 모음과 결합되어 있습니다. 실험 결과 학생들의 삼십 퍼센트 정도는 발음이 새지 않고 무난하게 또박또박 발음했지만 나머지 칠십 퍼센트의 학생들은 세 음절 모두 발음이 새거나 일부가 새는 현상이 일어났습니다. 또 다른 실험을 했습니다. 학생들에게 아무 설명 없이 시옷 발음을 시켜봅니다. 그리고 묻습니다. "혀끝이 윗잇몸에 닿는 사람 손 들어보세요." 열 명 중 세 명 정도에 불과합니다. 나머지는 닿지 않습니다.

자음은 소리가 나는 위치에 따라 입술소리, 잇몸소리, 센입천장소리, 여린입천장소리, 목청소리로 분류됩니다. 그리고 목청

입술소리(순음)	두 입술 사이에서 나는 소리.	ㅂ, ㅃ, ㅍ, ㅁ
잇몸소리(치조음)	윗잇몸과 혀끝이 닿아서 나는 소리.	ㄷ, ㄸ, ㅌ, ㅅ, ㅆ, ㄴ, ㄹ
센입천장소리(경구개음)	센입천장과 혓바닥 사이에서 나는 소리.	ㅈ, ㅉ, ㅊ
여린입천장소리(연구개음)	여린입천장과 혀의 뒷부분 사이에서 나는 소리.	ㄱ, ㄲ, ㅋ, ㅇ
목청소리(후음)	목청(성대) 사이에서 나는 소리.	ㅎ

자음의 분류

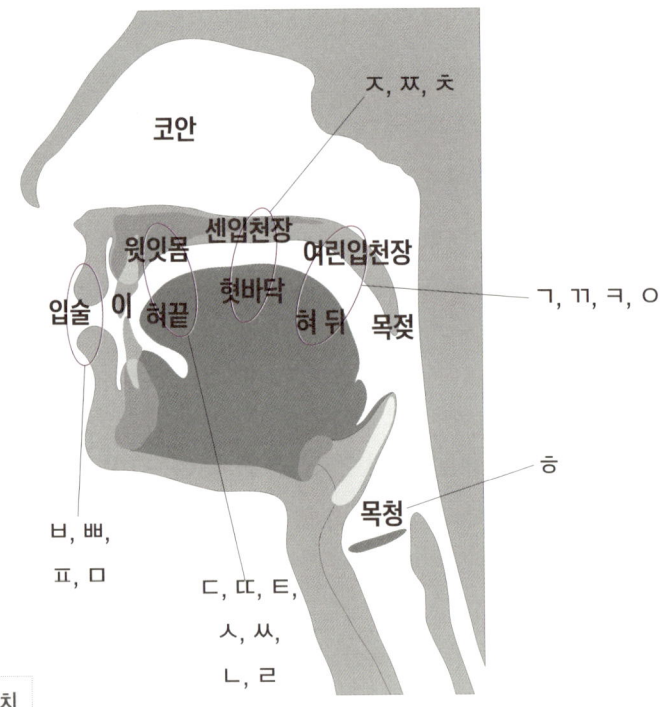

자음의 소리나는 위치

의 울림에 따라서 울림소리와 안울림소리로 구분됩니다. 또한 소리의 세기에 따라서 예사소리, 된소리, 거센소리로 구분되며 공기의 막힘과 마찰 유무에 따라서 파열음, 파찰음, 마찰음으로 나뉘고 비음(콧소리)과 유음(흐름소리)으로 분류되기도 합니다. 복잡하죠? 다 잊어도 되고 다음 내용에만 주목해주세요.

　　이론적으로 시옷 발음은 앞의 표에서도 볼 수 있듯이 윗잇몸과 혀끝이 닿아서 나는 '잇몸소리'입니다. 같은 잇몸소리 'ㄷ[디귿]' 'ㄸ[쌍디귿]' 'ㅌ[티읕]' 'ㄴ[니은]' 'ㄹ[리을]' 'ㅆ[쌍시옷]'과 마찬가지로 윗잇몸에 혀끝이 닿아서 나는 소리입니다. 한편 시옷 발음은 혀끝과 윗잇몸 사이 '좁은 틈'에서 공기의 마찰이 일어나는 '마찰음'이기도 합니다. 여기서 주목할 점은 시옷 발음이 마찰음으로 분류될 때는 혀끝과 윗잇몸 사이에 좁은 틈이 생기고 서로 붙지는 않는다는 사실입니다. 때문에 윗잇몸에 혀끝이 닿으면서 발음하는 것도 맞고 닿지 않은 상태로 발음하는 것도 맞습니다. 좀 더 자세하게 설명하면 시옷 발음은 모음과의 결합에 따라서 윗잇몸에 혀끝이 닿을 때도 있고 닿지 않을 때도 있습니다.

　　정리하겠습니다. 이론적으로 시옷은 어느 모음과 결합하느냐에 따라서 윗잇몸과 혀끝이 닿아서 소리 나기도 하고 닿지는 않지만 좁은 틈의 마찰로 소리 나기도 합니다. 발음이 새는 이유는 혀끝과 윗잇몸 사이의 틈이 넓어 마찰이 생기지 않기 때문입니다. 따라서 혀끝과 윗잇몸 사이를 최대한 좁히기 위해서라도 우리는 윗잇몸과 혀끝이 닿도록 연습해야 합니다!

학생들에게 매일 열 번씩 반복하여 연습하는 숙제를 주었습니다. 약 삼 주 후에 확인한 결과 놀랍게도 학생들 대부분 시옷 발음이 새지 않고 마찰이 선명히 느껴졌습니다. '혀끝이 윗잇몸에 닿느냐 닿지 않느냐' '윗니에 닿아야 한다' '아랫니에 닿아야 한다' 등 논란의 여지가 있지만 배우는 시옷을 반드시 정확하게 발음할 수 있어야 합니다. 연기력은 좋지만 시옷 발음이 잘되지 않아서 좋은 출연 기회를 놓친 선후배나 동료 배우 들을 종종 보았습니다.

10분 Key Point
시옷 발음이 새지 않도록 윗잇몸과 혀끝이 닿게끔 연습해야 한다.

R인가 L인가, 리을 발음

시옷과 함께 발음에 유의해야 할 자음이 있습니다. ㄹ[리을]입니다. 영어에는 [L]과 [R] 발음이 있습니다. [L] 발음은 윗잇몸에 혀끝이 닿는 잇몸소리입니다. [R] 발음은 혀를 목구멍 방향으로 말아 굴리듯 발음하는 목청소리입니다. 한글의 리을 발음은 [L] 발음과 유사합니다. 그런데 리을을 [R]처럼 발음하는 학생들이 생각보다 많습니다. 아마 초등학교 때부터 영어 교육을 받아서 그런 것 같습니다. 저도 오랫동안 유학했기 때문에 나도 모르게 리을을 [R]처럼 발음할 때가 있습니다. 모 영화에 출연했을 때 "지방 출장길에 아내에게서 전화가 왔습니다."라는 대사가 있었는데 '출'의 리을을 [R]처럼 발음해버렸습니다. "오늘 하루도 무사했다."라는 대사에서도 하루의 '루'를 [R]로 발음했고요. 들키지는 않았지만 스스로 아찔했습니다. 리을도 발음함에 있어 우리가 유념해야 할 자음입니다. 단 외래어일 경우에는 작품의 의도에 따라 두 발음 중 하나를 택하여도 무관합니다.

10분 Key Point
리을을 영어의 [R]처럼 혀를 굴려서 발음하지 말아야 한다.

소리의 길이

음절은 자음과 모음이 결합되어 이루는 소리의 가장 작은 단위라고 설명했습니다. 예를 들어 이 책의 제목 '배우 탄생'은 [배] [우] [탄] [생] 네 음절로 이루어졌습니다. 우리말의 한 음절로 된 단어들 중에는 소리의 길이에 따라서 뜻이 각각 달라지는 것들이 있습니다. 소리는 같은데 뜻이 다른 단어를 동음이의어라고 합니다. 우리말에 동음이의어는 참 많습니다. 예를 들어 '강을 건너는 다리'와 '신체의 일부인 다리'는 다릅니다. '물건이 탈 때 나는 연기' '기간을 미룬다는 의미의 연기' '배우의 연기'도 마찬가지고요. 동음이의어는 주로 두 음절 이상의 단어에서 많이 나타납니다. 하지만 다음 표처럼 한 음절에서 나타나는 경우가 있는데, 사소한 것 같지만 눈여겨보며 연습해야 합니다. 소리의 길이로 의미가 달라지기 때문입니다. 대본을 보면 의외로 한 음절로 된 동음이의어가 많습니다. 알베르 카뮈의 희곡 〈정의의 사람들〉에 나오는 몇 대사를 예시로 들겠습니다.

칼리아예프: 당신의 눈[눈]은 항상 슬프군요, 도라. 즐겁고 떳떳해야
　　　　　　돼요.
스테판: 눈[눈:]이 왔는데 비와 섞여서 바닥은 진흙탕이었지.

짧은 소리	의미	긴 소리	의미
눈[눈]	빛의 자극을 받아 물체를 볼 수 있는 감각 기관.	눈[눈:]	대기 중의 수증기가 찬 기운을 만나 얼어서 땅 위로 떨어지는 얼음의 결정체.
말[말]	말과의 포유류.	말[말:]	사람의 생각이나 느낌 따위를 표현하고 전달하는 데 쓰는 음성 기호.
벌[벌]	잘못하거나 죄를 지은 사람에게 주는 고통.	벌[벌:]	벌목의 곤충 가운데 개미류를 제외한 곤충을 통틀어 이르는 말.
밤[밤]	해가 져서 어두워진 때부터 다음 날 해가 떠서 밝아지기 전까지의 동안.	밤[밤:]	밤나무의 열매.
병[병]	주로 액체나 가루를 담는 데에 쓰는 목과 아가리가 좁은 그릇.	병[병:]	생물체의 전신이나 일부분에 이상이 생겨 정상적 활동이 이루어지지 않아 괴로움을 느끼게 되는 현상.
굴[굴]	굴과의 연체동물을 통틀어 이르는 말.	굴[굴:]	자연적으로 땅이나 바위가 안으로 깊숙이 패어 들어간 곳.

한 음절에서 나타나는 소리의 길이

보이노프: 여기는 말[말]들이 속도를 늦추기 적합한 장소입니다.

아넨코프: 스테판! 동지의 말[말:]이 다 옳다고 해도 함부로 다 얘기하면 안 되오.

도라: 보리아, 당신이 끝없이 즐거웠던 밤[밤]들을 사랑하였다는 것을 알아요.

배우는 대사를 연습할 때, '한 음절로 이루어진 단어는 소리의 길이에 따라서 다른 의미를 갖는다'는 사실도 유념해야 합니다.

10분 Key Point

한 음절로 이루어진 단어는 소리의 길이에 따라서 뜻이 다르다.

된소리되기

우리말은 '구개음화' '연음법칙' '된소리되기' 등 다양한 방식으로 소리 납니다. 그중에서 '된소리되기' 개념을 잘 이해하고 연습한 다면 훨씬 좋은 딕션으로 관객들에게 대사를 보다 정확하게 전달할 수 있을 것입니다. '된소리되기' 현상은 또박또박 말할 수 있게 도움을 주기 때문이죠.

이 개념을 설명하기에 앞서 자음이 소리의 세기에 따라서 '예사소리' '된소리' '거센소리'로 분류된다는 것을 설명하겠습니다. 먼저 보통 세기로 나오는 소리를 '예사소리'라고 합니다. 예사소리 'ㄱ[기역]' 'ㄷ[디귿]' 'ㅂ[비읍]' 'ㅅ[시옷]' 'ㅈ[지읒]'을 각각 발음해보세요. 보통 세기로 경쾌하고 가볍게 발음됩니다. '된소리'는 발음기관이 긴장되어 나오는 단단하고 센 소리입니다. 'ㄲ[쌍기역]', 'ㄸ[쌍디귿]' 'ㅃ[쌍비읍]' 'ㅆ[쌍시옷]' 'ㅉ[쌍지읒]'은 확실히 예사소리에 비해서 단단한 느낌이고 강한 세기로 발음된다는 것을 알 수 있습니다. 거센소리로 분류된 'ㅋ[키읔]' 'ㅌ[티읕]' 'ㅍ[피읖]' 'ㅊ[치읓]'은 숨이 보다 거세게 나오면서 발음됩니다.

'된소리되기'는 예사소리 ㄱ, ㄷ, ㅂ, ㅅ, ㅈ이 실제로는 된

소리 ㄲ, ㄸ, ㅃ, ㅆ, ㅉ으로 발음되는 현상입니다. 예를 들면 '입고[입꼬]' '역도[역또]' '국밥[국빱]' '젖소[젇쏘]' '갑자기[갑짜기]' 등이 있겠습니다. 뒤 음절의 예사소리 ㄱ, ㄷ, ㅂ, ㅅ, ㅈ이 각각 된소리 ㄲ, ㄸ, ㅃ, ㅆ, ㅉ으로 발음되지요. 이외에도 햇빛[핻삗], 팥빙수[팓삥수], 꽃다발[꼳따발], 숟가락[숟까락], 몹시[몹씨], 싹둑[싹뚝], 깍두기[깍뚜기], 눈곱[눈꼽], 딱지[딱찌], 발바닥[발빠닥] 등 된소리되기 현상이 일어나는 경우는 굉장히 많습니다.

희노애락의 감정을 연기할 때 발음이 분명하지 않은 경우가 자주 생깁니다. 웃는 소리, 우는 소리가 섞이기 때문입니다. 그래서 감정연기를 하면서 발음이 똑똑히 들리도록 하려면 때에 따라 된소리되기를 적극적으로 구사해야 합니다.

예사소리	보통의 세기로 나오는 소리.	경쾌하고 가벼운 느낌.	ㄱ, ㄷ, ㅂ, ㅅ, ㅈ
된소리	긴장된 상태에서 나오는 소리.	단단하고 급한 느낌.	ㄲ, ㄸ, ㅃ, ㅆ, ㅉ
거센소리	숨이 거세게 나오는 소리.	격하고 거센 느낌.	ㅋ, ㅌ, ㅍ, ㅊ

예사소리, 된소리, 거센소리

10분 Key Point
감정이 고조되는 대목에서 '된소리되기'를 적절히 활용해야 한다.

어간과 어미

죽었어. 아니 죽였지. 강인국이 난 줄 알고.

만주에서 온 언니는 왜 죽이셨어요?
죽이셨잖아요. 그 손으로. 어머니도.
(총 방아쇠) 그런 집안 없습니다 이제.

우리 만주에선 지붕에서 물이 새거나 벽이 부서져도 고치질 않
았어.
곧 독립이 되면 고향으로 돌아갈 텐데 뭐 하러 고치겠어.
둘을 죽인다고 독립이 되냐구? 모르지. 그치만 알려줘야지. 우린
계속 싸우고 있다고.
돈 땜에 뭐든지 하는 당신처럼 살 순 없잖아.

16년 전 임무. 염석진이 밀정이면 죽여라. 지금 수행합니다.

최동훈 감독. 영화 〈암살〉.
안옥윤(전지현 분). 케이퍼필름 제공

천만 넘는 관객을 동원한 최동훈 감독의 영화 〈암살〉은 일

제강점기에 친일파 암살 작전을 세우는 독립군을 소재로 삼았습니다. 출연한 모든 배우가 뛰어난 연기로 큰 감동을 주었지요. 저는 〈암살〉의 주인공 '안옥윤(전지현 분)'의 대사를 모아보았습니다. 그리고 출력하여 학생들에게 나눠주며 한 사람씩 나와서 대사가 관객에게 잘 전달되도록 소리 내서 읽어보라고 했죠. 여러분도 따라 해보세요. 분석하지 말고 그냥 읽어보세요.

앞에 나온 학생은 나름대로 또박또박 읽으려고 합니다. 저는 듣고 있는 학생들에게 묻습니다. "잘 들리니?" 잘 들렸다는 학생도 있지만 소수였고, 대부분은 잘 들리지 않는다고 합니다. 다른 학생들이 읽었을 때도 마찬가지였습니다. 학생들의 읽기는 잘 안 들립니다. 어떤 학생은 "사투리가 심해서", 다른 학생은 "억양이 이상해서", 또 다른 학생은 "목소리가 작고 너무 더듬거려서" 잘 들리지 않습니다.

죽었어. 아니 **죽였지**. 강인국이 난 줄 알고.

만주에서 온 언니는 왜 죽**이셨어요**?
죽이셨잖아요. 그 손으로. 어머니도.
(총 방아쇠) 그런 집안 **없습니다** 이제.

우리 만주에선 지붕에서 물이 새**거나** 벽이 부서**져도**
고치질 않**았어**.

곧 독립이 되면 고향으로 돌아**갈 텐데** 뭐 하러 고**치겠어**.
둘을 죽**인다고** 독립이 되**냐구**? 모르지. 그치만 알려**줘야지**.
우린 계속 싸우고 있다고.
돈 땜에 뭐든지 하는 당신처럼 살 순 없**잖아**.

16년 전 임무. 염석진이 밀정이면 죽**여라**. 지금 수행합니다.

이번에는 학생들에게 형광펜 표시한 부분을 강조해서 읽어보게 했습니다. 학생들은 신기해합니다. 훨씬 더 명확하게 들리기 때문입니다.

우리말은 유럽권이나 영어권의 문장 어순과 다르게 서술어*가 맨 뒤에 위치합니다. 제가 구사할 수 있는 러시아어와 영어로 예를 들자면 서술어가 문장에서 구조적으로 정 가운데에 위치합니다. 문장의 중심 역할을 하는 것입니다. 그래서 문장의 과거·현재·미래를 나타내는 시제나 명령·권유·허락·각오 등의 의미를 명확하게 말하거나 들을 수 있습니다. 또한 서술어를 돕는 조동사가 있습니다. 예를 들어 'can(할 수 있다)' 'must(해야만 한다)' 'want(하고 싶다)' 같은 단어가 동사 앞에 붙어서 그 의미를 더욱

---

* 한 문장에서 주어의 움직임, 상태, 성질 따위를 서술하는 말.

명확하게 합니다.

그러나 우리말 문장에서는 서술어가 문장의 맨 뒤에 위치하기 때문에 구조적으로 잘 안 들릴 수 있습니다. 특히 서술어를 이루는 동사는 음절이 변하지 않는 어간과 음절이 변하는 어미로 나뉘는데, 시제·명령·권유 등 문장의 의미를 다양하게 표현해주는 어미가 하필이면 문장의 맨 끝에 달려 있어서 흐릿하거나 어물거리는 소리로 들리기가 매우 쉽습니다. 애석하게도 우리말에는 동사의 의미를 뚜렷하게 해주는 조동사 역할을 하는 단어도 없습니다. 그래서 외국 통역사들은 "한국말은 끝까지 들어봐야 알 수 있다."라고 우스갯소리를 하기도 합니다.

어미변화에 따라서 문장의 의미가 구체적으로 얼마나 달라지는지 알아보겠습니다.

죽었어 | 죽였지 | 죽여라 | 죽이셨잖아요 | 죽인다고

여기서 '죽'을 변하지 않는 음절, 어간이라고 합니다. 형광펜 표시한 '-었어' '-였지' '-여라' '-이셨잖아요' '-인다고'는 음절의 형태가 변하는 어미입니다. 어미가 변할 때마다 대사의 뉘앙스가 다양하게 달라진다는 것을 알 수 있습니다. 동사는 어미변화에 따라서 각각 정보 제공·고백·명령·원망·체념의 의미로 해석됩니다. 또한 '죽었다' '죽을 것이다'와 같이 시제가 변하기도 하고, '죽어라' '죽으세요'처럼 반말과 높임말이 구분되기도 합니다. 이뿐만이 아닙니다. 영어의 조동사 역할도 합니다. '죽일 수 있다 (can kill)' '죽여야만 한다(must kill)'처럼요. 그밖에도 어미를 길게 늘어뜨리거나 짧게 힘주어 얘기할 때 대사의 느낌이 전혀 다르고 어미의 억양에 따라서 말투도 달라집니다. 어미는 '죽인다고'처럼 쓰여 문장과 문장을 연결해주는 역할도 하며 대사의 능동형과 수동형도 결정합니다.

우리말에서 어미가 차지하는 비중은 매우 높습니다. 어미 변화에 따라서 대사의 의도와 느낌이 완전히 달라집니다. 때문에 어미를 명확하게 발음하는 것은 매우 중요합니다!

10분 Key Point
어미를 명확하게 발음해야 한다.

연음법칙과 받침 자음

국어에는 '연음법칙'이 있습니다. 연음법칙은 앞 음절 받침 자음이 모음으로 시작하는 뒷 음절로 옮겨져 소리 나는 음운 법칙입니다. "이 옷을 입으세요."라는 문장을 연음법칙으로 읽으면 [이 오슬 이브세요]라고 소리 납니다. '옷' 음절의 받침 자음 'ㅅ'이 그대로 모음으로 시작하는 뒷 음절 '을'에 옮겨져 [슬]로 발음됩니다. 또 '입' 음절의 받침 자음 'ㅂ'이 모음으로 시작하는 '으' 음절에 그대로 옮겨져서 [브]로 발음됩니다. 대신 앞 음절의 받침자음 'ㅅ'과 'ㅂ'은 사라집니다.

그밖에도 낮에[나제], 바람이[바라미], 옷이[오시], 곰이[고미], 앞으로[아프로], 밭에[바테], 갔어요[가써요], 있어요[이써요], 꽂아[꼬자], 꽃을[꼬츨], 쫓아[쪼차], 덮이다[더피다] 등 수많은 단어에 연음법칙이 적용됩니다.

배우들은 이 연음법칙을 꼼꼼하게 살펴봐야 합니다. 대사에는 전후 문맥상 강조해야 할 부분이 있고 억양이나 감정 고조에 따른 템포와 뉘앙스 또한 있습니다. 따라서 원칙적으로는 연음법칙에 따라 발음하는 것이 맞다 해도 실제에서 꼭 백 퍼센트 들어맞는 것은 아닙니다. 연음법칙을 따르면 앞 음절의 받침 자음이 사라지며 소리를 받쳐주지 못하게 되고, 그 결과 강조해야 할 부분이 평이하게 들리기 때문입니다. 대신 연음법칙을 따르되 상황에 따라서 그때그때 앞 음절의 받침 자음을 살려 발음하면 강조하거나 세게 소리 내야 하는 단어를 또박또박 발음할 수 있습니다.

음절과 음절을 연음법칙에 의해 명확한 소리값으로 나누는 것이 다소 적절치 않은 또 다른 이유도 있습니다. 대사의 음절과 음절 사이에는 풍부한 뉘앙스가 있기 때문입니다.

[이 오슬 **입**브세요]

'입어라'라는 명령의 의미를 강조하기 위해서 어간의 받침을 살려 발음해보았습니다. '입' 음절의 받침 자음 'ㅂ'이 강한 여운을 남기면서 '입다'라는 사실을 강조하는 뉘앙스가 생겼음을 알수 있습니다. 만약 '옷'을 중요하게 들려주고자 한다면 '옷'의 받침 자음 'ㅅ'의 소리를 분명히 하고 '입으세요'는 연음법칙을 그대로 적용하여 발음해보세요.

[이 **옫**슬 이브세요]

'입다'라는 사실보다 '옷'이 강조되며 훨씬 의미 전달이 잘된다는 것을 확인할 수 있습니다. (참고로 받침 자음 ㅅ, ㅈ, ㅌ, ㅊ은 ㄷ으로 소리가 표기됩니다.)

정리해보겠습니다. 대사를 내뱉을 때 연음법칙을 따르되 상황에 따라 유연하게 앞 음절의 받침 자음을 살려서 발음해야 합니다. 강조하고자 하는 부분을 더욱 명료하게 잘 전달할 수 있기 때문입니다.

죽었써. 아니 **죽였지.** 강인국이 난 줄 알고.

만주에서 온 언니는 왜 **죽기셨써요?**
주기셨짠나요. 그 손으로. 어머니도.
(총 방아쇠) 그런 **집반 업씁니다** 이제.

우리 만주에선 지붕에서 물이 새거나 벽이 부서져도
고치질 **안았써.**
곧 독립이 되면 고향으로 돌아갈 텐데 뭐 하러 **고치겠써.**
둘을 **주긴다고** 독립이 되냐구? 모르지. 그치만 알려줘야지.
우린 계속 싸우고 **있따고.**
돈 땜에 뭐든지 하는 당신처럼 살 순 **업짜나.**

16년 전 임무. 염석진이 밀정이면 **주겨라.** 지금 수행합니다.

상황과 감정 변화에 맞게 연음법칙을 따르기도 하고 받침 자음을 살리기도 하면서 소리 나는 대로 적어보았습니다. 일부

'된소리되기'를 적용하기도 했고요, 아예 적용하지 않은 부분도 있습니다. 여러분도 목소리를 가다듬고 강조하고 싶은 부분을 이렇게 바꾸고 저렇게도 바꿔가면서 크게 소리 내서 읽어보세요. 어떤가요?

10분 Key Point
대사의 의도를 명확하게 전달하기 위해
받침 자음을 살려서 발음해야 할 때도 있다.

강세

한영사전을 보면 단어의 뜻과 함께 발음기호가 나와 있습니다. 발음기호에는 정확한 발음과 함께 악센트 즉, 강세가 표시됩니다. '연기: Acting[ǽktiŋ]' 같은 식으로요. '액팅'이라는 두 음절 중 '액' 음절에 강세가 표시되어 있지요? 러시아어 사전에서는 한술 더 뜹니다. '연기: игра́[이그라]'라고 되어 있는데요, 발음기호는 아예 없고 단어 자체에 강세가 표시되어 있습니다. '이그라'라는 세 음절 중 맨 뒤 음절 '라'에 강세가 있어요. 끝으로 국어사전을 보겠습니다. '연기(演技): [명사] 배우가 배역의 인물, 성격, 행동 따위를 표현해내는 일.' 강세 표시가 없습니다.

우리말은 강세 개념이 없습니다. 그래서 외국에서 이름을 소개하다 보면 악센트가 어디에 있느냐는 질문을 자주 받습니다. "용근인가요, 아니면 용근인가요?" 어쩌면 땅이 작은 우리나라에 수많은 사투리가 존재하는 것도 여기에 기인한다고 유추해볼 수 있습니다. 강세가 정해져 있지 않아서 다양한 억양이 생겨나게 된 것이지요.

결론을 얘기하겠습니다. 배우가 대사를 뱉을 때 강조하고자 하는 단어의 음절 중 하나에 강세를 두고 연기한다면 대사가 관객에게 입체적으로 전달됩니다.

죽**었**써. 아니 죽였**지**. 강인국이 난 줄 알고.

만주에서 온 언니는 **왜** 죽기셨써요?
주기**셨**짠나요. 그 **손**으로. 어머니도.
(총 방아쇠) 그런 집**반** 업**씁**니다 이제.

우리 만주에**선** 지붕에서 **물**이 새거나 벽이 부서져도
고치**질** 안았써.
곧 독립이 되면 고**향**으로 돌아갈 **텐**데 **뭐** 하러 고치겠써.
둘을 주긴다고 독립이 되냐**구?** 모르지. 그치만 **알**려줘야지.
우린 계속 **싸**우고 있따고.
돈 땜에 뭐든지 하는 당**신**처럼 살 순 **업**짜나.

16년 전 **임**무. 염석진이 밀정이면 **주**겨라. 지금 수행합니다.

감정을 실어 실제로 연기하며 제 나름대로 강세를 표시해
보았습니다. 정해진 답은 없습니다. 각 배우의 말투와 억양에 따
라 강세가 다를 것입니다. 중요한 점은 대사에 강세를 두어 발음
하면 대사의 입체감이 훨씬 살아나면서 디테일하게 표현하고자
하는 의미를 관객에게 잘 전달할 수 있다는 것입니다. 물론 딕션

도 **훨씬 살아납니다.** 때로는 앞 음절에, 때로는 중간 음절에, 때로는 마지막 음절에 강세를 적절하게 사용해보세요. 물론 두 음절로 이루어진 단어의 두 음절을 모두 강조해도 됩니다. 대신 너무 남발해서 잔뜩 힘이 들어가지 않도록 주의해야 합니다. 또 충분한 대본 분석 없이 대사를 낭독하면 '쪼'가 생길 수도 있습니다. 쪼는 관객들이 보편적으로 받아들일 수 없는 배우의 이상한 말투를 일컫는 연기 현장의 은어입니다.

10분 Key Point
의미 전달을 위해서 강세를 적절히 두어 발음해야 한다.

명품 배우를 만드는 사소한 기술

* 화술은 발음을 조율하는 역할을 한다.
* 단모음과 장모음을 정확하게 발음해야 한다.
* 'ㅅ'과 'ㄹ'을 유의하여 발음해야 한다.
* 한 음절로 이루어진 단어는 소리의 길이에 따라서 뜻이 다르다.
* 된소리되기를 통해서 단어를 또박또박 발음할 수 있다.
* 어미를 확실하게 발음하는 기술이 있어야 한다.
* 연음법칙을 따르되 경우에 따라 앞 음절의 받침 자음을 살려서 발음한다.
* 강세를 잘 활용하라.

2장
아마추어와 프로의 차이
- 호흡과 발성

발성의 중요성

어느 날 지인의 초대를 받아 직장인들로 구성된 아마추어 배우들의 연극을 보러 갔습니다. 회사에서 바쁜 일과를 마치고 시간 내어 연기 연습을 하는 것만 해도 힘든 일일 텐데 정식으로 극장을 대관하여 연극을 올린다니 참 대단하다고 생각했습니다. 과연 공연은 그들의 열정만큼이나 참 재밌고 훌륭했습니다. 프로 배우들의 공연 못지않게 배우들 간 교감과 역할에 대한 감정 몰입도 좋았습니다. 재치 있는 연기에 배꼽 잡고 웃기도 했고 슬픈 연기에 숙연해지기도 했습니다. 그렇지만 어딘가 모르게 '그래도 역시 아마추어 배우들이구나'라고 느껴지는 지점이 있었습니다.

그건 무엇이었을까요? 결론부터 얘기하자면 프로 배우와

아마추어 배우는 발성에서 명백한 차이가 납니다. 아마추어 배우들은 열정과 재능으로 배역에 대한 감정이입과 관객과의 교감 등을 훌륭하게 해냈지만, 관객들에게 진정한 감동을 주기에는 아무래도 목소리가 훈련되지 않았다는 한계가 있었습니다. 어디까지나 아마추어 공연으로서 훌륭한 공연이었지 그 이상은 아니었던 것입니다.

발성 훈련을 하지 않은 초보 연기자들은 격정적으로 화를 내는 장면에서 얼굴이 시뻘게지고 목에 핏대가 올라옵니다. 무조건 악만 지르는 것 같습니다. 저는 연기에 몰입하지 못하고 속으로 '아이쿠, 저렇게 소리 지르면 목이 아플 텐데….' 하고 전혀 엉뚱한 생각을 합니다.

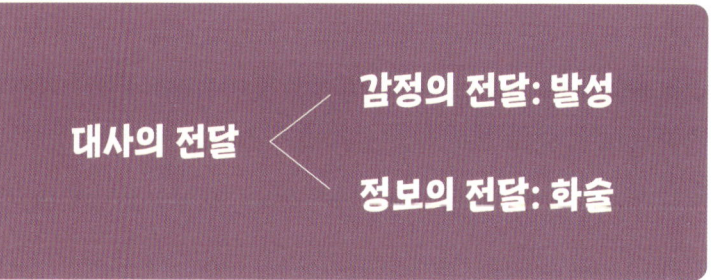

대사의 전달 < 감정의 전달: 발성 / 정보의 전달: 화술

하루는 한참 학생들과 수업하는데 옆 강의실에서 다른 반 학생들 연습하는 소리가 들려 왔습니다. 울고불고 욕설이 난무하며 난리가 난 것 같습니다. 째지는 소리로 어찌나 고래고래 악을

쓰는지 참 듣기가 싫었습니다. 울음소리에 섞여서 대사도 제대로 들리지 않습니다. 그래서 저는 잠깐 옆 강의실로 들어가서 "여러분! 열정적으로 연습하는 것은 좋은데 우선 발성 훈련법을 복습하는 게 좋을 것 같아요." 하고 조언했습니다.

목소리가 훈련되지 않은 배우는 속된 말로 프로의 세계에서 명함조차 내밀지 못합니다. 작품을 위해서 오디션 공고를 내면 수많은 배우가 연기 동영상을 보내 옵니다. 전 아무리 좋은 연기 동영상을 보더라도 발성이 좋지 않은 배우라면 미안하지만 합격시키지 않습니다. 이렇게 탈락하는 비율이 거의 팔십 퍼센트에 육박하는 것 같습니다. 발성 훈련을 등한시하는 배우 지망생이 그만큼 많다는 뜻입니다.

지금 이 글을 읽고 계시는 여러분! 발성 훈련으로 목소리를 단련한다면, 최소한 서류 심사에 합격하여 오디션 현장에 설 기회를 얻을 것입니다. 저는 배우들과 연극 연습할 때나 학생들과 연기 수업할 때 항상 유쾌하고 부드럽게 분위기를 이끌어가지만 본 연습과 수업 전 십오 분 정도는 항상 엄격한 발성 훈련을 실시합니다. 배우들과 학생들의 목소리 컨디션을 체크하기 위해서입니다.

서문에서 말했듯 재능이 없더라도 누구나 연기자가 될 수 있습니다. 그렇지만 아무리 재능이 뛰어나도 발성이 되지 않는다면 결코 연기자가 될 수 없습니다! 도대체 발성이 연기자에게 이렇게나 중요한 이유가 뭘까요? 차분하게 알아봅시다.

첫째, 발성은 인물의 감정을 전달하는 데 절대적인 역할을 합니다. 잘 훈련된 목소리는 우리의 몸을 공명시켜서 대사의 음절과 음절 사이의 '뉘앙스'를 풍부하게 합니다. 뉘앙스는 목소리의 톤, 음색, 억양, 어감이나 표현의 차이에 의해 달라지는 세밀한 느낌이나 분위기 혹은 인상을 의미합니다. 이는 곧 섬세하고 미묘한 감정 전달로 직결됩니다. 앞서 화술은 정확한 발음으로 악기를 조율하는 것과 같은 역할을 한다고 설명했습니다. 발성은 정확하게 조율된 음과 음 사이의 뉘앙스를 풍부하게 합니다. 다시 말하면 화술은 정확한 발음으로 관객에게 대사의 정보를 전달하고 발성은 대사의 뉘앙스로 감정을 전달하는 것입니다.

방송 연기 지망생들이 발성 훈련은 무대에서 크고 우렁찬 목소리로 먼 관객석까지 소리를 전달해야 하는 연극배우들에게나 필요한 것이지, 붐 마이크*로 매우 작은 소리까지 잡아내는 스크린 연기에서는 필요 없다고 생각하는 경향이 있는데 착각입니다. 비록 연극보다 작은 목소리로 연기할지라도 그 안에는 풍부한 뉘앙스가 있을 것입니다. 발성이 좋은 배우는 작은 목소리로 연기하더라도 대사가 가진 섬세한 감정을 관객에게 전달할 수 있습

---

* 기다란 낚싯대 모양의 붐에 매단 이동형 마이크. 배우의 목소리를 세밀하게 녹음하기 위한 장치다.

니다.

여담이지만 연극배우가 스크린 연기에 데뷔했을 때 습관처럼 큰 목소리로 연기하다가 녹음 감독에게 지적을 받으면서 다소 고전하기도 합니다. 대사를 녹음하는 기술적인 메커니즘 때문에 작은 목소리로 연기해달라고 요구하거든요. 이때 배우는 작게 연기하면 되는 것입니다. 하지만 이순재 배우처럼 유독 목청이 크고 목소리가 쩌렁쩌렁 울리는 배우들도 있습니다. 작게 말하려고 하다가도 선천적으로 목청이 크기 때문에 어느새 다시 소리가 커집니다. 능숙한 녹음 기사라면 붐 마이크를 좀 더 멀리 두거나 기술적으로 볼륨을 작게 해서 녹음하기 때문에 문제가 되지 않습니다. 하지만 반드시 작은 목소리로 연기해야 하는 상황도 있습니다. 이때는 집중적으로 연습하면 됩니다. 작은 목소리로 연기하더라도 섬세한 감정의 진폭과 밀도는 살아 있어야 합니다! 그래서 연극 연기뿐만 아니라 스크린 연기에서도 발성 훈련은 중요합니다.

둘째, 발성으로 훈련된 목소리는 대사의 입체감을 높입니다. 배우는 목소리의 세 가지 요소 '강약' '높낮이' '속도'로 감정의 전달력을 높입니다. 발성 훈련은 더욱 힘 있고 큰 음량의 목소리를 내게 하여 소리의 강약 대비를 크게 할 수 있을 뿐만 아니라 고음부터 저음까지 균질한 음색을 구사하게 하여 대사 전달의 안정성을 높입니다. 또한 호흡의 효율성을 높여서 긴 대사를 말할 때도 끊기지 않고 끝까지 대사에 담긴 의미와 감정을 관객에게 전달하게 합니다. 끝으로 짧은 호흡과 긴 호흡을 자유자재로 구사하여 대사의 속도를 조절할 수 있게 됩니다. 초보 연기자들은 독백 연기를 할 때도 처음부터 끝까지 똑같은 목소리입니다. 매우 단조롭고 심심합니다. 하지만 프로 배우는 같은 독백이라도 목소리의 강약, 높낮이, 속도를 아름다운 음색으로 섬세하게 조절해서 감동을 줍니다.

셋째, 그 누구도 따라 할 수 없는 자신만의 고유한 정체성이 형성됩니다. 우리나라를 대표하는 몇몇 배우들의 목소리를 상상해볼까요? 눈을 감고 황정민, 최민식, 송강호, 윤여정, 김혜자, 전도연, 전지현 배우 등의 목소리를 떠올려보세요. 외모를 지우고 생각하더라도 그들의 목소리가 선명하게 들려 올 것입니다. 한편 외모를 지우고 목소리만 상상했을 때 잘 연상되지 않는 배우들도 있을 것입니다. 이처럼 목소리는 배우의 고유한 정체성이자 자신만의 무기입니다. 잘 훈련된 목소리는 배우 특유의 뉘앙스, 톤, 음색 등을 살려서 정체성을 확고히 해줄 뿐만 아니라, 외적인 이미지와 어우러져 배우로서의 존재감 또한 한껏 높여줄 것입니다.

10분 Key Point
배우에게 발성은 매우 중요하다.

발성의 핵심: 공명

연기라는 분야에서 좋은 목소리란 어떤 목소리일까요? 우리는 주변에서 다양한 목소리를 듣게 됩니다. 가래침이 끓는 듯한 목소리도 있고, 허스키한 목소리도 있습니다. 제게는 목소리가 높고 째지는 친구가 있는데요, 그 친구에게는 미안하지만 오래 대화하다 보면 어쩔 수 없이 귀가 피로해집니다. 하지만 그 어떠한 목소리라도 배역의 캐릭터에만 잘 맞는다면 좋은 목소리일 수 있습니다. 굉장히 애매한 기준이죠? 그래서 좋은 목소리의 기준을 다시 정하려 합니다. 바로 '대사 전달력'입니다. 대사의 정보와 감정을 관객에게 잘 전달할 수 있다면 좋은 목소리입니다.

앞서 화술은 대사의 정보 전달에, 발성은 대사의 감정 전달에 중요한 역할을 한다고 설명했습니다. 그렇다면 풍부한 감정 전달을 위한 발성 훈련의 핵심 개념은 무엇일까요? '공명'입니다. 발성은 우리 몸을 진동시켜서 공명을 일으킵니다. 공명이 극대화된 목소리는 전달력과 호소력이 있어 관객에게 감동을 전할 수 있습니다. 봉준호 감독은 네 편의 영화를 함께한 변희봉 배우를 두고, 그가 가진 '목소리의 울림과 파괴력'을 어릴 때부터 굉장히 좋아했다고 말한 바 있습니다.

목소리는 '목에서 나는 소리'입니다. 두 말 하면 잔소리입니다. 숨을 내뱉을 때 목구멍의 여러 근육이 움직여서 성대를 진동시키며 소리가 나는 것입니다. 하지만 성대의 울림만으로 관객에게 여러 감정을 전달하기에는 많이 부족합니다. 마치 한 가지 색으로만 그림을 그리는 것과 같습니다. 공명은 목뿐 아니라 머리, 어깨, 가슴, 배 등을 울려 다채로운 색으로 그림을 그리게 합니다.

이해를 돕기 위해 우리 몸을 바이올린에 비유해보겠습니다. 소리 내는 데 직접적으로 관여하는 혀, 이빨, 입, 목구멍은 바이올린의 활과 줄에 비교할 수 있습니다. 활과 줄이 마찰하며 바이올린의 몸통을 진동시켜 아름다운 소리를 내듯이 우리는 우리 몸을 진동시키며 연기해야 합니다. 발성 훈련은 공명이 이루어지도록 합니다.

'스트라디바리우스'라는 유명한 바이올린 브랜드가 있습니다. 전 세계 최고의 연주자들이 사랑하는 이 악기는 외관은 일반 바이올린과 똑같지만, 최고가가 이백억 원에 달한다고 합니다. 대여비만 일 년에 수억 원이래요. 연주자들의 말에 따르면 이 악기는 특유의 깊고 풍부한 공명으로 관객들에게 아름다운 음악을 선사하며 인간의 영혼을 건드리는 미묘한 뉘앙스들이 깊은 여운을 자아낸다고 합니다.

클래식 음악을 좋아하는 사람이라면 한 번쯤 그 이름을 들어봤을 법한 세계적인 바이올리니스트 김지연 씨의 인터뷰 내용입니다.

"바이올린이 제 목소리라고 생각하고 연주해요. 제 소리는 바이올린 표면에서 나오는 소리가 아니에요. 성악가들처럼 배에 힘을 주면서 몸속 깊은 곳에서 소리를 이끌어내거든요. 온몸으로 부르는 노래라고나 할까요?"*

그렇습니다! 과장해서 표현하면 우리 몸을 공명시키는 발성 훈련은 이백억 원짜리 악기를 만드는 것과 똑같습니다. 발성이 뛰어난 배우는 빛나는 음량과 예리한 음색으로 관객들에게 감동을 줄 것입니다.

10분 Key Point
발성의 핵심 개념은 공명이다.

* 「바이올리니스트 김지연」《톱클래스》, 2008년 7월호.

깊은 호흡과 얕은 호흡

호흡은 발성과 떼려야 뗄 수 없는 관계입니다. 호흡에 의해서 소리가 나기 때문입니다. 호흡은 숨을 들이마시고 내쉬는 자연적인 현상입니다. 우리가 숨을 내쉴 때 발성기관의 운동으로 성대가 열리고 닫히면서 마찰이 생깁니다. 그리고 이 마찰로 인해 발음기관이 진동하면서 소리가 나옵니다. 호흡의 길이, 강약, 빠르기에 따라서 소리의 길이, 강약, 빠르기가 달라집니다. 그래서 호흡을 효율적으로 쓰는 기술이 필요해요. 배우에게 필요한 발성의 원리를 알기 위해서 우리는 가장 먼저 호흡의 깊이를 알아야 합니다. 저는 수업을 시작하면서 학생들에게 깊은 호흡과 얕은 호흡에 대해서 질문을 던집니다.

"감정이 격앙되어 있을 때 우리의 호흡은 깊을까, 얕을까?"

학생들은 아리송해하고 대답은 반반으로 나뉩니다. 어떤 학생은 흥분하면 숨이 가빠지고 가슴이 뛰기 때문에 얕은 호흡이라고 자신 있게 대답합니다. 다른 학생은 오히려 감정적인 상태일 때 더욱 진지해지니까 깊은 호흡이라고 합니다. 저는 제 경험을 소개하며 힌트를 줍니다. "옛날에 선생님이 무척 출연하고 싶었던 작품이 있었어. 오디션도 굉장히 잘 봤기 때문에 기대가 컸지. 하지만 발표 날 보니 내 이름이 없는 거야. 나는 크게 실망해서 한숨을 깊이 쉬면서 갖은 욕을 다 퍼부었다." 그러자 학생들은 이내 눈치 채고 일동 "깊은 호흡이요!"라고 답합니다.

　　맞아요. 깊은 호흡은 내면의 생각과 인간의 감정과 관련 있습니다. 반대로 얕은 호흡은 논리적이고 이성적인 사고와 밀접합니다. 같은 우리말을 쓰지만 배우의 화술과 호흡은 아나운서나 앵커와는 사뭇 다릅니다. 아나운서는 이성적으로 객관적 사실과 정보를 전달합니다. 그래서 배우보다 호흡을 깊게 쓰지는 않습니다. 하지만 배우는 감정을 다루는 직업이기 때문에 깊은 호흡과 관련된 복식호흡을 충분히 연습해야 합니다. 초보 배우들은 격한 감정을 연기할 때 얕은 호흡을 쓰기 때문에 목에 핏대가 올라오고 얼굴이 빨개지며 목소리는 짝짝 갈라집니다. 목에만 힘이 잔뜩 들어가서 목구멍이 조여지며 공기를 충분하게 확보하지 못해서 일어나는 현상입니다. 아주 전형적인 문제입니다.

10분 Key Point
관객에게 감정을 전달하기 위해서 깊은 호흡이 중요하다.

복식호흡

복식호흡을 신비롭게 표현하는 사람들이 있습니다. "호흡을 단전에 가두어라." "숨을 척추에서 느껴라." "자연의 기운을 호흡으로 깊게 빨아들여야만 한다." 등 기분이나 느낌으로 설명합니다. 복식호흡을 말 그대로 '배로 호흡하는 것'이라고 생각하는 사람도 있습니다. 영 틀린 말은 아니지만 모호합니다. 우리도 복식호흡이라고 하면 뭔가 추상적이고 특별한 것으로 생각하는 경향이 있는 것 같습니다. 하지만 복식호흡은 의외로 매우 쉽고 단순합니다. **복식호흡은 숨을 마실 때 가슴이 팽창되는 것이 아니라 배가 팽창되는 호흡법입니다.** 익숙하지 않을 뿐이지 누구나 매우 쉽게 할 수 있습니다. 복식호흡의 세 가지 기본 작동법을 순서대로 설명하겠습니다. 여러분도 따라해보세요.

1. 성대가 충분히 열려야 한다

호흡을 들이마실 때 목의 맨 끝과 쇄골이 맞닿은 곳에 위치한 성대가 충분히 열려야 숨을 깊게 그리고 최대한 많이 들이마실 수가 있습니다. 숨을 들이마실 때 후두가 내려가야 성대가 충분히 열립니다. 당연히 처음에는 잘되지 않습니다. 목에 힘이 들어가서 어색하기 때문입니다. 자, 성대를 여는 방법을 알려드릴게요. 목과 어깨, 가슴을 충분히 이완시키고 뱃속까지 들어간다는 생각으로 천천히 숨을 들이마셔보세요. 이때 육안으로 후두가 내려가는지 확인할 필요가 있습니다. 초보자는 실제로 성대가 열렸는지 닫혔는지 몸으로 느껴지지 않기 때문입니다. 거울을 보고 하품을 크게 해보세요. 목젖이 아래로 내려가는 것을 눈으로 확인할 수 있을 것입니다. 목젖이 아래로 내려갔다는 것은 후두가 내려가면서 성대가 열렸다는 것을 의미합니다.

사실은 이 부분이 참 어렵습니다. 자신은 목과 어깨, 가슴을 충분히 이완시키고 숨을 뱃속까지 들이마셨다고 생각하는데 성대가 열렸는지 닫혔는지 느껴지지 않기 때문입니다. 물론 훈련된 배우들은 연기할 때나 평소에 말할 때도 성대를 능수능란하게 여닫습니다. 예를 들어 형사에게 고문당하면서 대사를 뱉을 때는 극한의 고통을 표현하기 위해 일부러 성대를 닫습니다. 그래야 목에 핏대가 서고 얼굴이 시뻘겋게 달아오르기 때문입니다. 반대로 위엄 있게 죄인을 벌하는 임금님을 연기할 때는 성대를 한껏 열고 깊은 호흡으로 엄하게 죄를 추궁합니다. 패션모델이 매일 거울을 보며 포즈를 연습하듯이, 거울을 통해 목젖이 내려가는지 확인하며 연습해보세요.

2. 배가 팽창된다

성대가 열렸다면 다음 단계는 숨이 아랫배까지 들어간다는 기분으로 깊게 들이마시는 것입니다. 배가 임신한 것처럼 볼록

하게 팽창할 것입니다. 여기서 유의할 점은 어깨가 들썩이거나 가슴이 팽창하면 안 된다는 것입니다. 만약 그렇다면 이는 흉식호흡으로서, 숨이 가슴 정도까지만 들어가고 뱃속까지 깊게 들어가지 못한 것입니다. 어깨와 가슴은 이완되고 배만 볼록 나와야 합니다. 엄밀히 말해 숨이 배까지 들어간 것은 아닙니다. 호흡은 배가 아니라 폐로 하는 것이니까요. 정확하게 설명하자면 복식호흡으로 공기를 마실 때는 늑골의 하반부가 벌어지고 명치께에 위치한 횡격막이 아래로 내려가면서 배에 압력을 주게 됩니다. 그래서 배가 풍선처럼 부풀어 오르는 것입니다.

3. 복부를 압박하며 숨을 내쉰다

이제 마지막 단계입니다. 배에 힘을 주면서 숨을 내뱉습니다. 복부를 몸 안으로 압박시키면서 숨을 끝까지 내뱉으세요. 동시에 소리를 냅니다. 대사를 뱉어도 되지만 처음에는 어색하니까 기본 단모음 장모음으로 소리 내보세요. 소리는 숨을 들이마실 때가 아니라 내쉴 때 나는 것입니다. 여기에 포인트가 있습니다. 숨을 어떻게 내쉬는가에 따라서 소리가 달라집니다. 빠르게 내쉬는지, 느리게 내쉬는지, 강약을 덧붙여 강하고 빠르게 내쉬는지, 약하고 느리게 내쉬는지 등에 목소리가 달라지는 것입니다.

10분 Key Point

복식호흡의 3단계는 다음과 같다.

첫째, 성대가 충분히 열린 상태로

숨을 깊게 들이마신다.

둘째, 어깨와 가슴이 이완된 상태에서

숨이 아랫배까지 들어간다는 기분으로

공기를 들이마셔 배가 볼록 나오게 한다.

셋째, 볼록해진 배를 압박시키면서

숨을 내쉬는 동시에 소리를 낸다.

호흡의 다양한 의미

연기 현장에서는 '호흡'이라는 단어를 참 많이 씁니다. 숨을 쉬고 뱉는 의미 외에도 다양한 상황에서 '호흡'은 여러 의미를 갖습니다. "긴 호흡으로 해야지." "호흡을 빠르게 줘야지." "호흡이 안 맞잖아." "절대로 호흡 빼면 안 돼!" 등등. 그래서 용어를 정리할 필요가 있습니다.

동료 선생님과 제자들과 함께 친분 있는 배우들이 출연하는 연극을 관람했습니다. 매우 훌륭한 작품이었습니다. 제자들에게 좋은 작품을 보여줄 수 있어 기분이 좋았습니다. 또 훌륭한 연기를 펼친 배우들이 모두 저와 친한 사람들이라서 으쓱했지요.

공연을 마친 후 작품에 대해 이런저런 얘기를 나누었습니다. "와! 그 주인공 배우! 호흡이 좋더라고." 제가 말하자 동료 선생님은 "나이 많은 배우분은 연륜이 느껴졌어요. 확실히 호흡이 여유롭고 노련하시더라고요!"라고 감탄합니다. 여기서 호흡은 '연기'를 뜻합니다. '그 주인공 배우 연기가 좋다.' '여유롭고 노련한 연기가 대단했다.' 정도로 이해하시면 되겠습니다.

이때 한 제자가 얘기합니다. "모든 배우의 호흡이 좋았습니다." 여기서 호흡은 '조화'라는 의미입니다. '배우들의 조화로운 연기 혹은 앙상블이 좋았다'는 뜻입니다. 다른 제자는 "상황이 바뀔 때 주인공 배우의 호흡이 완전히 달라지는 게 인상 깊었어요."라고 말합니다. 여기서 호흡은 '감정'입니다. '감정 변화가 좋았다'는 의미지요.

신인 시절 출연한 단편영화 중 여자친구와 대화하다가 화가 나서 자리를 박차고 나가는 장면이 있었습니다. 카메라도 동시에 팔로우*하는 신이었는데 번번이 엔지가 났습니다. 아직도 짜증 내던 촬영 감독님의 모습이 생생하게 기억납니다. "윤 배우! 호흡을 줘야지! 카메라가 못 따라가잖아!" 당시 '카메라 워크(camera work)**'를 몰랐던 저는 상황에만 몰두하여 무거운 카메라 움직임은 상관하지 않고 연기했던 것입니다. 여기서 호흡은 '표시'라는 의미를 갖습니다. 즉 "윤 배우! 표시해줘야지! 내가 못 따라가잖아!"라는 뜻이었습니다.

상담 시간, 한 학생이 말합니다. "선생님! 저는 영화배우나 드라마에 나오는 탤런트가 되고 싶어요. 꼭 연극을 해야 해요?" 저는 대답합니다. "연극은 한 시간 넘게 긴 호흡으로 처음부터 끝까지 연기해야 하잖아. 영화, 드라마는 그때그때 장면에 맞게 짧

---

* 촬영은 크게 카메라를 삼각대에 고정하여 촬영하는 픽스(fix) 샷과 배우의 움직임을 따라가는 팔로우(follow) 샷으로 나뉜다.
** 카메라 워크는 영화 촬영에서 카메라가 움직이는 기술적인 문법이다.

은 호흡으로 연기하니까 연극 연습이 필요하지 않다고 느껴질 수도 있어. 하지만 영화도 전체적으로 보면 긴 작품이야. 연극을 통해서 작품을 전체적으로 보는 안목을 훈련한다면 각각의 장면에 호흡을 짧거나 길게 잘 안배할 수 있지 않을까? 네 목표가 단역 배우라면 연극을 하지 않아도 돼." 여기에서 호흡은 '장면' 혹은 '시간'을 뜻합니다. '연극을 연습하다 보면 영화의 전체적인 장면을 파악할 수 있는 안목이 생기기 때문에 그때그때 짧은 장면을 연기하더라도 전체와 조화롭게 할 수 있다'는 뜻으로 조언한 것입니다.

호흡이 이처럼 다양한 의미를 가지고 있다는 것은 그만큼 연기와 밀접한 관련이 있음을 의미합니다.

10분 Key Point
연기 현장에서 호흡의 의미는
①연기 ②조화 ③감정 ④표시 ⑤장면 ⑥시간 등
매우 다양하다.

실전 발성 훈련

자, 드디어 실전에 유용한 발성 훈련법을 소개하겠습니다. 좋은 훈련법이 많지만, 여기서는 세 가지만 소개하겠습니다. 다소 어려운 대목이기에 자세히 살펴보셨으면 합니다.

복식호흡을 이용한 발성 훈련의 장점을 정리할게요.

첫째, 긴 호흡을 효율적으로 쓸 수 있습니다. 공기를 충분히 확보하여 호흡의 강약·길이·세기·높이를 조절할 수 있습니다.

둘째, 저음역대가 강화되어 고음이 깨지지 않고 안정적으로 들리도록 받쳐줄 수 있습니다. 그래서 감정적인 연기에서도 대사를 안정적인 발음으로 관객에게 전달할 수 있습니다.

셋째, 우리 몸을 두루 공명시킬 수 있습니다. 고음역에서 저음역까지 균형 있고 밀도 있는 깊은 소리를 낼 수 있습니다.

넷째, 목소리에 힘이 생깁니다. 힘 있는 목소리는 인물의 감정을 관객에게 호소력 있게 전달할 수 있을 뿐만 아니라 여린 소리와 대비를 이뤄 감정의 진폭을 넓혀줍니다.

첫 번째 훈련은 '저음역 강화 및 긴 호흡'을 위한 훈련입니다. 복식호흡으로 숨을 아랫배까지 깊게 마시고 천천히 내뱉으면서 모음 [아] [에] [이] [오] [우]를 연결해서 소리 냅니다. 특기할 만한 점은 각 모음이 소리 나는 위치, 즉 높이와 몸에서의 거리가 각각 다르다는 점입니다. 이는 인위적으로 정한 것이 아니라 전화 번호를 누를 때 나는 소리처럼 자연스럽게 형성되었습니다.

[아]는 소리의 높이가 명치에 위치합니다.
몸에서의 거리는 약 30센티미터입니다.
[에]는 소리의 높이가 가슴팍에 위치합니다.
몸에서의 거리는 15센티미터입니다.
[이]는 소리의 높이와 거리가 턱밑에 닿습니다.
수영장에서 물이 턱밑까지 오는 느낌입니다.
[오]는 소리의 높이가 가슴팍에 위치합니다.
몸에서의 거리는 [에]와 다르게 30센티미터입니다.
[우]는 소리의 위치가 [에]와 [오]와 같이 가슴팍에 위치하지만
몸에서의 거리가 60센티미터입니다.

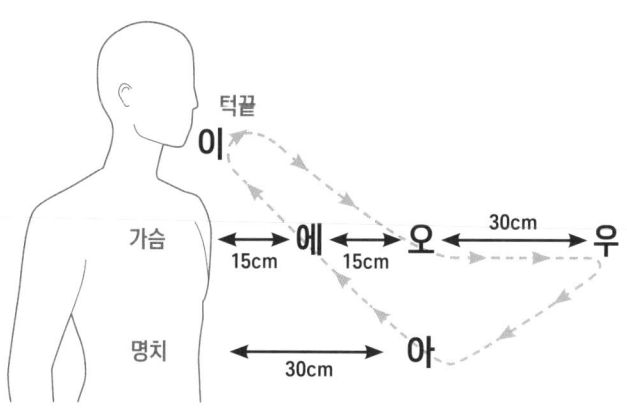

성대를 열고 어깨가 들썩이지 않게 숨을 아랫배까지 들이마신 후에 천천히 숨을 내쉬면서 소리를 냅니다. 마치 지휘자처럼 손으로 각 모음의 위치를 가리키며 숨을 다 내쉴 때까지 연달아서 우렁차게 소리 냅니다. 여기서 호흡을 끊으면 안 되고 목소리를 밑으로 깔아야 합니다. "아~ 에~ 이~ 오~ 우~ 아~ 에~ 이~ 오~ 우~" 여러분도 한번 따라 해보세요. 몇 사이클 정도 반복할 수 있나요? 저는 6~7사이클까지 반복합니다. 발성 훈련이 되지 않은 학생들은 처음에는 평균적으로 2사이클 정도밖에 안 됩니다. 하지만 시간이 지날수록 반복할 수 있는 횟수가 늘어납니다.

이 훈련법은 두 가지 측면에서 효과가 있습니다. 첫째, 긴 호흡을 훈련할 수 있습니다. 초보 배우들은 호흡이 짧아 금방 숨이 차서 대사의 리듬이 끊어집니다. 우리는 가능한 긴 호흡으로 대사를 구사할 수 있어야 합니다. 긴 호흡을 경우에 따라 빠르거나 느리게, 강하거나 약하게 구사해야 대사가 생동감을 얻습니다.

둘째, 저음역대가 훈련되어서 보다 깊은 소리를 낼 수 있습니다. 감정이 격앙되어 소리를 지르거나 오열하는 연기에서 소리가 째지거나 깨져서 대사가 안 들리는 경우가 매우 흔하다고 하였습니다. 저음역대가 잘 받쳐주면 이런 현상은 없어지고 관객에게 감정과 대사를 정확하게 전달할 수 있습니다.

두 번째 훈련은 '고음역부터 저음역까지 고른 소리'를 내는 훈련입니다. 작은 생선이 천장 높은 곳에 탄탄한 고무줄로 묶여 있다고 상상해봅시다. 고양이가 생선을 먹고 싶어서 여러분의 무릎까지 앞발을 들어 올려 기대며 먹여달라고 보챕니다. 여러분은 까치발을 들고 손끝에 닿을락 말락 한 생선을 겨우 붙잡아 수직으로 당깁니다. 고무줄의 탄성 때문에 내릴수록 힘이 들어갑니다. 겨우 배꼽 지점까지 고무줄을 당겨 왔습니다. 배꼽 지점을 지나면서부터는 밑으로 밀어 내립니다. 그렇게 무르팍에 매달려 있는 고양이에게 생선을 먹이는 데 성공합니다.

이런 기분으로 손동작과 함께 고음에서 저음까지 소리를 내는 것입니다. 적절한 발음은 다음과 같습니다.

우
아
우
아
우
아
우
아
우
아
우

노
아
노
아
노
아
노
아
노
아
노

조
아
조
아
조
아
조
아
조
아
조

물론 복식호흡을 해야겠죠? 마치 노래하듯이 음을 예쁘게 내려고 노력할 필요는 없습니다. 노래의 발성과 연기의 발성은 다르기 때문입니다. 상대방에게 얘기할 때 하듯 소리를 앞으로 내보내야 합니다.

머리통이 울리는 고음부터 목이 울리는 소리, 어깨가 울리는 소리, 가슴이 울리는 흉성을 거쳐 복부의 압박으로 내는 저음역의 소리까지를 두루 거치는 이 훈련을 통하여 우리는 고음부터 저음까지 균질한 음색의 목소리를 획득할 수 있습니다. 목소리의 높낮이를 자유자재로 조절하여 대사의 입체감도 높일 수 있습니다.

세 번째 훈련법은 '목소리의 힘'을 기르기 위한 훈련입니다. 극적인 감정 상태에서 상대에게 소리를 지르면서 호소하거나 상대방을 제지하는 연기를 할 때 매우 유용한 훈련입니다. 숨을 들이마시면 목젖이 내려가면서 성대가 열린다고 설명했습니다. 그 상태에서 순간적으로 많은 호흡을 뱃속까지 빠르게 들이마시세요. 그리고 빠르고 힘 있게 복부를 압박시키고 단번에 숨을 뱉으면서 힘껏 발음하세요.

[가] [갸] [거] [겨] [고] [교] [구] [규] [그] [기]
[나] [냐] [너] [녀] [노] [뇨] [누] [뉴] [느] [니]
…[자] [쟈] [저] [져] [조] [죠] [주] [쥬] [즈] [지]
…[하] [햐] [허] [혀] [호] [효] [후] [휴] [흐] [히]

기역부터 히읗까지의 자음을 단모음, 장모음과 결합해서 연습합니다. 한 호흡에 한 음절입니다! 목이 아플 수 있으니 절대 목에 힘을 주면 안 됩니다. 기본으로 돌아가서 숨이 뱃속까지 들어간다는 기분으로 빠르게 들이마시고 단번에 숨을 내뱉습니다. 윗몸일으키기를 할 때처럼 복부에 압박이 느껴질 것입니다. "밥심으로 일한다"는 말이 있습니다. 우리는 '뱃심'으로 소리를 내는 것입니다. 배를 압박하는 것은 발성 훈련에서 매우 중요합니다. 배에 왕자가 생길 때까지 힘주어 압박해보세요!

이 훈련법은 복부에 힘을 길러주어 목소리를 더욱 강하게 합니다. 목에만 힘을 주어 내는 소리는 시끄러울 뿐입니다. 목소리에 힘이 있어야 크게 소리치는 연기에서 관객에게 강력한 감정을 전달할 수 있습니다. 작고 여린 목소리로 감정을 전달하는 대사도 목소리에 힘이 있어야 살아납니다.

10분 Key Point

세 가지 발성 훈련을 통해 얻을 수 있는 이점은 다음과 같다.
첫째, 저음역이 강화되고 긴 호흡을 효율적으로 쓸 수 있다.
둘째, 고음역에서부터 저음역까지 고른 소리를 냄으로써
안정적이고 균질한 음색을 가질 수 있다.
셋째, 목소리에 힘이 생겨
관객에게 호소력 있는 감정을 전달할 수 있다.

명품 배우를 만드는 사소한 기술

* 발성은 감정 전달에 밀접하게 관여한다.
* 발성의 핵심 개념은 '공명'이다.
* 감정 전달을 위해서 깊은 호흡이 중요하다. 이를 위해서
  복식호흡을 훈련한다.
* 호흡은 연기 현장에서 다양한 의미로 해석된다.
* 소리의 길이, 높이, 세기를 위한 세 가지 훈련법이 있다.
 1. '저음역 강화 및 긴 호흡'을 위한 훈련
 2. '고음역부터 저음역까지 고른 소리'를 내는 훈련
 3. '목소리의 힘'을 기르기 위한 훈련

3부

탄탄한 연기 실력을 위한 토양 다지기

: 연극 연기

들어가며

"사느냐 죽느냐, 그것이 문제로다!"

그 유명한 셰익스피어의 희곡 〈햄릿〉에 나오는 명대사입니다. 왕자 '햄릿'은 작은아버지 '클로디어스'가 선왕인 자신의 아버지를 독살하고 왕위에 올랐다는 사실을 알고 복수를 다짐합니다. 하지만 다음과 같이 독백하며 고뇌합니다.

"사느냐 죽느냐, 그것이 문제로다.
어느 쪽이 더 사나이다울까?
가혹한 운명의 화살을 받아도 참고 견딜 것인가?
아니면 밀려드는 재앙을 힘으로 막아 싸워 없앨 것인가?
죽는다는 것은 잠드는 일, 다만 그것뿐이다.
잠들어서 만사가 끝나고 가슴 쓰린 온갖 고뇌와 육체가 받는 모든 고통
이 사라진다면, 그것이야말로 진심으로 바라는 극치다.
죽음은 잠드는 일⋯."

참으로 비장한 대사입니다. 이 대사가 유명한 이유는 중대한 결정을 앞둔 한 인간의 절박함과 고뇌가 함축적으로 담겨 있기

때문입니다. 그래서 사람들은 햄릿처럼 진퇴양난에 빠진 상황에서 이 대사를 많이 인용합니다.

사실 배우의 삶은 결코 평탄하지 않습니다. 여러 이유로 포기하고 싶을 때가 참 많습니다. 특히 실력이 한계에 부딪혔을 때 햄릿같이 번뇌합니다. 그렇다면 우리가 실력을 높여 자유롭게 연기하는 삶을 살아가기 위해서는 어떻게 해야 할까요?

한편 좋은 열매를 맺기 위해서는 세 가지 조건이 필요하다고 합니다. 첫째, 씨앗이 좋아야 하고 둘째, 토양이 좋아야 합니다. 마지막으로 잘 가꾸어야 합니다.

연극은 아름다운 연기라는 열매를 위한 토양과 같은 역할을 합니다. 우리는 그동안 연기의 중심을 잡는 씨앗을 만들었습니다. 이제는 좋은 땅에 뿌리면 됩니다. 연극 연기를 연마하는 것은 멋진 연기를 위해 비옥한 토양을 만드는 일과 같습니다. 아무리 좋은 씨앗이라도 자갈밭이나 척박한 토양에서는 열매를 제대로 맺지 못합니다.

연극 연기의 훈련법과 개념 들을 익히면서 연기를 위한 좋은 토양을 만들어보면 어떨까요?

1장
우린 텔레파시가 필요해
– 집중과 교감을 위한
훈련법

연극 연기, 왜 중요한가요?

배우 지망생들은 대부분 연극보다는 영화나 드라마 출연에 관심이 많습니다. 단편영화 캐스팅 공고를 내면 연극보다 지원자가 다섯 배 이상 많습니다. 대중적이고 화려해 보이기 때문입니다. 그래서 방송 연기만 전문적으로 가르치는 연기학원도 참 많습니다.

저도 배우이기 때문에 이러한 현상을 잘 이해합니다. 우선 연극 작업은 시간과 수고가 생각보다 훨씬 많이 들어갑니다. 대중성도 높지 않아 자신의 연기를 선보일 수 있는 기회도 제한적입니다. 무엇보다 출연료가 매우 적습니다. 반면 영화나 드라마는 대중에게 자신을 쉽게 알릴 수 있고 연습 시간은 훨씬 적습니다. 엑스트라 배우라 해도 제도적으로 정해진 출연료가 보장됩니다. 당연히 연기자 입장에서는 연극보다 영화나 드라마에 출연하는 것이 경제적으로나 시간적으로나 더 이득이고 인지도를 쌓는 측면에서도 훨씬 효율적입니다. 자신의 연기가 공연이 끝난 뒤에도 사라지지 않고 영상으로 영영 세상에 남는다는 점도 매혹적입니다.

하지만 초보 연기자들이 선망하는 유명 배우들은 연극을 통해서 연기력을 발전시켜왔습니다. 연기 잘하는 배우를 찾기 위해 영화판은 연극계를 주목하고 있습니다! 대한민국을 대표하는 봉준호 감독의 작품 속 배우들은 거의 연극배우 출신입니다. 실제로 그는 '연극 무대는 좋은 배우들을 찾기 위한 보물창고'라고 말하기도 했습니다. 황정민, 최민식, 이순재, 김혜자, 박소담 등등 우리나라를 대표하는 수많은 배우가 연극으로 연기를 시작했고 지금도 연극 작업을 병행합니다.

왜일까요? 배우에게 연극 작업은 실력을 향상시키고 유지할 수 있는 귀중한 토양이기 때문입니다. 연극 연출가와 영화감독들은 좋은 작품을 만들기 위해서 당연히 내공이 쌓인 훌륭한 연기자를 찾습니다. 그들에게 연극배우 출신 연기자는 진정성과 실력을 겸비한 배우로 여겨집니다. 저 역시 단편영화 작업을 할 때 연극 경험이 없는 배우는 별로 선호하지 않습니다. 제 경험에 비추어 볼 때, 경력이 드라마나 영화 속 단역이나 광고 출연에 국한된 배우는 깊이 있는 연기를 하지 못하는 경우가 많았기 때문입니다.

물론 반론하는 사람들도 있습니다. 연극배우 출신 연기자는 과장된 행동과 연극 말투가 습관이 돼서 힘을 빼고 자연스럽게 연기하지 못한다는 것입니다. 그러면서 영화배우가 되는 데 연극 연기는 전혀 필요 없으며 카메라 연기만 공부하면 된다고 합니다. 편견이자 오해입니다. 과장된 연극적인 연기는 사실주의 연기의 창안자 스타니슬랍스키가 가장 끔찍하게 여겼던 것입니다. 그는 관객의 가슴에 진실되게 와닿는 사실적이고 자연스러운 메소드 연기를 연구했습니다. 쉽게 얘기해서 부자연스럽고 과장된 연기를 펼치는 배우는 '그냥 연기를 못하는 것'뿐입니다. 저 역시 연극 연기로 기초를 다졌지만 스크린 연기에서 과장된 연극 연기에 대해 지적받은 적이 없습니다.

연극 연기는 연극 작품뿐만 아니라 매체 연기*의 기반입니다. 연기의 기본기부터 수준 높은 기술까지 경험하고 배울 수 있습니다. 또한 인간의 삶을 진지하게 사고하여 깊이 있는 연기를 할 수 있습니다. 이를 바탕으로 매체가 가지고 있는 특수한 개념과 기술을 익히면 됩니다. 이제 오해를 푸셨나요? 강조합니다. 스크린 속의 유명 배우를 꿈꾸고 피상적인 연기만 공부한다면 그것은 단계 없이 정상에 오르려는 욕심입니다. 그럼 연극 연기가 중요한 이유를 구체적으로 몇 가지 소개하겠습니다.

* 카메라를 통한 연기. 방송 연기·스크린 연기·카메라 연기·영화 연기·드라마 연기 등을 통칭한다.

알베르 카뮈 작/윤용근 연출.
연극 〈정의의 사람들〉. 이남우·이유진 배우.

첫째, 연기의 기본기가 탄탄해진다.

그동안 우리가 배웠던 연기의 기본 원리 '보고 듣고 말하기' '상황·목적·사건' '이성·의지·감정'을 몸에 익힐 수 있습니다. 또한 '화술'과 '발성'이라는 핵심 기술을 실제 관객들과 피부로 교감하며 더욱 세밀하게 발전시킬 수 있습니다. 이밖에도 집중 훈련, 교감 훈련, 에쮸드*를 바탕으로 집중력, 교감 능력, 사고력, 순발력, 상상력 등을 향상할 수 있습니다.

---

* 연기 훈련을 위한 연습극.

둘째, 대본 분석에 필요한 사고가 깊어지고 넓어진다.

희곡은 문학 작품이고 영화 시나리오는 문학 작품이 아니라는 사실, 알고 계신가요? 시나리오는 최종 작품을 위한 '과정'입니다. 작품이 상영되면 종이 위 활자는 사라집니다. 하지만 희곡은 동서고금을 막론하고 수많은 연기자와 연출가에 의해 계속 공연되고 있습니다. 고전 작품의 인물들을 직접 연기하면서 인간의 내면과 우리의 삶을 깊이 있게 통찰해볼 수 있을 것입니다.

셋째, 작품에 대한 시야가 넓어진다.

연극은 처음부터 끝까지 긴 호흡으로 연기하기 때문에 작품을 전체적으로 파악할 수 있는 안목이 생깁니다. 그래서 나의 연기를 전체 작품에 적절하게 녹여낼 수 있습니다. 영화는 시나리오 순서대로 찍지 않고 날씨, 공간, 스케줄 등 촬영 환경에 맞추어 그때그때 알맞은 장면을 촬영합니다. 나중 부분을 처음 찍거나 처음 부분을 나중에 찍는 경우도 많습니다. 때문에 작품을 전체적으로 바라볼 수 있는 안목이 필수적입니다. 그래야 앞뒤 내용을 파악하고 조화롭고 상황에 맞게 연기할 수 있습니다. 시간의 순서와 무관하게 무작위로 촬영되는 장면을 전체 작품에 어울리게 연기하는 능력은 매우 중요합니다.

넷째, 긴 호흡으로 연기할 수 있다.

매체 연기에서 장면은 짧은 컷들로 이루어지기 때문에 짧은 컷만 연기하면 된다고 여기는 경향이 있습니다. 그래서 연극처럼 길게 연기하지 않아도 된다고 생각하지만, 천만의 말씀입니다. '롱 테이크'와 '마스터 샷'이 구사되는 프로 영화에서는 긴 호흡의 연기가 반드시 필요합니다.

영화에서의 장면을 '신'이라고 하는데, '신'은 여러 '컷'으로 이루어지고 컷은 몇 번의 '테이크'로 촬영된다고 앞서 설명했습니다. '롱 테이크'는 상대적으로 시간이 긴 장면을 촬영하는 것입니다. 그렇다면 배우는 얼마나 오랫동안 연기해야 할까요? 극단적인 예로 2020년에 개봉한 샘 멘데스 감독의 영화 〈1917〉에서는 두 시간이었습니다.* '마스터 샷'은 한 장면을 여러 컷으로 나누어 편집하기 이전에 장면의 실패를 최소한으로 막기 위해서 신을 처음부터 끝까지 찍는 것을 말합니다. 능숙한 감독이라면 마스터 샷을 매우 공들여서 먼저 찍을 것입니다. 다소 복잡한 이야기입니다. 뒤에 나올 영화 연기 편에서 자세하게 설명하겠습니다.

중요한 건 영화 연기도 긴 호흡으로 연기하는 장거리 싸움이라는 것입니다. 혹자는 "카메라가 훑고 지나가는 병원의 간호사, 시장의 상인처럼 대사 한마디만 있는 단역인데 연극을 공부할 필요가 있나요?"라고 반문합니다. 대사 한두 마디만 있는 단역 배우가 여러분의 목표라면 지금 바로 이 책을 덮으셔도 됩니다.

---

* 실제로 이 영화는 정교한 편집으로 1컷 1테이크 기법처럼 만들어졌다.

다섯째, 예술적인 성취를 느낄 수 있다.

연극 자체가 주는 고상하고 예술적인 쾌감이 있습니다. 온 갖 수고와 노력 끝에 처음으로 관객들과 만날 때의 긴장과 떨림, 공연이 끝난 뒤 환호하는 관객들을 보며 느끼는 성취감 등은 이루 말할 수 없이 황홀한 경험이 될 것입니다.

10분 Key Point

연기자에게 연극 연기는 매우 중요하다.

집중과 몰입

이십 대 초반에 대학로의 작은 극단에 들어갔습니다. 비록 막내로서 여러 잡일을 도맡아야 했지만, 탄탄한 연기력을 가진 선배님들과 같이 연기할 수 있다는 사실만으로도 설렜습니다. (당시 함께 막내 생활을 했던 동료 배우는 이제 이름을 대면 알 만한 유명 배우가 되었습니다.)

　　공연이 있는 날에는 '작은 역할이지만 어떻게 하면 연기를 잘할 수 있을까' 고민하고 대기실에서 대사를 되뇌며 긴장을 풀거나 벽 앞에 서서 눈을 감고 목청을 가다듬기도 했습니다. 그런데 정작 주인공을 맡은 선배는 지금 당장 무대 위에 올라가야 하는데도 분장사 및 매니저와 함께 즐겁게 까르르 수다를 떱니다. 아니! 두 시간 가까이 거의 퇴장 없이 연기해야 하는데도요. 잠시 후 시작 사인과 함께 선배가 무대로 등장합니다. 등장하자마자 그는 비운의 '레이디 멕베스'에 순식간에 감정이입하여 열연합니다. 관객들은 숨을 죽이며 그의 연기에 몰입합니다. 선배는 오늘도 역시 관객들의 우레와 같은 박수 속에서 퇴장합니다. 대기실에서 그는 다시 순식간에 역할에서 빠져나와 저를 포함한 신인 배우들에게 유쾌하게 농담을 던집니다. "오늘 용근이 연기 좋았어. 많이 발전했네. 우리 빨리 정리하고 회식하자! 누나가 쏠게!"

　　어떻게 이런 일이 가능했을까요? 그는 '집중 훈련'으로 순식간에 역할에 몰입할 수 있는 능력을 연마했기 때문입니다. 프로 배우들은 도저히 몰입할 수 없는 상황일지라도 집중력을 발휘하여 자신의 역할을 완벽하게 소화합니다.

집중 훈련을 통해 우리는 최악의 환경에서도 최고의 연기를 펼치는 귀중한 기술을 습득할 수 있습니다. 집중 훈련의 목적은 '몰입', 즉 역할에 대한 몰입입니다. 몰입은 앞에서 배운 페레지바니예의 내용처럼 역할을 체험하게 해서 쉽게 감정이입할 수 있도록 합니다. '집중하는 데 무슨 훈련까지 필요한가?'라고 반문하시는 분들도 계실 것입니다. 하지만 분명히 집중력은 훈련을 통해서 향상됩니다. 집중력이 높은 배우는 맡은 역할에 순식간에 몰입할 수 있습니다.

수많은 집중 훈련이 있지만 가장 효과적이고 의미 있는 두 가지 훈련법을 소개하겠습니다.

첫 번째, '소리 듣기' 훈련

몸을 최대로 이완하고 눈을 감습니다. 그리고 주변의 소리를 집중해서 들어보세요. 여러분도 따라 해보시면 어떨까요? 의자에 앉아서 해도 되고 바닥에 누워서 해도 됩니다. 그리고 주변에서 들리는 소리를 듣는 것입니다. 학생들은 각각 자신에게 편한 자세로 눈을 감습니다. 그리고 한 명씩 무슨 소리가 들리는지 조용히 발표합니다.

"옆방에서 사람들이 속닥여요."

"한 3층 밑에서 누군가 빗자루를 쓰는 것 같아요."

"방금 옆에 있는 현우 뱃속에서 꼬르륵 소리가 났어요."

학생들이 키득거립니다. 저는 잠시 숨을 고르고 더욱 집중하라고 말합니다.

"굉장히 먼 길거리에서 오토바이가 지나갔어요."

"저쪽 길가에서 남자랑 여자가 싸우고 있는 것 같아요."

학생들은 점점 더 집중 상태로 들어가는 것 같습니다. 저는 독려합니다. "아주 좋아! 더, 더 집중하자!!!" 학생들은 사뭇 진지한 태도로 각자 자신에게 들리는 소리를 이야기합니다. 이제는 아주 미세한 소리까지도 전부 나온 것 같지만, 저는 한 번 더 요구합니다. "일 분만 더 집중해보자." 침묵이 흐르고, 한 학생이 말합니다.

"환청인지 뭔지 미세하게 우웅 우웅 하는 소리가 들려요."

저는 학생들을 깨웁니다. 학생들은 굉장히 가라앉아 있고 분위기도 묵직합니다. 장난기 많은 학생도 지금만큼은 꽤 진지합니다. 저는 이 상태가 바로 집중된 상태이고 이 상태에서 연기해야 한다고 설명합니다. 세상만사를 다 잊고 오로지 연기에만 집중할 수 있어야 합니다. '소리 듣기 집중 훈련'은 연기술의 기본 원리 중 하나인 '보고 듣고 말하기'에 매우 유용합니다. 상대 배우의 대사를 정확하게 들으려면 당연히 집중해야 할 것입니다. 이 훈련을 통하여 우리는 단순히 상대방의 대사를 듣는 것을 넘어 상대방 대사에 담긴 정보, 감정, 뉘앙스, 숨은 의도도 면밀하게 파악할 수 있습니다.

여기서 한 가지 더 짚고 넘어갈 부분이 있습니다. 학생들은 처음에는 소리를 '듣겠다'는 능동적인 태도로 시작했지만, 마지막에는 수동적이 되었습니다. 즉 소리를 듣기 위해 의도적으로 집중하다가 어느 순간 자신도 모르게 몰입되어 소리가 '들리는' 경지에 이른 것입니다.

웅웅거리는 소리가 들린다는 학생의 말이 황당하게 들릴 수 있지만, 이는 실제로 존재하는 소리입니다. 그걸 '룸 톤(room tone)'이라고 합니다. 룸 톤은 특정 공간만이 가지고 있는 특유의 소리로서, 공간의 분위기를 드러냅니다. 영화 촬영 현장에서 음향 감독은 룸 톤을 따로 공들여 녹음합니다. 그리고 후반 편집 작업 때 룸 톤을 입혀 공간의 고유한 분위기를 살립니다. 연극 무대도 마찬가지입니다. 각각의 공연장은 고유의 룸 톤이 있습니다. 공간의 룸 톤까지 고려해서 연기를 조절할 수 있다면 금상첨화일 것입니다.

두 번째, '시간 세기' 훈련

이 훈련은 매우 쉽지만 그 효과는 탁월합니다. 상대적으로 느껴지는 시간의 길이를 이성으로 통제할 수 있기 때문입니다. 눈을 감고 시간을 세는 겁니다. 처음에는 1분으로 시작합니다. 저는 학생들에게 눈을 감고 속으로 시간을 세다가 60초가 되면 조용히 손을 들라고 말합니다. 학생들은 신호에 맞춰 눈을 감고 마음속으로 시간을 세다가 60초가 되는 순간에 조용히 손을 들어 표시합니다. 1초, 2초… 13초… 27초… 41초… 57초…. 벌써 1분이 가까워졌는데 한 명도 손을 들지 않습니다. 1분이 지나고 1분 10초, 1분 15초가 되어서야 한두 명씩 손을 들기 시작합니다. 대부분의 학생은 1분 20초부터 손을 들기 시작합니다. 그런데 1분 30초가 지나도 손을 들지 않는 학생들도 있습니다. 1분 45초가 돼서야 마지막 학생이 손을 듭니다.

제가 기억하는 최고 기록은 2분 20초입니다. 세상에, 60초를 140초로 계산하다니요. 통계적으로 첫 번째 훈련에서는 대부분 학생이 90초 정도를 1분으로 체감합니다. 60초를 정확하게 세거나 오차 범위 ±3초 내로 손을 드는 학생은 3퍼센트도 안 됩니다. 거의 없다고 해도 과언이 아닙니다. 나머지 90퍼센트 이상은 시간을 실제보다 길게 셉니다. 그렇다면 반대로 60초를 30초로 착각하는 사람도 있을까요? 60초를 90초로 생각하는 사람은 수없이 봤지만 그런 경우는 한 명도 찾지 못했습니다.

여러분도 눈을 감고 실험해보세요. 이렇게까지 설명했으

니 아마 여러분은 '최대한 시간을 빨리 세야지!' 다짐할 것입니다. 그럼에도 불구하고 저는 여러분이 1분을 훌쩍 넘길 것이라고 확신합니다. 무슨 근거로 이렇게 얘기하냐구요? 물론 과학적인 근거는 없어요. 훗날에 연구할 기회가 생기면 한번 논문으로 발표하고 싶네요.

이 결과는 우리에게 시사하는 바가 큽니다. 시간은 절대적인 개념이지만, 사람들은 시간을 상대적으로 경험합니다. 무대 위의 연기자와 무대 밖의 관객이 체감하는 시간도 다릅니다. 우리는 어떤 일에 몰입할 때 시간이 빨리 간다고 느낍니다. 어떤 때는 생각했던 것보다 훨씬 많은 시간이 지났음을 확인하고 "벌써! 시간이 이렇게 됐어?" 하며 놀랍니다. 집중 훈련 실험을 했을 때, 대부분이 1분을 80초나 90초처럼 느꼈다는 것은 우리가 무언가에 집중하거나 몰입했을 때, 시간은 우리 생각보다 훨씬 빠르게 흐른다는 것을 보여줍니다.

초보 배우들의 연기는 템포가 늘어지는 경우가 다반사입니다. 무대 위에서 연기하는 나는 적정한 템포라고 생각하고 몰두하지만, 실제 시간은 그보다 빠르게 흘러갈 뿐만 아니라 무대 밖에서 지켜보는 관객들은 공연이 너무 늘어진다고 느낍니다. 어쩌면 하품을 할 수도 있습니다. 더구나 재미까지 없다면 한 시간이 두 시간처럼 느껴지겠지요.

우리는 집중 훈련을 통해 단순히 집중력을 강화하는 것을 넘어 연기의 리듬과 템포를 객관적인 시간 안에서 자유롭게 조율하는 능력까지도 얻을 수 있습니다. 처음에는 1분이라는 작은 시간조차도 제대로 가늠할 수 없었던 학생들이 3~4개월 뒤에는 1분은 물론, 2분, 3분이 넘는 시간까지도 오차 범위 내에서 맞춰냅니다. 이 성과는 자신의 연기를 이성으로 통제할 수 있게 되었을 뿐만 아니라, 절대적인 시간 안에서 자유자재로 리듬과 템포, 강약을 조절해가며 구사하는 능력이 생겼음을 의미합니다.

지금까지 두 가지 집중 훈련 방법을 소개했습니다. 그밖에도 '음악 들으며 이미지 상상하기' '연기를 시작하기 전 자신만의 루틴을 반복하기' '명상하기' 등 수많은 훈련 방법이 있습니다. 종교가 있는 사람은 기도를 할 수도 있겠네요. 무엇이든 자신에게 알맞은 집중 훈련법 한두 개 정도는 꼭 가졌으면 좋겠습니다.

10분 Key Point
연기에서 집중은 매우 중요하다.
집중 훈련의 목적은 역할에 몰입하는 것이다.

교감 훈련

상대 연기자와 앙상블을 이루기 위해서는 교감이 좋아야 합니다. 교감이 되지 않으면 상대방과 무관한 연기, 혼자 동떨어진 연기를 하게 됩니다. '아니, 교감하는 데 무슨 훈련까지 필요해?'라고 생각하시는 분도 계실 것입니다. 그렇지만 교감은 생각처럼 저절로 되지 않습니다. 수고와 노력을 들여 반복 연습해야 향상되는 기술입니다. 저는 훈련에 앞서 여러분이 '왜 이 훈련이 필요한지' 그 목적을 충분히 이해하셨으면 좋겠습니다. 기계적으로 반복 연습하는 것보다 훨씬 빠르고 깊게 연기술을 익힐 수 있기 때문입니다. 여기서는 여러 훈련법 중 제가 애용하는 교감 훈련을 소개합니다.

바로 '물병 떨어뜨리지 않기 훈련'입니다. 가운데 물통을 두고 두 사람이 서로 등을 맞댑니다. 그리고 물통이 떨어지지 않게 움직이는 것입니다. 저는 학생들을 두 사람씩 짝 짓고 등에 작은 물통을 끼워준 뒤 강조합니다. 서로 교감해야 한다고, 절대로 물통이 떨어지면 안 된다고. 군대식으로 기합을 넣으며 "앞으로 가!" 외치면 학생들은 약 오 미터 정도는 불안불안하지만 비교적 수월하게 전진합니다. 그러면 저는 다음 지령을 내립니다. "뒤로 돌아!" 학생들은 뒤뚱뒤뚱 서서히 돌지만 한 사람은 빠르고 다른 사람은 다소 느립니다. 물통이 등에서 빠져나올락 말락 합니다. 물통을 떨어뜨리지 않으려고 갖은 노력을 다 하지만 아슬아슬합니다. 그래도 어쨌든 여기까지는 성공했습니다. 저는 마지막 지시를 내립니다. "제자리에 앉아!" 학생들이 당황하고 낑낑거리며 자리에 앉으려는 와중에 결국 물통은 바닥에 떨어집니다. 실패한 것입니다.

왜 이런 현상이 일어났을까요? 교감을 한다고 해보았지만 실패한 것입니다. 우리가 상대방과 연기할 때도 교감에 실패하는 경우가 허다합니다. 그렇다면 어떻게 해야 교감을 잘할 수 있을까요?

저는 몸집이 작은 여학생을 앞으로 불러서 직접 시범을 보였습니다. 물병을 사이에 둔 채 학생과 등을 맞대고 앞으로 갔다가 뒤돌아서 앉았다가 다시 일어섭니다. "와!" 하고 우러러보는 학생들의 시선이 저를 더욱 으쓱하게 합니다. 갑자기 키가 크고 몸집이 우람한 남학생이 손을 들고 "쌤! 저도 선생님이랑 한번 해보고 싶어요!"라고 말합니다. 저는 흔쾌히 받아들이고 또 한 번 멋지게 성공합니다. 학생들은 감탄의 박수를 칩니다.

두 학생에게 물었습니다. "다른 친구랑 했을 때는 실패했는데 선생님과 했을 때는 성공했지. 왜 그랬을까?" 체구가 조그만 여학생은 말합니다. "선생님을 믿었어요!" 몸집이 큰 남학생도 "왠지 모르겠지만 선생님과 했을 때는 편했어요."라고 답합니다.

핵심 포인트는 바로 '신뢰'입니다. 교감하기 위해서는 상대방을 신뢰해야만 하고 자신은 상대방에게 신뢰를 주어야 합니다.

그렇다면 서로를 신뢰하기 위해서는 어떻게 해야 할까요? 저는 학생들에게 명확한 답을 줍니다. "나는 백 퍼센트를 넘어 이백 퍼센트 상대방에게 집중했다!" 학생들은 무릎을 탁 칩니다. 깨달았다는 눈빛입니다. 교감의 핵심 개념은 '상대방에게 집중하기'입니다. 목적은 우리들의 연기가 훌륭한 앙상블을 이루도록 하는 것입니다.

학생들이 물병 떨어뜨리지 않기 훈련에서 실패한 것은 온통 자신에게 몰두해 있었기 때문입니다. 물통이 떨어지지 않게 하려면 상대방이 보다 좋은 위치에 있도록 해야 하고 뒤로 돌 때는 상대방이 움직이는 속도를 배려해서 맞추어야 하며, 앉을 때는 난이도가 높기 때문에 더더욱 상대방을 느끼면서 움직여야 합니다. 하지만 학생들은 자신에게만 집중하고 있었던 것입니다.

연기도 똑같은 원리입니다. 교감한다고는 하지만 어느새 상대방과 겉도는 연기를 하고 있지는 않았나요? 내 생각, 나의 의도, 연기하는 내 모습이 관객에게 어떻게 비추어질지에만 몰두해 있었기 때문입니다. 저는 계속 상대방에게 집중했기 때문에 학생은 저를 믿을 수 있었고 실패의 두려움으로부터 해방되어 편안함을 느꼈던 것입니다.

삼십 분 동안 자유롭게 연습할 수 있는 시간을 주고 다시 한 번 교감 훈련을 반복하였습니다. 이번에는 대부분 멋지게 성공했습니다! 학생들은 신기해합니다. 저는 의기양양해져서 나름 명언까지 던지며 허세를 떱니다. "깨달으면 쉬운 거야." 그러고는 학생들을 향해 장난스럽게 외칩니다. "집중을 누구한테?" 학생들은 한목소리로 대답합니다. "상대방이요!" "허허. 목소리가 작다! 선생님이 '집중!' 외치면 여러분은 '상대방!'이라고 큰 목소리로 복창합니다! 알겠습니까?" "네!" "집중!" "상대방!" "집중!" "상대방!" 이렇게 오늘 수업도 유쾌하게 끝났습니다.

10분 Key Point
교감의 핵심은 상대방에게 집중하는 것이다.

텔레파시

여러분은 텔레파시를 믿나요? 저는 텔레파시를 믿습니다! 연극 공연은 기적에 가깝고 영화는 기적이 아니면 절대로 좋은 작품이 될 수 없습니다. 스타니슬랍스키는 내적인 감화로 이루어진 연기의 쾌감과 예술적인 영감을 논리적으로 지속 가능하게 표현하고자 평생 메소드 연기를 연구하였습니다. 다르게 설명하자면, '기적'을 향한 연기 방법론을 연구했다고 해도 무방할 정도입니다.

　　학생들을 가르친 지 어느덧 여섯 달이 지났습니다. 이제는 학생들의 장단점과 성격, 실력 등이 파악되었습니다. 학생들도 선생님을 신뢰하는 것 같아요. 그동안 교감을 위해서 이 책에 소개된 '물병 떨어뜨리지 않기 훈련' 뿐만 아니라 '서로 거울 되기 훈련' '아크로바틱 훈련' 등을 진행했습니다. '서로 거울 되기 훈련'은 두 명이 짝이 되어 거울처럼 똑같이 행동하는 훈련법입니다. '아크로바틱 훈련'은 두세 명이 짝이 되어 곡예와 같은 몸동작을 하는 신체 훈련입니다. 학생들은 하루가 다르게 발전했습니다.

　　이번 시간은 '텔레파시 수업'입니다. 두 학생이 짝이 됩니다. 그중 한 학생의 눈을 천으로 가리고, 다른 학생은 파트너를 등진 채 앞으로 걸어가게 합니다. 천으로 눈을 가린 파트너가 조용히 손을 들어 텔레파시를 보냈을 때, 앞으로 걸어가던 학생이 그와 동시에 정확하게 멈추면 성공입니다.

전 자신만만하게 내기를 겁니다. "절반 이상이 성공하면 내가 이기는 거로 하고 너희들이 오백 원씩 돈을 모아서 나한테 맛있는 아메리카노 사줘. 대신 내가 지면 너희들에게 커피 쏜다." 학생들은 황당해합니다. 제가 이길 확률이 완전히 제로에 가까우니까요. 절반은커녕 한 쌍이라도 성공한다면 기적입니다. 학생들은 의아해하며 선생님의 무모한 도전에 동정을 보냅니다.

"쌤을 존경하지만 이건 아무리 생각해도 무리인데요?"

"선생님! 아… 말도 안 돼요….'

저는 아랑곳하지 않고 내기에 앞서 복습을 합니다.

"교감 훈련에서는 누구에게 집중해야 한다고?"

"상대방이요."

"집중 훈련을 왜 할까?"

"몰입하기 위해서요."

"그렇다면 누구한테 몰입해야 할까?"

"상대방입니다!"

일단 대답들은 시원시원합니다.

드디어 첫 번째 조가 텔레파시 훈련을 시작합니다. 눈을 가린 학생이 앞으로 발을 내딛습니다. 한 발짝, 두 발짝… 여섯 발짝… 열 발짝…. 놀랍게도 천으로 눈을 가린 짝꿍이 손을 드는 동시에 학생은 바로 그 자리에 멈춥니다. 구경하는 학생들은 자기 눈을 의심하며 놀라고 환호합니다. 두 번째 조는 반 발짝 정도 차이가 있었지만, 이것마저도 학생들은 환호합니다. 세 번째, 네 번째, 다섯 번째에도 학생들은 연호합니다. 한두 발짝 정도 오차가 나도 신기한데 족족 정확한 타이밍에 맞춰서 멈춰 서다니. 성공한 학생들은 무슨 월드컵 경기에서 골이라도 넣은 양 짝꿍과 기쁨의 세리머니를 합니다. 제가 내기에서 압승한 것입니다!

상대방과 교감하면서 연기하면 알 수 없는 기적의 에너지를 느낄 수 있습니다. 기묘한 교감이 성공적으로 이루어졌을 때, 즉 서로 텔레파시가 통했을 때 연기에 대한 성취감과 예술적 쾌감은 극대화됩니다. 신비합니다.

> **10분 Key Point**
> 교감을 위해서 상대방에게 몰입하면 텔레파시가 생긴다.

움직임 훈련

배우의 움직임에 관한 훈련을 빼놓을 수는 없습니다. 연기는 대사와 움직임으로 이루어지기 때문입니다. 관객은 배우의 움직임, 즉 여러 행동을 보면서 극을 관람합니다. 각 인물의 행동 방식은 캐릭터마다 천차만별입니다. 그래서 자신이 맡은 캐릭터에 자연스럽게 어울리는 움직임을 연습하면서 습득해야만 합니다. 미세한 표정이나 작은 제스처까지도 연구한다면 보다 섬세하게 연기할 수 있습니다.

그런데 문제가 생깁니다. 평소에는 괜찮은데 무대에만 올라가면, 혹은 카메라만 들이대면 몸과 마음이 따로 놉니다. 몸이 내 생각대로 움직이지 않습니다. 어색합니다. 피아니스트가 열 개의 손가락을 자신의 의지에 따라 자유자재로 움직이듯이 우리의 신체도 생각대로 움직여야 합니다. 무대 위나 스크린에서 좋은 연기를 하려면 배우의 신체적인 면과 정신적인 면이 완전히 통일을 이루어야 한다는 것입니다. 즉 '신체 행동선*'과 '감정선**'이 일치해야 합니다. 동작, 제스처를 포함한 행동은 내적인 감정에 기초합니다. 그래서 내적인 감정에 알맞은 신체적인 동작을 완벽하게 통제하고 조율할 수 있는 능력이 필요합니다.

어렸을 때 봤던, 제목도 기억나지 않는 영화에서 인상적이었던 장면이 떠오릅니다. 서민적이고 수더분해 보이는 형사가 범인을 잡기 위해 늦은 시간에 잠복 근무를 하고 있는데 아내에게 전화가 왔습니다. "오늘도 집에 안 들어오냐구!" 떼쓰는 아기 울음소리와 함께 짜증스러운 목소리가 전화기 너머로 들려 옵니다. 형사는 미안한 목소리로 아내를 달랩니다. "응. 오늘도 잠복 근무네. 얼른 자. 내일 아침 일찍 들어갈게. 미안해." 그런데 그렇게 말하면서 코에 삐져나온 코털을 능청스럽게 뽑는 게 아니겠어요?

전 굉장히 놀랍고 재밌었습니다. 이 작은 제스처 하나로 털털한 성격을 표현할 뿐만 아니라 겉으로는 아내에게 미안해하는 척하면서 정신은 딴 데 가 있다는 것을 관객에게 알려주고 있었습니다. 또한 형사의 가정에 대한 태도나 부부 관계도 엿볼 수 있었

---

* 배우가 연기할 때 표정, 제스처, 동작 등이 작품에 어울리도록 하는 일련의 논리적인 행동 과정이다.
** 연기에서 '상황·목적·사건'으로 변하는 감정의 논리적인 흐름이다. 현장에서 쓰이는 용어다.

고요. 지금 전문가로서 생각해볼 때 이 행동은 배우의 계산된 제스처였음이 분명합니다.

평상시 우리는 말과 제스처를 자연스럽게 섞어가며 의사를 표현합니다. 그런데 초보 배우들은 무대에 오르거나 카메라가 들어오면 대사와 움직임이 따로 놉니다. 이는 '실제와 연기는 다르다'는 것을 반증합니다. 프롤로그에 소개한 에피소드에서 학생의 연기가 잘되지 않은 이유는 옷을 급하게 찾는 '행동'과 "엄마! 내 초록색 긴팔이 어디에 있어?"라는 '대사'를 같이 하다 보니 행동이 어색해졌기 때문입니다.

그러므로 배우의 신체 훈련, 즉 움직임 훈련은 매우 중요합니다. 훈련의 목적은 신체가 어떤 상황에서도 캐릭터의 생각, 의지, 감정에 반응하게끔 온전하고 유연한 상태를 만드는 것입니다. 이렇게 될 때 배우는 자신의 감정에 따라 신체를 자유롭게 긴장시키고 이완하며 움직일 수 있습니다. 반대로 훈련된 신체를 일부러 긴장·이완하면서 외적인 움직임을 만들 때 역할의 감정이 딸려오기도 합니다.*

나쁜 버릇이나 자세는 문제입니다. 대사를 내뱉을 때 한쪽 입꼬리만 실룩거리거나 눈을 자꾸 깜박거리는 학생, 자세가 구부

---

* 신체 행동으로 감정이 딸려오게 하는 연기 방법을 '외향적 사실주의'라고 부른다.

정해서 걸음걸이가 어색한 학생도 꽤나 많습니다. 일상생활에서는 아무 지장도 없고 주위 시선도 받지 않을 것입니다. 하지만 온 시선이 집중되어 있는 무대 위나 스크린에서는 단번에 탄로납니다. 이 또한 고쳐야 합니다. 움직임 훈련을 통해서 올바른 자세로 신체의 모든 근육을 균형 있게 사용할 수 있어야 합니다.

어떤 역할이든 소화할 수 있는 유연한 신체 상태를 준비하기 위해서 요가, 필라테스, 수영, 아크로바틱, 발레 등 적당한 근육운동과 함께 유연성을 기르는 운동을 추천합니다. 모두 내 의지대로 통제할 수 있는 몸 상태를 만드는 데 유익합니다. 몸 상태가 잘 준비되어 있다면 신체 움직임은 역할을 구축해나가면서 캐릭터에 금세 적응할 것입니다. 혹시 액션 장르의 배역을 맡을 수도 있으니 승마, 복싱, 골프 등의 운동을 특기로 가져보는 것도 좋습니다.

10분 Key Point
움직임 훈련을 통해서 신체는 감정에 반응하고
그에 어울리는 행동을 할 수 있다.

명품 배우를 만드는 사소한 기술

* 연기자에게 연극 연기는 매우 중요하다.
* 배우는 집중 훈련을 통하여 자신이 맡은 역할에 몰입할 수
  있는 능력을 길러야 한다.
* 상대 배우와 앙상블이 중요하다. 이를 위해서 교감 훈련을
  한다.
* 교감의 핵심은 상대방에게 집중하는 것이다. 그러다 보면
  때로는 텔레파시도 일어난다.
* 움직임 훈련의 목적은 인물의 감정에 적절하게 반응하는
  행동을 하는 것이다.

2장
연기의 테크닉과 감각을
길러주는 상황극 훈련
- 에쮸드

에쮸드란 무엇인가

'연기'라는 장르가 생소한 독자들이라도 '상황극' '즉흥극' '역할극' 같은 용어들은 들어본 적 있을 것입니다. 그렇지만 '에쮸드 [этю́д]'라는 용어는 생소합니다. '에쮸드'는 프랑스 단어 '에튀드 [etúde]'의 러시아식 발음입니다. 에튀드는 주로 클래식 음악 분야에서 사용되는 용어입니다. 번역하면 연습곡이라는 뜻입니다. 연습곡은 말 그대로 연주에 필요한 기교를 연습하기 위해서 고안된 2분 내외의 짧은 곡입니다. 피아노를 공부한 사람이라면 바이엘 연습곡, 체르니 연습곡 등을 들어보았거나 연주해본 경험이 있을 것입니다. 18세기 유럽에서 개발된 피아노가 19세기 들어 대중화되고 피아노 연주회가 성행하면서 새로운 연주법들이 생겨났습니다. 그 와중에 당대 최고의 피아니스트 프레데리크 쇼팽(Fryderyk Chopin, 1810~1849)은 단순히 기교를 위한 연습곡이 아닌 수준 높은 예술성을 지닌 27개의 에튀드를 작곡하고 연주합니다. 그의 곡이 얼마나 뛰어났는지, 일정한 패턴이 반복되는 연습곡의 특성을 갖추었을 뿐 아니라 기승전결이 있어서 하나의 작품으로 인정받고 오늘날까지 무대에서 연주되고 있습니다.

'상황극' '즉흥극' '역할극' 등으로 불리는 연기 연습법은 연기의 테크닉과 즉흥적인 감각을 위한 훈련이라고 볼 수 있습니다. 보통 일이 분 정도의 일회성 연기에 그치는 경우가 많습니다. 에쮸드는 이보다 한 단계 진화된 광의, 혹은 상위의 개념입니다. 같은 연기 연습법이기는 한데 쇼팽의 연습곡처럼 **기승전결이 잘 표현된 스토리가 있는 극을 위한 훈련법**입니다. 일회성으로 끝나는 연습이 아니라 극을 완성도 있게 계속 다듬습니다. 실제로 쉐프킨 대학의 학부 1학년은 대본 없이 에쮸드만을 연마하고 학년 말에 이를 공연으로 올립니다. 그 정도로 중요한 훈련입니다.

학생들은 '에쮸드'라는 관문에서 막힌다는 기분을 느끼며 힘들어합니다. 생소한 용어일 뿐만 아니라 이론만으로는 헷갈리기 때문입니다. '에쮸드'라는 개념은 각 문화와 개인에 따라 다양하게 해석되고 응용되고 있기 때문에 한마디로 정의하기도 어렵습니다. 참고 서적도 찾기 힘들고요. 하지만 걱정하지 마세요. 제가 있잖습니까! 학생들의 생생한 에쮸드 작품들을 감상하며 즐겁게 배워봐요.

본 장에서는 우선 에쮸드의 특징과 설계를 알아보겠습니다. 그다음 구체적인 실례들을 소개하겠습니다. 처음에는 어렴풋하겠지만 점점 익숙해질 것입니다. 그리고 마지막으로 왜 반드시 에쮸드를 훈련해야만 하는지 효과와 중요성을 강조하면서 정리할게요.

10분 Key Point
에쮸드는 스토리가 잘 표현된 즉흥 연기 연습법이다.

에쭈드의 특징과 설계

에쭈드는 스타니슬랍스키가 배우의 창조적인 상상력을 고취하기 위해 즉흥 연기를 발전시켜 만든 연기 연습법입니다. 그는 '창조' '상상력'이라는 단어를 유난히 강조했습니다. 원래 러시아에서는 외래어인 프랑스 단어 '에튀드'를 발음하고 표기한 단어인데, 그의 연기 시스템이 전 세계에 자리 잡으며 이제는 고유명사가 되었습니다. 우리나라에서도 특별한 번역 없이 '에쭈드'라고 발음하고 표기합니다.

즉흥극, 역할극, 상황극과는 구별되는 에쭈드의 가장 큰 특징이 있습니다. 그것은 바로 배우 자신이 주체가 되어 능동적으로 하나의 완성된 극을 설계하고 직접 즉흥적으로 연기하는 것입니다. 여전히 학생들은 힘들어하고 막막해합니다. 자신이 능동적으로 극을 만든다는 생각을 전혀 하지 못했기 때문입니다. 배우는 작가가 쓴 대사를 소화해서 연기한다는 수동적인 관념 때문입니다. 또한 스스로 사건을 만들지도 못하고 만들었다고 해도 전혀 받아들이지 못합니다. 그저 선생님의 의도나 연출가나 감독의 지시에 따라서 연기한다고 생각하기 때문입니다. 여러분! 가슴을 활짝 펴세요! 세상만사 잊고 심호흡을 크게 하며 정신과 신체를 이완해봐요. 그럼 에쭈드 설계를 시작하겠습니다.

1. 매력적인 상황을 만들어라.

우리는 연기술의 세 가지 원리 중 하나인 '상황·목적·사건'에 대해서 배웠습니다. 바로 이를 바탕으로 에쮸드를 설계하는 것입니다. 첫 번째 작업은 극의 큰 울타리가 되는 흥미로운 상황을 설정하는 것입니다. 이는 대본 분석과 연기의 기본 원리와도 통하는 작업입니다. 여기서 잠깐, 연기가 작동하는 세 가지 원리를 다시금 환기해봐요. '보고 듣고 말하기' '상황·목적·사건' '이성·의지·감정'이었죠? 상황 속에 인물의 목적이 있고 목적이 방해받는 지점이 사건입니다. 그리고 사건으로 인해서 상황은 변하거나 굴절되거나 반전되거나 승화됩니다.

그럼 이제 우리가 직접 흥미로운 상황을 만들어봅시다. 한 남자가 카페에 들어와서 자리를 잡습니다. 공부할 모양인 듯합니다. 그런데 두둑한 지갑을 주웠습니다. 무심결에 열어보니 생각지도 못한 수표들이 빽빽하게 들어 있는 것이었습니다. 사건이 생긴 것이죠. 그는 자기도 모르게 가방 깊숙이 지갑을 숨겼습니다. 이윽고 한 여자가 다급하게 카페로 들어와 지갑을 찾습니다. 남자는 모른 척 공부합니다. 여자는 절망적인 표정으로 카운터 직원과 주변 사람들에게 지갑을 보았는지 묻습니다. 남자는 지갑을 보지 못했다고 말합니다. 여자의 동향을 훔쳐보기는 하지만 능청스럽게 자기 볼일을 봅니다.

2. 인물의 목적을 만들고 사건의 크기와 강도를 정하라.

상황이 만들어졌다면 상황 속 인물의 목적을 정합니다. 첫 발표에서 여학생은 무조건 지갑을 찾으려 하고 남학생은 숨기려고만 합니다. 한참 실랑이를 벌이지만 이내 여학생은 지갑을 포기하거나 남학생은 쉽게 자수합니다. 우리는 도대체 무슨 일이 벌어질까 궁금해하다가 바람 빠진 풍선처럼 시시해집니다. 목적이 약하기 때문입니다.

여기서 중요한 점은 '강력한 목적의 명분'입니다. 만약 남자가 부자라면 지갑을 숨기겠다는 목적이 작거나 희미합니다. 게다가 정의로운 성격이라면 지갑은 전혀 사건이 되지 않고 목적도 없게 됩니다. 바로 돌려줬겠죠. 반대로 여자가 그 돈을 잃어버려도 아쉽지 않을 정도로 유복한 사람이라면 몇 번 찾아보고는 포기했을 것입니다. 주민등록증, 신용카드 등은 재발급받으면 됩니다. 다소 번거롭긴 하겠지만요. 어쩌면 이참에 평소에 눈여겨보던 명품 지갑을 새로 사야겠다고 생각할지도 모릅니다. 이렇게 되면 목적과 사건이 없어지는 것과도 같습니다.

꺼져가는 불씨를 살리기 위해서 선생님이 나섰습니다. "목적의 명분이 되는 캐릭터를 창조적으로 설정해라!" 처음이니 제가 직접 목적과 사건을 구체적으로 정해주었습니다.

남자: 사법고시 10수생. 정의로운 성격으로, 나쁜 일을 저지르는 사람들을 벌주는 검사가 되는 것이 꿈이다. 얼마 전 밀린 월세를 못

내서 고시원에서 쫓겨났다. 공부할 곳을 찾아 가장 저렴한 카페에 왔다. 우연히 주운 이 지갑만 있다면 돈 걱정하지 않고 공부에 집중할 수 있다. 그리 되면 올해는 분명 합격할 수 있을 것이다.

여자: 아버지가 간암 말기 환자다. 당장 간을 이식받지 않으면 한 달을 넘기지 못할 것이다. 간신히 연락이 닿은 브로커는 일단 선금으로 현금 천만 원을 달라고 말했다. 여기저기 꾸고 모아서 겨우 돈을 마련했다. 바로 이 카페에서 만나기로 했는데 갑자기 전화로 다른 곳으로 오라고 말해서 자리를 떴다. 여자는 효심이 깊다.

어떠세요? 인물의 캐릭터를 잡고 상황을 구체적으로 정하니 강력한 목적이 생기지 않나요? '꼭 숨겨야 한다!'와 '꼭 찾아야 한다!' 지갑 속 돈의 액수를 구체적으로 설정하니 사건의 크기와 강도도 커지지요? 이것도 작다고요? 그럼 이천만 원으로 하죠.

3. 사건에 반응하며 즉흥적으로 연기하라.

이제부터 재밌어집니다. 배우들이 사건에 반응하며 즉흥적으로 연기할 테니까요. 그리고 그 결말, 곧 상황은 어떻게 펼쳐질지 모릅니다. 기억에 남는 즉흥 연기를 소개하겠습니다.

남자는 돈만 빼고 지갑을 우체통에 넣어줘야겠다고 생각합니다. 이 돈이면 근심 걱정 없이 올해 시험을 잘 마무리할 수 있어요. 지갑에서 수표를 빼 드는 순간 한 여자가 카페 문을 거칠게 열고는 다급하게 자신에게 다가옵니다. 자기도 모르게 지갑을 가방 깊숙이 넣어버렸습니다.

여자는 묻습니다. "제가 앉았던 자린데 지갑 못 봤어요?"

남자는 대답합니다. "아뇨."

여자는 카운터며 카페 곳곳을 절박하게 살핍니다. 거의 울상입니다. 남자의 양심이 혼란스럽습니다. 여자는 단단히 결심한 듯 전화를 겁니다. "경찰서죠? 제가 지갑을 잃어버렸는데 수사해주세요!" 카페 사장은 말리고 주변 손님들은 동요되면서 여자를 달랩니다. 남자의 심장이 쿵쾅쿵쾅 뜁니다. 경찰이 오면 소지품 검사를 할 것입니다. 이윽고 묘안이 떠올랐는지 남자는 여자에게 "화장실에 가보세요. 거기 두고 왔을 수도 있잖아요."라고 친절하게 제안합니다.

여자가 화장실로 사라지자 남자는 재빨리 지갑을 꺼내 창틀에 끼워놓습니다. 여자는 화장실에도 없다고 절망하며 카페로 돌아옵니다. 남자는 손으로 창틀을 가리킵니다. "저기 창틀에 있는 거 아니에요?" 여자는 자신의 지갑임을 알아보고 연신 고맙다고 말하며 울음을 터뜨립니다. "어떻게 찾았어요?" 남자는 태연하게 대답합니다. "혹시나 해서 블라인드를 올리니까 거기 있었어요." 여자는 기뻐서 어찌할지 모릅니다.

여자가 남자의 품에 대뜸 안겨서 서럽게 우는 장면으로 즉흥극이 끝났습니다. 함께 관람하던 다른 학생들은 저절로 박수를 칩니다. 상황이 바뀌면서 목적도 바뀌었고 경찰에 전화하는 등 새로운 사건이 일어나는 생생한 즉흥 연기에 정신없이 몰입하게 되었네요. 혹시 알아요? 두 남녀가 후에 연인이 되었을지.

10분 Key Point

에쭈드는 자신이 주체가 되어 완성된 극을 능동적으로 설계하고 직접 즉흥적으로 연기하는 것이다.

물체 에쮸드

연기의 본질은 '자신이 역할 속으로 들어가서 그 인물을 살아 있게 구현하는 것'이라고 배웠습니다. 쉽게 말하면 역할을 '체험'하는 것입니다. 체험하게 되면 연기에서 요구하는 많은 기술을 막힘없이 섭렵할 수 있을 것입니다. 다시 한 번 말하지만, 인격과 영혼을 가진 인물을 단번에 체험하기는 초보자에게 불가능에 가까울 정도로 버겁습니다. 그래서 에쮸드에도 단계가 있습니다.

첫 번째 단계: 물체 되어보기
두 번째 단계: 동물 되어보기
세 번째 단계: 사람 되어보기

먼저 비인격체인 물체로 들어가보겠습니다. 훈련의 목적은 자기 자신이 물체로 들어가서 사물의 본질적인 역할을 상상력을 통해서 체험하는 것입니다. 이를 '사물 에쮸드'라고도 합니다. 쉽고 재밌습니다. 물론 당연히 '상황·목적·사건'으로 설계해야겠지요?

옷 가게의 마네킹이 되어 발표한 학생이 있었습니다. 자신은 스스로 얼굴도 몸매도 예쁘고 도도한 마네킹이라고 생각하는데, 싸구려 옷 가게 주인은 자기 몸을 함부로 비틀며 옛날 구닥다리 의상을 억지로 입히려 합니다. 잘 안 입혀지자 신경질 내며 구박하기까지 하지요.

"에이, 옛날 중고품이라 무릎도 제대로 안 굽혀지네. 손목도 안 움직이고. 참나."

그러자 학생은 서글픈 표정을 연기하였습니다. 어느 날 가게 주인이 바뀝니다. 새로운 주인은 마네킹을 매일같이 닦고 세련되고 좋은 옷을 입혔습니다. 그리고 가게 쇼윈도에 자신을 멋지게 전시합니다. 고객들이 자신을 우러러보며 가게로 들어옵니다. 마네킹은 처음에는 그들의 시선이 어색했지만 이내 행복해집니다. 가게 주인은 자신에게 연인처럼 속삭입니다.

"너처럼 내 옷에 잘 어울리는 멋진 마네킹은 이 세상에 없을 거야!"

그러자 마네킹은 아름다운 여인으로 변합니다. 그리고 주인과 사랑에 빠집니다. 영국을 대표하는 문호 버나드 쇼의 희극 〈피그말리온*〉을 응용한 것인데요. 기발한 생각에 모두들 감탄하

---

* 그리스 신화에 나오는 조각가의 이름. 어느 날 피그말리온은 자신이 만든 여자 조각상을 사랑하게 되었다. 그가 간절히 기도하자 여신 아프로디테는 조각상에 생명을 불어넣어 주었다.

며 박수를 쳤습니다.

시간과 공간이 제약된 교육 환경에서는 다음과 같은 훈련
법도 유용합니다. 스스로 상품이 되어 나를 홍보하는 것입니다.
이를 위해서는 상품 정보를 십분 활용해야 합니다. 이러한 연습은
대본 분석을 할 때도 도움이 됩니다. 인물을 창조하기 위해서는
대본에서 연기에 필요한 정보들을 찾아야 하기 때문입니다. 답은
대본 속에 있으니까요.

"안녕? 얘들아 반가워! 나는 1962년 서울에서 태어났어. 내 몸속
에는 효모가 10일 동안 살아 있는데 그 안에 나를 마시면 건강에
좋대. 그래서 내 이름이 오래 산다는 뜻의 장수(長壽)야. 너희들이
나를 마셔서 내 몸 안에 있는 효모가 너희들 몸속으로 전해졌으면
좋겠어. 효모는 장에 좋거든.
특히 할아버지들이나 노동 현장에서 일하는 아저씨, 농부들이 나
를 좋아해. 요즘에는 젊은 아가씨들도 나를 좋아하는 것 같아서 기

분이 좋아. 하지만 19세 미만 청소년은 마시면 안 된단다.

고된 일상에 지친 사람들에게 위로를 주는 것이 나의 보람이지. 음, 하지만 나를 지나치게 사랑하는 사람들이 있어. 그런 사람들을 알코올중독자라고 하던데, 솔직히 짜증나. 술에 취해서 사고를 치고는 경찰 아저씨한테 나 때문이라고 고자질하는 거 있지? 아름다운 장미에는 가시가 있는 법이야. 나는 매력적이고 건강에 좋지만, 너무 집착하면 뇌졸중, 기억력 손상이나 치매에 걸릴 수도 있어. 사랑과 집착은 다르다는 사실을 잊지 마."

10분 Key Point

물체 에쭈드는 사물의 본질적인 기능을 파악하고 상상력을 동원해
자신이 직접 그 물체가 되어 표현하는 훈련법이다.

동물 에쮸드

물체 에쮸드를 연습해보았습니다. 어떤가요? 의외로 재밌고 쉽죠? 이번에는 한 단계 수준 높은 학습을 하겠습니다. 우리가 동물로 들어가서 표현하는 것입니다. 동물은 외형적인 모습뿐 아니라 성격과 움직임도 저마다 다릅니다. 같은 사자라고 해도 온순한 사자, 질투가 많은 사자, 권위 있는 사자 등 저마다 성격과 습성이 다릅니다. 반려견이나 반려묘를 키우는 사람은 잘 알 것입니다.

학생들에게 동물 에쮸드 숙제를 내주었습니다. 일주일 뒤, 아니나 다를까 학생들은 그저 겉으로 보이는 동물의 피상적인 모습만을 표현하였습니다. 참새를 맡은 학생은 주둥이를 내밀며 깡총 걸음을 걷고, 닭을 맡은 학생은 "꼬끼오, 꼬끼오!" 울어댑니다. 다른 학생들은 그 모습을 보며 키득거리고, 본인도 민망한지 히죽댑니다. 자신이 연기하는 동물을 제대로 관찰하지 않은 것입니다. 단순히 동물을 표현하는 것이 아니라 직접 그 동물 속으로 들어가야 합니다. 그렇게 하려면 동물을 매우 진지하게 관찰해야 해요.

저는 학부 시절에 오랑우탄을 연기했는데요, 처음에는 영상을 많이 보고 따라 했습니다. 하지만 교수님은 제 연기를 보시고 겉으로 흉내만 내고 있다고 말씀하셨습니다. 처음에는 어설픈 흉내를 들키고 말았지만 이내 깨달았습니다. 연기는 흉내가 아니라 그 속으로 깊숙이 들어가는 것이라는 사실을요. 그래서 직접 동물원에 가서 오랑우탄의 몸짓과 표정, 움직임을 몇 시간 동안이나 깊게 관찰했습니다.

　　실제로 가서 보니 오랑우탄도 여러 종류가 있고 성격과 움직임도 각각 다 달랐습니다. 특유의 분위기도 있더라고요. 다음 발표에서 저는 게으르고 뚱뚱한 암컷 오랑우탄을 연기했습니다. 조직에서 가장 멋진 수컷 오랑우탄에게 잘 보이려고 예쁜 척하고 애교를 부렸지만, 얄밉게도 수컷 오랑우탄은 나를 무시하고 도망갑니다. 오기가 생겨서 쫓아가 따졌죠. 이번에는 실제 오랑우탄처럼 느껴졌는지 교수님으로부터 크게 칭찬받았습니다.

오랑우탄으로 분한 저자.
2003년 쉐프킨 대학교 극장.

1992년 아카데미 작품상, 남우주연상, 여우주연상, 감독상, 각색상 수상에 빛나는 영화 〈양들의 침묵〉에서 주연을 맡은 명배우 앤서니 홉킨스는 냉혈한 살인자 '한니발 렉터'를 표현하기 위해 고양이의 눈을 관찰했다고 합니다. 고양이의 냉정하고 차가우면서도 무심한 눈빛, 다가오는 위험에 방어하는 역동적인 움직임까지 모두 관찰하고 연기에 응용하여 독창적인 캐릭터를 만들었다고 합니다. 강아지의 가련한 눈빛과는 달리 묘하게 기분 나빠지게 하는 고양이 눈이 바로 희대의 살인마 한니발 렉터의 눈이었습니다.

여러분도 동물 에쮸드를 통하여 자신이 맡은 역할을 창조적으로 연기해보세요! 무궁무진한 창작의 재료가 될 것입니다.

10분 Key Point

동물 에쮸드의 목적은
진지한 관찰을 통해서 동물 속으로 들어가는 것이다.

단체 에쮸드

다음 주, 학생들은 각자 동물 에쮸드의 부족한 부분을 보강해서 발표를 잘 마쳤지만, 제 맘에 쏙 들지는 않았습니다.

"직접 관찰해보니 영상에서는 알 수 없었던 미묘한 움직임이 있었어요."

"물체 에쮸드보다 수준이 높아요. 동물은 움직이니까요. 본능과 생각까지 있고요."

저마다 소감을 말했지만, 실제 발표에서는 자신이 표현하고 싶은 동물을 정말 진지하게 관찰했다는 느낌이 들지 않았어요.

"여러분! 동물 에쮸드를 왜 해요? 솔직히 얘기해서 대본에 나오는 인물만 잘 연기하면 되지 굳이 동물 에쮸드를 할 필요가 있나요? 자신이 왜 이 훈련을 하는지, 그리고 이 훈련이 얼마나 자신에게 필요한지를 알아야 동기가 생기고 훈련의 효과도 제대로 느낄 수 있습니다."

학생들은 나름대로 잘 준비했다고 생각했는데, 평소 너그러운 선생님이 엄하게 이야기하니까 살짝 긴장되는가 봅니다. 저는 학생들이 왜 이 훈련을 하는지에 대해 능동적이고 주체적으로 탐구하지 않았다는 점이 불만스러웠습니다. "여러분! 그저 대본을 달달달 외워서 기계처럼 달달달 연기하시겠습니까?"

동물 에쮸드의 목적은 관찰입니다! 외형적인 모습을 관찰할 뿐 아니라 상상력이 동원된 내면적 통찰까지도 필요합니다. 앤서니 홉킨스처럼!

저는 학생들에게 새로운 숙제를 내주었습니다. "반장을 주축으로 다 같이 시장에 가보세요. 사람들을 관찰하고 단체로 에쮸드를 발표하세요." 이제는 사람을 관찰하게 된 것입니다. 그러자 학생들의 눈망울이 또렷해졌습니다. 선생님의 기대에 부응하지 못했다는 자책에 빠져 있다가 드디어 사람을 연기한다는 설렘을 느꼈기 때문입니다.

일주일 뒤 발표 시간, 사실 저는 크게 기대하지 않았습니다. 겨우 동물을 표현하기도 버거운데 복잡한 인간 심리가 얽히고설킨 시장의 인간 군상을 표현할 수 있을까? 그러나 학생들의 발표는 의외로 놀라웠습니다. 자존심을 지키기 위해, 선생님의 책망에 속상한 마음을 달래가며 열심히 준비한 것 같습니다.

젊은 부부가 시장통에서 떡볶이 행상을 운영하게 되었습니다. 그런데 옷을 파는 사람이 다가와서 장사에 방해가 되니 자기 가게 앞에서 장사하지 말고 자리를 옮겨달라고 텃세를 부립니다. 자리를 옆으로 조금 옮겨서 장사하려고 하는데 공무원이 와서 허가를 받았냐고 딴지를 겁니다. 이것저것 준비한 서류를 보여주어 겨우 무마되었습니다. 그런데 이번에는 깡패가 들이닥쳐 "누구 맘대로 우리 구역 자리를 차지하냐?"라고 위협합니다. 당황한 부부는 깡패에게 뒷돈을 건네주고 겨우 장사를 개시하게 되었습니다. 그런데 이번에는 웬 거지가 나타나 당당하게 음식을 요구합니다. "저는 이 바닥에서 유명한 사람입니다. 한 끼 주십쇼!" 젊은 부부는 부랴부랴 떡볶이와 어묵을 내놓습니다. 주변 사람들은 거지의 옷차림과 지독한 냄새 때문에 행상 근처를 피해 갑니다. 그런데 한 아이가 그 앞에 멈추더니 엄마한테 떡볶이를 먹고 싶다고 보챕니다. 아이는 거지나 엄마의 눈치를 보지 않고 맛있게 음식을 먹었습니다. 엄마는 불쾌하다는 듯 코를 막으며 돈을 지불합니다. 첫 매출이 생긴 부부는 크게 감동하여 포옹합니다.

에쭈드가 끝났습니다. 굉장히 인상적인 발표였습니다. 학생들은 '실제로 직접' 시장에 가서 사람들을 진지하게 관찰하고 거기서 벌어지는 일들을 경험했습니다. 그리고 '상황·목적·사건'에 따라 완성도 있는 극을 연구했고 역할을 분담했습니다. 얘기를 들어보니 선생님이 알려준 에쭈드를 곱씹으며 열심히 연습했다고 하네요. 그리고 각자 소품과 의상을 캐리어 가방에 쑤셔 넣어 가지고 와서 강의실을 진짜 시장통처럼 바꿨습니다. 근성이 느껴졌습니다. 소품으로 가져온 떡볶이와 어묵은 수업을 마치고 다 같이 맛있게 나눠 먹었어요.

학생들은 정말로 치열하게 장사하는 상인들 같았습니다. 공무원은 그저 빨리 맡은 일을 마치고 퇴근하고 싶은 사람 같았고, 깡패와 거지도 일반적으로 생각하는 이미지가 아니라 내성적이고 겁먹은 깡패, 의외로 외향적이고 뻔뻔한 거지로 분하면서 상식을 깼습니다. 이밖에도 그동안 배운 교감, 즉흥적인 순발력, 집중, 상상력 등 연기술의 모든 요소가 조화롭게 녹아 있었습니다. 다양한 인물의 나이와 성격, 인간관계, 사회적인 위치나 경제력도 유추할 수 있었습니다. 이후에도 우리는 교무실 에쮸드, 결혼식장 에쮸드 등을 재밌고 성공적으로 훈련했습니다.

관찰 훈련은 매우 유용합니다. 영화 〈그것만이 내 세상〉의 박정민 배우와 〈7번방의 선물〉의 류승룡 배우도 진지한 관찰을 통해서 자폐성 장애인 역할을 연구했습니다. '이럴 것이다, 저럴 것이다.'라는 피상적인 고정관념을 깨고 진정으로 관심을 가지면 의외로 우리가 미처 알지 못하는 많은 부분을 발견하게 됩니다. 상식으로 받아들여지는 고정관념을 창조적으로 승화할 수도 있습니다. 우린 예술가잖아요.

10분 Key Point
캐릭터 구축에 있어 관찰은 매우 중요하다.

공간 에쭈드

어느 날, 한 학생이 급하게 연락해 왔습니다. "선생님! 오디션 기회가 생겼는데 대사가 없대요."

지하실 내부에 묶인 여자. 희미하게 눈을 뜬다. 지친 몸을 가누기 힘들다. 알고 보니 몸이 묶여 있다. 얻어맞았는지 몸 구석구석이 쑤셔 온다. 몽롱한 시선에 보이는 좁은 지하실. 계단을 따라 시선을 옮기니 입구에 희미한 불빛만 보인다. 무슨 일인지 머릿속에 조금씩 떠오른다. 이내 탈출하려고 몸부림치는데….

정기인 감독. 단편영화 〈지상으로〉

학생은 막막합니다. 오디션이면 대사가 있어 독백 연기를 하는 줄만 알았나 봅니다. 하지만 작품에는 대사보다 배우의 행동이 중요한 장면들이 많습니다. 그래서 감독이나 연출가는 종종 위와 같이 장면의 상황을 정해주고 배우에게 연기를 부탁합니다.

오늘은 '공간 에쭈드'에 대해서 소개하겠습니다. 공간 에쭈드는 배우의 행동, 표정, 제스처 등으로 특정한 공간을 만드는 기

술입니다. 배우가 공간을 창조하는 것입니다. 즉 실제로는 없는 공간을 마치 있는 것처럼 믿게 관객들을 유도하는 기술입니다. 예를 들어서 쫓기는 탈영병이 어둡고 캄캄한 숲속을 헤치고 도망가는 장면이라면, 관객들은 '어두운 숲속'이라는 공간이 생생하게 믿어져야 이 장면을 받아들일 수 있습니다. 영화에서는 컴퓨터 그래픽(CG)으로 배경을 만드는 경우가 많습니다. 보통 연기하는 배우의 이미지와 공간을 정교하게 합성하는데, 이 경우 배우는 실제 장소가 아니라 '크로마키 스크린'이라고 불리는 커다란 초록색 천으로 둘러친 곳에서 가상의 공간을 상상하면서 실감 나게 연기해야 합니다. 우주 공간이든, 해발 8848미터 에베레스트산의 정상이든, 깊은 물속이든지요. 배우들은 실제로는 존재하지 않는 공간을 실감 나게 보여줘야 할 때가 많으므로, 공간 에쮸드는 필수적으로 갖추어야 할 기술입니다.

처음이어서인지 학생들의 공간 에쮸드 발표는 역시 다들 어설픕니다. 피상적으로 쉽게 생각하고 표현도 '힘들다' '무섭다' '아프다' 정도로 단순합니다. 에쮸드의 정수인 '상황 속 인물의 목적과 사건'은 온데간데없고 그들이 창조한 공간은 전혀 납득되지 않았습니다. 저는 그걸 보며 그냥 웃었습니다. 학생들도 스스로 어설프다 싶었는지 연기가 끝나고 히죽 웃으면서 "선생님! 처음이잖아요." 하고 두루뭉실 넘기려 애교를 부립니다. 맞습니다. 처음이잖아요. 또 한 번 해결사가 되었습니다. '대사 속에 답이 있으니 깊게 숙고하라'는 의미로 다음의 조건과 함께 숙제를 내주었습니다.

1. 지하실 내부의 크기를 정하라.
2. 얼마 만에 눈을 떴는가?
3. 얼마나 힘들고 지쳐 있나? 자신의 지쳤던 경험을 응용해라.
4. 몸의 어떤 부위가 무엇으로 어떻게 묶여 있나?
5. 정확히 어느 부위가 쑤시고 아픈가?
6. 몽롱했던 기억이 있나? 인물에 적용하라.
7. 계단의 위치와 높이를 구체적으로 정하라.
8. 입구는 어떻게 생겼나?
9. 희미한 불빛은 얼마나 희미한가?
10. 무슨 일이 있었는지 구체적으로 전사를 짜라.
11. 지금 이 상황을 구체적으로 느끼기 위해서 실제로 밀폐된 공간에 혼자 있어보라.
12. 사건의 위치와 크기를 명확하게 정하라.
13. 강력한 목적을 만들어라. 그렇게 되면 어떤 행동들이 나올 수 있을까?
14. 자신이 만든 사건에 반응하라.
15. 상황을 반전시키거나 변화시킬 수 있는 장치를 만들어라.

2016년에 모놀로그 일인극을 한 적이 있습니다. 빈 무대에 혼자 올라 이십 분 동안 연기했습니다. 꿈속 세계, 다리 위에 올라 자살하려는 장면, 길거리 의자에 앉아서 과거를 회상하면서 또 다른 나와 논쟁하는 모습, 단두대에 올라가는 장면, 억수같이 쏟아지는 비를 맞는 장면, 절벽 위에서 뛰어내리는 장면, 깊은 물속에서 흐느적거리는 연기, 겨우 물 밖으로 얼굴을 내밀고 허우적거리며 육지로 나오는 장면 등 여러 개의 공간 에쭈드가 필요했습니다.

아무런 소품과 세트가 없으니 조금만 어설퍼도 관객들은 웃고 말 겁니다. 그래서 저는 한강 다리를 찾아가서 실제 난간의 크기와 높이도 몸으로 익혔고, 깊은 물속은 모르니 대신 목욕탕 냉탕에 들어가서 코 막고 숨을 참아보기도 했습니다. 사우나에 있는 샤워기 세 개를 동시에 틀고 간접적으로 비를 맞는 경험도 했습니다. 절벽 장면을 연기하기 위해서 산에 올라가서 실사했고, 물속에서 육지로 나오는 것을 체험해보고자 해수욕장에 가서 물이 턱밑까지 차 있을 때 내가 어떻게 걷는지도 실험해보았습니다. 상황·목적·사건으로 대본을 깊게 분석하는 것도 물론 잊지 않았습니다. 공연 당시 관객들은 저의 연기에 완벽히 집중하였습니다. 공연이 끝난 뒤에는 기립박수도 받았습니다. 그들은 제가 빈 무대 위에 창조한 공간들을 실제처럼 믿었던 것입니다.

일주일 뒤 학생들의 발표는 어땠을까요? 모두 십 점 만점에 십 점이었습니다. 그동안 배운 내용을 통해서 각자 진지하게 역할을 탐구하고 자신의 감정과 몸이 상황을 직간접적으로 느낄 수 있게 경험하고자 했습니다. 그들이 창조한 지하 공간은 의심의

박성준 연출. 1인극 〈바티즘(세례)〉.
윤용근 배우.

여지없이 믿어졌습니다. 심지어 어떤 학생은 밀폐된 공간의 공포
를 느끼고 싶다면서 친구를 시켜서 자신을 조그만 화장실에 가두
고 불을 끄라고 했대요. 그렇다면 처음 나왔던 학생, 제게 급하게
전화를 걸어 온 그 학생은 합격했을까요? 당연히 합격이죠! 공간
에쮸드를 얼마나 열심히 연습했는데요!

10분 Key Point

'공간 에쮸드'는 배우의 연기로 관객이
빈 공간을 특정한 공간처럼 느끼도록 하는 기술이다.

극 에쮸드

학생들은 그동안 다채롭고 방대한 에쮸드를 능동적으로 발표하고 훈련했습니다. 우리 머릿속에는 이야깃거리가 무궁무진한가 봅니다. 각자 혼자서 연기하는 '1인극 에쮸드', 두세 명이 짝 지어 연기하는 '2인극 에쮸드' '3인극 에쮸드', 학생 전체가 참여하는 '단체극 에쮸드' 등으로 나누어 연습에 매진하였습니다. 책에 소개하고 싶을 만큼 인상 깊었던 발표가 한두 개가 아닙니다. 대본을 보고 외워서 연기하는 것이 아니라 '배우 자신이 주체가 되어 능동적으로 하나의 완성된 극을 설계하고 직접 즉흥적으로 연기하는 것'이라는 개념을 학생들은 점점 체득해갔습니다.

이제 그들은 즉흥 연주를 펼치는 재즈 뮤지션들처럼 즉흥 연기를 즐기고 스스로 문제를 분석하며 토론합니다. 이제는 연기를 처음 접하는 애송이가 아니랍니다. 제법 프로 배우 티가 나거든요. 앞서 잃어버린 지갑을 소재로 한 '2인 에쮸드', 시장의 인간 군상을 표현하는 '단체 에쮸드'의 예시를 소개했습니다. 아직 다루지 않은 '1인 에쮸드'의 사례를 소개하는 것으로 이번 장을 마무리하겠습니다.

한 학생이 높은 곳에 서 있습니다. 굉장히 높은 곳에 올라갔나 봅니다. 난간 아래를 바라보는 표정에 비장함이 묻어납니다. 호주머니에 있는 종이비행기를 꺼내 던지고는 멀리멀리 저 아래로 떨어지는 것을 지켜봅니다. 이윽고 차분히 몸을 숙이고 무슨 의식이라도 치르는 듯 신발과 양말을 벗어 바닥에 가지런히 놓습니다. 그리고 핸드폰을 꺼내 장중한 음악을 틉니다. 그리고 한 발짝, 두 발짝, 난간 위로 오릅니다. 관객들은 꿀깍 침을 삼킵니다.

아래를 향해 몸을 날리려는 바로 그때, 자기 이마를 감싸더니 바닥에 주저앉습니다. 손에 묻은 똥을 봅니다. "아이씨! 비둘기 똥 맞았네." 이내 물건을 주섬주섬 챙겨 무대에서 퇴장합니다. 퇴장 전에 먼 하늘을 보고 씩 웃으며 말합니다. "네가 날 살렸다. 고맙다."

상당히 어두운 내용이지만 개연성 있는 1인극 에쭈드 작품이었습니다. 관객들에게도 납득되는 내용이었습니다. 인물이 처한 상황과 목적이 잘 이해되기 때문입니다. 예상치 못한 비둘기 똥 사건이 코믹해서 모두 깔깔 웃었습니다. 그리고 퇴장 직전 배우의 대사는 우리에게 감동까지 주었습니다.

> **10분 Key Point**
> '극 에쭈드'는 배우가 주체가 되어 이야기가 잘 짜인 극을 직접 설계하고
> 즉흥적으로 연기하는 것이다.

에쮸드의 중요성

그동안 학생들은 에쮸드의 중요성을 이해하고 열심히 훈련했습니다. 처음에는 개념조차 모르고 많이 헷갈려 했습니다만 지금은 그 효과와 유용성을 피부로 체감하며 훈련에 매진합니다. 배우는 연기 창작의 주체입니다. 에쮸드가 훈련되어 있지 않으면 앙상하거나 경직된 연기를 하게 됩니다. 에쮸드는 강력한 무기입니다! 에쮸드를 잘 훈련한 배우는 연극에서든 영화에서든 예기치 못한 변수에 즉흥적으로 반응하며 생각지 못한 훌륭한 연기와 장면을 연출가에게 선물할 수 있습니다.

다양하게 응용되는 에쮸드의 정의를 명확히 하려 합니다. 에쮸드란 연기 훈련을 위한 '스토리가 잘 구현된 완성도 있는 작은 즉흥 연습극'입니다. 여기서 '작은'은 약 3분 내외의 시간을 의미합니다. 그리고 영화나 드라마에 나올 법한 거창한 이야기가 아니라 우리 주변에서 일어날 수 있는 작은 일들을 다룹니다.

에쮸드의 효과와 장점을 정리하겠습니다.

첫째, 대본 분석 능력이 발전한다.

학생들은 대본을 수동적으로 받아들여서 연기하는 초보적

인 수준을 넘어섰습니다. 자신이 짠 극을 스스로 연기하다 보니, 어느새 대본을 보면 어떤 상황이며 목적은 무엇인지, 사건에서 자신의 연기를 어떻게 표현할지를 능동적으로 계산하며 분석하게 되었습니다.

둘째, 상상력이 생긴다.

자신이 연기할 캐릭터를 창조할 수 있는 능력이 생깁니다. 그전에는 깡패 역할이라고 하면 그저 담배를 피우면서 험악한 표정만 지었지만, 이제 학생이 연기하는 깡패는 가족에게는 그 누구보다도 따스한 가장이며 불의한 행위를 하는 스스로를 책망하기도 합니다. 상상력이 생겨, 그저 막연했던 역할을 이제는 구체적이며 생생하게 표현합니다.

셋째, 유연해지고 순발력이 생긴다.

수많은 에쭈드를 통해 즉흥 연기를 하였습니다. 그 과정에서 실수도 많았습니다. 그래서 이제는 현장에서 웬만한 실수를 해도 당황하지 않습니다. 경험이 쌓이니 실수에 말려들지 않고 유연하게 대처할 수 있습니다. 즉흥적으로 연기할 수 있는 능력이 생겼으니 현장에서 어떠한 사고가 일어나도 유연하게 대처하며 순발력 있게 연기할 수 있습니다.

넷째, 시나리오를 쓸 수 있는 능력이 생긴다.

우리는 직접 시나리오 작가가 될 수도 있습니다. 스스로 극을 설계하고 즉흥적으로 연기했잖아요? 감독이나 연출이 나를 배우로 써주지 않으면 내가 직접 시나리오를 써서 나를 캐스팅하면 어떨까요? 실제로 저는 단편영화 〈부서진 페르소나〉의 시나리오 작가이자 감독으로서 '윤용근 배우'를 주인공으로 캐스팅해서 작업했습니다. 이정재 감독도 〈헌트〉라는 영화를 직접 각색하고 연출했으며 자신을 주인공으로 캐스팅했습니다. 제75회 칸 영화제에 초대받을 만큼 훌륭한 작품입니다.

생활고에 시달리던 할리우드의 무명 배우 실베스터 스탤론은 자신이 직접 쓴 시나리오를 들고 제작사를 찾아다니며 '돈은 필요 없다. 다만 내가 주인공이 되어야 한다'는 조건을 내밀었습니다. 그렇게 찍은 영화가 그 유명한 〈록키〉입니다. 1977년도 아카데미 작품상과 편집상, 감독상까지 거머쥐었으며 자신은 남우주연상에 노미네이트되었습니다. 멋지지 않나요?

다섯째, 배우 스스로 상황과 사건의 크기를 능동적으로 설정하고 창조적으로 연기를 실험해볼 수 있다.

바로 연기의 기본 원리인 '상황·목적·사건'에 의해 스스로 상상력을 발휘하여 극을 만드는 것입니다. 거듭 강조하지만 상황에 몰입하여 얼마나 목적을 크고 확고하게 만들고, 어떻게 사건에 즉흥적으로 반응하는가가 관건입니다. 단순히 문제의 답을 푸는 것이 아니라 이제는 문제를 만드는 높은 수준이 된 것입니다. 여러 실험을 통해 대본 속 인물을 능동적·적극적으로 탐구하고 연기할 수 있는 능력을 얻게 됩니다.

에쭈드는 마치 여러 씨앗을 품은 토양과 같습니다. 연기술의 여러 개념과 기술적인 요소들이 한가득 들어 있습니다. 우리가 그동안 배운 연기의 본질, 개념, 기본 원리뿐만 아니라 캐릭터 구축과 창조, 집중, 몰입, 교감, 움직임, 관찰, 상상력 등등. 이런 요소들을 직접 몸으로 익히면서 우리는 드디어 대본을 통하여 자신의 연기를 보여주게 될 것입니다. 에쭈드는 훌륭한 연기를 위한 영양분이 가득한 기름진 토양과 같은 역할을 합니다.

> **10분 Key Point**
> 에쭈드는 훌륭한 연기를 위한 중요한 훈련이다.

명품 배우를 만드는 사소한 기술

* 에쭈드란 연기 훈련을 위한 '스토리가 잘 구현된 완성도 있는 작은 즉흥 연습극'이다.
* 에쭈드는 배우 자신이 주체가 되어 능동적으로 극을 설계하고 즉흥 연기를 하는 것이다.
* 물체 에쭈드는 자신이 사물에 들어가서 본연의 역할을 상상력으로 체험하는 것이다.
* 동물 에쭈드는 관찰을 통하여 자신이 직접 동물 속으로 들어가서 연기하는 것이다.
* 단체 에쭈드를 통하여 사람들을 관찰하는 능력을 얻을 수 있다.
* 공간 에쭈드는 배우의 행동과 표정, 제스처 등으로 특정한 공간을 만드는 기술이다.
* 극 에쭈드는 '상황·목적·사건'으로 완성도 있는 이야기를 설계하는 것이다.
* 에쭈드는 분석력, 상상력, 순발력, 창의력, 관찰력 등을 향상시키는 중요한 훈련이다.

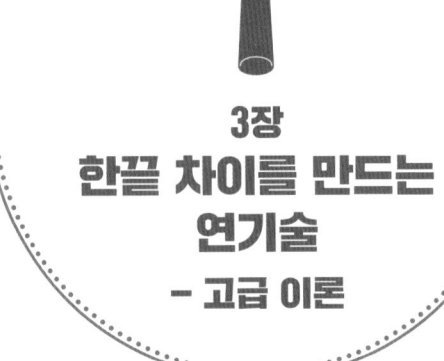

3장
한끗 차이를 만드는
연기술
- 고급 이론

소품의 개인화

잠을 설쳤습니다. 오전 강의가 있어서 일찍 잠들려고 누웠는데 잠이 안 와서 눈만 멀뚱멀뚱 뜨고 뒤척이다 밤을 새버리고 말았습니다. '그래, 미리 가서 학생들 오기 전에 책이나 읽자.' 하고 집을 나섰습니다. 강의실에 두 시간이나 빨리 도착했는데 웬걸, 학생 두 명이 미리 와서 연습하고 있는 거예요.

"애들아! 벌써 와서 연습하는 거야?"

"아, 선생님! 안녕하세요? 오늘 발표가 있잖아요."

학생들이 기특했습니다. 연습에 방해가 될까 봐 강의실을 나와 휴게실에서 책을 펴들었습니다. 근데 이번에는 잠이 쏟아지는 것이었습니다. 자리는 불편하고, 졸린데 잠이 오지 않는 아주 애매한 상태였습니다. '그래! 학생들 연습이나 도와주자.' 하고 강의실에 들어섰습니다.

　　액션 연기 에쭈드를 숙제로 내주었는데, 짝이 된 둘 중 한 사람은 외세의 침략으로부터 피신하는 왕의 역할을, 한 사람은 왕을 보호하기 위해 암살자들과 격투를 벌이는 호위대장 역할을 맡았습니다. 호위대장을 맡은 학생은 어릴 때부터 액션 만화책에 나오는 쿵푸, 태권도, 권투 등 격투기를 좋아했기에 이 역할이 아주 맘에 들었나 봅니다. 어디서 구했는지 근사한 장검을 휘두르고 기합까지 넣어가며 연습에 열중이었습니다. 왕을 맡은 친구가 양손을 모아 디딤발을 만들자 그것을 밟고 공중제비하면서 화려하게 칼을 휘두릅니다. 와! 정말 멋진 액션입니다. 저는 감탄하며 박수를 쳤습니다. 그러고는 질문했지요.

　　"근데 그 칼은 어디서 났어?"

　　"인터넷으로 주문했어요."

　　"아니, 호위대장으로서 그 칼을 어떻게 얻었냐구?"

　　"네?"

　　학생은 당황합니다.

　　"생각해봐. 왕의 호위대장 정도면 보통 병사들이 쓰는 것보다 좋은 무기를 쓰지 않을까?"

　　"거기까진 생각 못했어요."

　　"그럼 이렇게 전사를 짜자! 일반 병사였던 호진이는 전쟁에서 뛰어난 활약을 선보여 호위대장으로 임명받는다. 그때 왕으로부터 직접 하사받은 검이 지금 네가 들고 있는 그 유명한 '삼정검'이야! 삼정검은 우리나라 대통령이 장군으로 임관한 군인에게 직접 수여하는 장검이지. 왕은 위급한 순간에 자신을 지켜줄 호위대장에게 신뢰의 뜻으로 친필로 '필사즉생 필생즉사(必死則生 必生則死)'라고 새겨 넣은 검을 수여했어. 그러면 왕과 호위대장 사이에 끈끈한 신뢰가 생기지 않을까?"

뭔가 깨달았다는 듯 두 학생의 눈이 반짝반짝해집니다.

"그러면 호진이는 계급이 어떻게 되니?"

"장군이요!"

학생의 눈이 충성심으로 이글거립니다.

"쌤! 감사합니다. 죄송하지만 잠깐만 자리를 비켜주실 수 있을까요? 수업 시간 때 발표로 보여드릴게요."

강의실에서 쫓겨나 잠을 깨려고 커피를 두 잔이나 마시면서 시간을 보냈습니다. 드디어 수업 시간, 그들의 발표를 보게 되었습니다. 화려한 액션에 지켜보는 학생들과 저는 와, 와, 탄성을 지르며 연신 감탄합니다. 끝난 줄 알았는데 두 학생이 갑자기 대화하기 시작합니다.

"장군 덕분에 목숨을 부지할 수 있었소."

"전하! 전하께서 내려주신 삼정검 칼날이 무뎌 심히 고생하였습니다."

임금은 구경하는 학생을 가리키며 말합니다.

"그런가? 삼정검을 만든 저 대장장이를 끌어내어 자신이 만든 검으로 목을 쳐라!"

구경하는 학생들은 일동 "예이!" 하고 한 학생을 끌어내어 포박합니다. 예상치 못한 상황에 전 눈이 휘둥그레졌습니다. 잠이 싹 달아납니다. 이게 무슨 상황일까요?

"네놈이 만든 칼이 무뎌 짐과 장수의 명예를 더럽혔으니 자신이 만든 칼로 죽으라. 칼이 무디면 너는 비굴하게 불구로 살 것이고, 날카로우면 불충의 죄를 씻고 죽을 것이다."

목을 치려는 순간 한 여학생이 뛰쳐나옵니다. "전하. 용서 하십시오. 제가 남편이 칼을 만들다가 다칠까 하여 몰래 칼날을 무디게 하였나이다."

호위대장이 당황하여 거듭니다. "전하! 전하에게 하사받은 무기를 관리하지 못한 제게 잘못을 돌리소서."

"그런가? 그러면 대장의 목을 쳐라!" 임금이 말하자 한 학생이 "전하! 저들의 마음 씀을 통촉하소서!"라고 운을 띄웁니다. 그러자 일동 절을 하며 "통촉하소서! 통촉하소서!"라고 외칩니다.

저는 너무 놀라고 황당했습니다. "너희들, 어떻게 된 거야? 뭐야?" 말하니 학생들은 통쾌하다는 듯 키득거립니다. 알고 보니 저를 놀래키려고 단체로 몰래카메라를 준비했더라고요. 제가 거리에서 커피를 마시며 서성이는 동안 학생들은 그동안 배운 에쭈드의 내용을 바탕으로 각자 상상력을 동원해서 선생님 몰래 즉흥

극을 만든 것입니다. 극의 완성도를 떠나서 특히나 인상 깊었던 것은 학생들이 그냥 스쳐 지나가기 쉬운 장검에 큰 사건을 만들고 이에 즉흥적으로 반응하면서 연기했다는 사실입니다. 누구 제자인지는 모르겠지만 훌륭합니다!

소품의 개인화는 극중 인물이 쓰는 물건이 그 인물과 특수한 관계가 있는 것을 말합니다. 저는 삼 년 넘게 같은 지갑을 가지고 다닙니다. 고급 브랜드로서 워낙 튼튼하고 멋있는 데다가 저를 사랑해준 첫 제자들이 준 선물입니다. 각자 돈을 모아서 졸업식 날 제게 선물해주었지요. 지갑 한구석에는 제 영문 이름 이니셜이 소박하게 박혀 있습니다. 첫 제자들이기에 그들을 아직도 또렷이 기억합니다. 누군가를 가르치는 경험은 처음이었기에 저도 미숙했습니다. 그럼에도 불구하고 마음써준 제자들에게 참 감사합니다. 여러분이 쓰고 있는 물건에도 사연이 있을 것입니다. 그렇다면 극중 인물이 쓰는 소품도 호위대장의 삼정검처럼 인물과 특별한 관계가 있지 않을까요?

10분 Key Point
소품의 개인화는 역할이 쓰는 물건이
인물과 특수한 사연이 있는 것을 말한다.

의상과 분장

단편영화 〈부서진 페르소나〉를 촬영할 당시 여주인공 '주희'의 캐릭터를 잡기 위해서 상당히 고심했습니다. 허상을 꿈꾸는 자존심 강한 주희의 모습이 관객들에게 가볍고 천박하게 비쳐야 했습니다. 하지만 배우는 키가 크고 가무잡잡한 피부를 가진, 카리스마 있는 서구형 글래머 스타일이었습니다. 그리고 무엇보다 성격이 너무 착했습니다. 못돼야 하는데 말이에요.

저는 고심 끝에 머리를 노랗게 탈색해달라고 했고, 이 시대와는 다소 어울리지 않는 1990년대풍 짙은 화장과 과장된 헤어스타일을 요구했습니다. 특히 의상을 고급 재질이 아니면 촌스럽게 느껴지기 쉬운 자주색에, 배우의 체형을 살리기 위해 몸에 딱 달라붙는 핏으로 정했습니다. 그러자 정말 변신이라도 한 듯 단번에 제가 원했던 외적인 캐릭터가 완벽하게 구현되었습니다.

의상과 분장은 매우 중요한 부분입니다. 재킷 하나로 계급을 가늠하고, 머리 모양으로 인물의 분위기를 바꿀 수 있습니다.

10분 Key Point

의상과 분장은 배우를 역할 속으로 안내하는 중요한 역할을 한다.

역할창조

성인이라는 건 존재하지 않아.

집에 가서 TV를 켜고 내가 한 일을 볼 거야.

그럼 난 아이처럼 울고 또 울겠지.

날 경멸의 눈길로 보면 바보로 보일 거고,

경배의 눈길로 보면 신이, 똑바로 쳐다보면 너 자신이 보일 거야.

난 내가 한 짓 때문에 잠을 못 이루거나 악몽을 꾸진 않아.

그들이 날 붙잡아서 기뻐. 이제 다시는 이런 짓을 못할 테니까.

이렇게 말한 게 정말 정말 정말 좋았어. 내 인생 중에 가장.

난 짐승이 아니야. 난 미치지 않았고 다중인격도 아니지.

우리는 너희들의 아들이고 남편이야. 우리는 어디에나 있어.

난 내 인생이 싫어. 모든 게 싫어.

미국의 1급 살인범들이 사형을 앞두고 마지막으로 내뱉은 말들을 모아보았습니다. 끔찍하죠. 한 사람의 말이 아니고 여덟 명의 죄수가 각자 진행한 인터뷰를 모은 것입니다.

우리는 대부분 살인해본 경험이 없을 것입니다. 지금까지 우리는 대본 속에 있는 여러 정보들을 찾아서 '역할 구축'이라는 개념으로 인물을 연구하였습니다. 하지만 위의 대본은 인물에 대한 정보가 전혀 없습니다. 또한 우리가 경험해보지 못한 살인마입니다. 이럴 때는 말 그대로 역할을 창조해야 합니다. 상상력을 동원해서 자유롭게요.

강기영 감독. 〈아픔만큼 성숙해진다〉.
윤용근 배우.

2013년 단편영화 〈아픔만큼 성숙해진다〉에서 살인이 일종의 예술 행위라고 믿는 사이코패스를 연기한 적 있습니다. 당시에 감독님은 '그저 아이의 놀이처럼 가벼웠으면 좋겠다'고 주문했습니다. 매우 추상적이고 애매했습니다. 저는 역할을 구축함에 있어서 다른 배우의 연기를 따라 하거나 참고하는 스타일이 아닌데도 답답한 마음에 "〈추격자〉에 나오는 하정우 배우 같은 느낌인가요?"라고 물어볼 정도였습니다. 아니랍니다. "그러면 〈양들의 침묵〉에 나오는 앤서니 홉킨스 같은 느낌인가요?" 또 아니랍니다. "〈신세계〉에 나오는 황정민 배우는요?" 이번에도 아니랍니다.

어쨌든 역할을 연기하기 위해서 사이코패스에 대한 뉴스나 기사를 찾아보기도 하고 관련 서적들도 보고, 알프레프 히치콕 감독의 명작 〈사이코〉부터 시작하여 여러 스릴러 영화를 많이 보았던 기억이 납니다. 그래도 도무지 갈피가 잡히지 않았습니다. 그러던 중 역할을 연구하면서 키를 찾았는데요, 문득 초등학교 시절 소풍 간 기억이 떠오른 것입니다.

당시 저는 엄청난 장난꾸러기였는데 친구들과 함께 잠자리를 잡고는 날개를 하나씩 떼어냈습니다. 날개가 하나둘씩 떨어져 나갈 때마다 잠자리는 퍼드득 퍼드득거렸고, 우리는 히히덕거렸습니다. 그리고 결국은 몸에서 머리를 분리해버리는 잔혹한 일을 자행했지요. 우리는 침을 꼴깍 삼키며 잠자리가 죽어가는 모습을 보면서 아주 묘한 감정에 휩싸였습니다. 처절한 잠자리의 죽음 뒤에 한 친구가 외칩니다. "이번에는 메뚜기로 해보자!" 살인을 앞둔 사이코패스 '용수'는 그렇게 잔인한 동심에서 모티프를 얻어 창조되었습니다.

한 여학생이 이 글의 서두에 언급한 글을 사이비 종교 의식에서 기도하듯이 조용히 읊조리며 발표했던 것이 기억에 남습니다. 너무나 태연하고 조용하며 나긋나긋한 표정과 목소리가 오히려 숨 막혔습니다. 아휴, 너무나 섬뜩한 연기라서 빨리 이 글을 마무리해야 하겠습니다.

역할 창조, 즉 캐릭터 창조는 대본 분석보다는 우리의 상상력이 밑받침됩니다. 상상력의 소재는 어렸을 때의 경험이 될 수도 있고 인상 깊었던 꿈일 수도 있습니다. 뉴스에서 봤던 사건일 수도 있고요. 소재는 무한합니다.

10분 Key Point
역할 창조는 배우의 상상력으로 이루어지는 연기술이다.

감정이입 방법

연기의 본질인 '자신이 역할 속으로 들어가서 그 인물을 살아 있게 구현하기'를 위해서 '인물의 체험'을 강조하였습니다. 인물을 체험하는 데는 우리의 경험이 중요한 역할을 합니다. 우리는 과거에 겪었던 경험을 역할을 체험하는 데 응용할 수 있고, 이를 기반으로 인물에게 감정이입할 수 있습니다. 이와 관련된 몇 가지 이론을 소개하겠습니다.

1. 정서기억

우리가 경험할 만한 익숙한 인물만 배역으로 맡는다면 얼마나 좋을까요? 사랑하는 연인과의 이별을 주제로 에쮸드를 만들라고 하면 학생들은 생생하게 잘 표현합니다. 누구나 겪는 보편적인 일이기 때문입니다. 사실 우리들 삶에는 공통점이 많습니다. 유년 시절, 학교에 입학할 때, 입시에서 떨어질 때, 여행할 때 등. 이렇게 지난 각각의 경험에 대한 정서가 우리 마음속에 자리 잡고 있습니다. 정서란 사람의 마음에 여러 가지 감정을 불러일으키는 기분이나 분위기입니다. 우리가 경험할 법한 역할을 탐구할 때, 유사하게 경험했던 정서기억을 응용하면 인물을 더욱더 깊게 이해하고 동화할 수 있습니다.

2. 감각기억

감각기억은 우리의 신체 혹은 정신이 반응하는 특별한 변화에 대한 기억입니다. 늦잠 잤을 때의 기분, 배 아플 때, 시험에서 시간이 모자라 식은땀을 흘릴 때, 사랑하는 사람이 고백을 받아주었을 때 온몸에 기운이 솟구치는 기분 등 신체적으로 반응했던 감각입니다.

저는 심장 문제로 시한부 삶을 사는 가장 역할을 맡은 적이 있는데요, 아파서 고통스러워하는 장면을 표현하기 위해 급성 장염으로 새벽에 응급실에 실려 갔던 감각기억을 대입했습니다. 그때 정말 식은땀이 나고 얼마나 아팠는지 모릅니다. 감각기억을 살려서 역할에 응용하되 배가 아닌 가슴을 움켜쥐며 연기했습니다.

3. 감정치환

'치환'은 바꿔놓는다는 뜻입니다. 자신이 겪어보지 못한 인물의 감정을 표현하기 위해서 자신의 유사한 경험을 가지고 와서 치환하는 것입니다. 다소 어렵죠? 한 가지 에피소드를 소개합니다. 어린 아들을 불의의 사고로 잃어버린 젊은 아버지의 역할을 한 적이 있습니다. 큰 도전이었습니다. 저는 아들이 있기는커녕 미혼이었기 때문이었습니다. 아들을 잃은 아버지와 유사한 감정을 찾는 중에 아주 옛날 사촌동생이 갑자기 세상을 떠났을 때의 기억이 떠올랐습니다. 당시 느꼈던 감정을 역할에 이입하여 연기했습니다. 아들을 떠나보내는 장면을 사촌 동생을 잃었을 때의 감정으로 치환한 것입니다.

4. 직관적인 상상력(영감)

앞서 소개한 '대본을 자신의 이야기로 각색하기'에서 사고로 갑자기 돌아가신 부모님의 산소를 찾은 학생의 발표를 기억하실 겁니다. 돌아가신 부모님을 향한 애절한 독백은 관객을 감동시켰습니다. 그런데 놀랍게도 이 학생의 부모님은 버젓이 건강하게 살아 계시고, 그 자신 역시 화목한 가정 속에서 공부하는 평범한 학생입니다. 대본을 각색하며 직관적인 상상으로 단번에 인물을 이해하고 그 역할로 들어간 것입니다. 자신의 여러 경험이 복합적으로 작용하는 와중에 영감이 온 것입니다.

> **10분 Key Point**
> 인물의 감정에 이입하는 방법에는
> '정서기억' '감각기억' '감정치환' '직관적인 상상력'이 있다.

명품 배우를 만드는 사소한 기술

* 소품의 개인화는 역할이 쓰는 물건에 특별한 사연이 있다는 것이다.
* 의상과 분장은 배우를 역할 속으로 안내하는 중요한 역할을 한다.
* 역할 창조는 배우의 상상력으로 이루어진다.
* 인물에 감정이입하기 위해서는 개인의 경험을 응용하는 기술이 중요하다.

4부

영화 연기의
문법 이해하기

들어가며

김한민 감독이 연출한 영화 〈명량〉에서 이순신 장군(최민식 분)이 열악한 상황에서 단 열두 척의 배로 일본군의 배 330척을 물리치는 장면은 어느 전쟁 영화보다도 감동과 전율을 느끼게 합니다. 특히 전투에 앞서 자신을 파면했던 임금에게 나라의 안위를 걱정하며 상소를 올리는 장면은 압권입니다. "아직 신에게는 열두 척의 배가 남아 있사옵니다." 바다를 포기하지 않고 나라를 지키겠다는 뜻을 전하는 불후의 명언입니다.

그런데 명장 이순신 장군은 어떻게 겨우 열두 척의 배로 적군 330척의 배를 상대하여 승리할 수 있었을까요? 바로 해협이 좁아서 물살이 가장 빠르고 거칠기로 유명한 '명량'이라는 해협으로 적들을 유인했기 때문입니다. 명량은 해협이 좁고 수심이 낮아 워낙 물살이 빠를 뿐만 아니라 수많은 암초에 파도가 세게 부딪쳐 회오리 현상까지 나타나는 곳입니다. 그 소리가 워낙 커서 돌이 운다는 뜻으로 명량을 '울돌목'이라고도 합니다. 이순신 장군은 명량의 특수한 지형을 파악하고, 파도의 흐름을 이용하는 효과적인 전략 전술로 적군을 물리쳤습니다. 적군은 많은 배를 가졌지만 해협이 워낙 좁아서 한꺼번에 공격해 올 수 없었습니다. 그래서 적은 수의 배들로 나누어 공격했지만 울돌목의 거친 물살과 회오리에 걸려서 번번이 공격에 실패했던 것이죠.

영화 연기를 잘하기 위해서는 이순신 장군처럼 촬영 현장의 특수한 상황을 잘 이해하고 그에 맞게 연기해야 합니다. 단순히 연기만 하는 것이 아니라 상대 배우의 액션과 카메라의 움직임에 따른 연기 동선도 계산하고 렌즈의 화각이나 초점에 대해서도 인지해야 합니다. 그뿐만이 아닙니다. 붐 마이크의 위치와 조명도 확인해야 합니다. 더 나아가 편집을 위한 최종 결과물까지 감안할 수 있는 통찰력 또한 필요합니다.

이번 장에서는 영화 연기의 특수한 개념과 촬영 현장의 여러 기술적인 용어들을 배우고 이를 바탕으로 영화 촬영에 효과적인 여러 연기술을 공부할 것입니다.

1장
배우의 짝꿍을 소개합니다
- 카메라와 렌즈 이해하기

이상적 사실주의

우리에게 큰 즐거움을 주었던 디즈니사의 뮤지컬 영화 〈알라딘〉에서는 요술램프에서 유령이 나오고 주인공이 양탄자를 타고 하늘을 날아다닙니다. 마동석·윤계상 주연의 영화 〈범죄도시〉에서는 칼과 도끼들이 난무하는 화려한 액션들이 나옵니다. 눈을 질끈 감을 정도로 끔찍한 장면들의 연속이지만 짜릿짜릿합니다. 심지어 SF영화 〈그래비티〉에서는 주인공들이 우주 공간을 떠돕니다. 이러한 장면들은 사실이 아니지만 보는 우리는 사실인 것처럼 믿게 됩니다. 아니 믿는 정도가 아니라 완전히 몰입되어서 감동을 느낍니다. 배우들의 연기 역시 실제 상황이 아닙니다. 사실처럼 믿어지게끔 자연스럽게 연기하는 것이죠. 예를 들면 영화 속의 액션 장면은 광장히 화려하고 박력 있지만 실제 싸움은 서로 뒤엉켜서 나뒹구는 모습이 추하기까지 합니다. 영화 속 눈물 연기도 현실과는 차이가 큽니다. 영화 속에서는 눈물을 흘리며 헤어지는 남녀의 모습이 아름답게 묘사되지만 현실 속 이별의 모습과는 차이가 있는 것 같습니다.

영화 연기는 이상적으로 보이는 모습을 사실적으로 표현하는 것입니다. 더 나아가 이상적인 모습을 실제 사실보다 더욱 사실적으로 그려내야 합니다. 이게 우리 배우들이 하는 일입니다. 그래서 영화 연기에는 독특한 기술들이 필요합니다. 이상적 사실주의는 가짜를 진짜로 만드는 배우의 기술이라고 할 수 있겠습니다. 고상하게 표현하자면, 허구를 아름다운 예술적 진실로 바꾸는 것입니다.

10분 Key Point
영화 연기는 사실적으로 보이게 하는 기술이다.

프레임

영화 연기는 연극 연기와 다릅니다. 뒤에 소개할 오디션 연기와도 다릅니다. 혹자는 인물의 내면을 파고들어 사실적으로 구현한다면 연극이든 영화든 상관없이 외적으로 좋은 연기를 할 수 있다고 주장합니다. 아닙니다! 좀 더 극단적으로 설명하자면 영화 연기는 또 다른 새로운 언어입니다. 저는 한국 사람이니 당연히 한국말을 잘합니다. 해외여행 가서 불편하지 않을 정도로 영어도 조금은 할 줄 알고 모스크바에서 살았기 때문에 러시아말을 잘합니다. 제가 구사할 줄 아는 세 가지 언어는 공통점도 있지만 각기 문법이 다릅니다. 이처럼 영화 연기는 같은 연기지만 연극 연기, 오디션 연기와는 다릅니다.

영화 연기를 잘하기 위해서는 새로운 언어의 문법을 배우고 익히듯이 영화 연기의 특성과 방법을 공부해야 합니다. 연극 연기는 공간에서 배우가 연기하는 것이고 영화 연기는 철저하게 카메라라는 기계를 통하여 보여주는 것입니다. 그렇다면 카메라의 기계적인 속성을 잘 알고 그에 맞게 연기해야 하겠지요? 아쉽게도 신인 배우뿐만 아니라 연극에서 훌륭한 연기를 선보이는 배우들이 영화에서는 고전을 면치 못하는 경우를 많이 봅니다. 이유는 간단합니다. 영화 연기의 개념과 문법을 모르기 때문입니다.

잠깐, 먼저 영화 연기에 관한 용어를 통일해야겠습니다. 카메라로 관찰되는 모든 연기를 이르는 용어는 다양합니다. 어떤 사람은 '스크린 연기'라고 하고 다른 이는 '카메라 연기'라고도 합니다. 그중에서도 '매체 연기'가 대표적인 용어입니다. 매체 연기는 '카메라를 통한 연기'라는 뜻입니다. '스크린 연기' '영화 연기' '카메라 연기' '방송 연기' 등으로도 불리지만 모두 '카메라를 통해서 연기를 보여준다'는 뜻으로 일맥상통합니다. 이 책은 영화를 기반으로 연기술을 설명하기 때문에 '영화 연기'로 통일하고, 필요에 따라 '매체 연기'나 '스크린 연기' '카메라 연기'라는 용어를 함께 사용하겠습니다.

본론으로 들어와서, 영화 연기의 핵심 개념은 바로 '프레임'입니다. 프레임은 일정한 비율로 약속된 '화면의 틀'입니다. 보통은 가로 세로 16:9 비율의 직사각형 화면입니다. 배우는 프레임을 정확하게 인지해야 하고, 화면의 틀이라는 제약된 공간 안에서 적극적으로 연기해야 합니다. 만약 배우가 전적으로 역할에 몰입하여 좋은 연기를 하지만 번번이 프레임을 벗어난다면 엔지입니다! 영화 연기는 프레임 안에 있을 때만 의미가 있습니다. 그렇다고 곧이곧대로 이해해서 연기가 프레임 안에서만 이루어진다고 생각하면 안 돼요. 프레임 속의 연기가 의미를 띄기 위해서는 프레임을 벗어나는 인물의 액션들 또한 중요하답니다.

이해를 돕기 위해 한 가지 에피소드를 소개할게요. 평소 친하게 지내는 감독의 단편영화 촬영을 도와주었던 적이 있습니다. 한밤중에 형사들에게 쫓기는 주인공이 멀리 있는 모퉁이를 돌아서 카메라 바로 앞까지 다급하게 달려옵니다. 그런데 길이 막혀 있는 것을 보고 멈춰 서서 당황하고 좌절하는 장면이었습니다. 배우는 혼신의 연기를 하지만 프레임에 제대로 들어오지 않습니다. 프레임 안에 자신의 얼굴 전체가 정확히 클로즈업*되어서 당황하는 표정이 화면에 담겨야 하는데 어떨 때는 한쪽 눈과 귀만, 어떤 테이크에서는 턱과 목만 보이니 계속 엔지가 납니다. 프레임에서 벗어난 것입니다.

보통 바닥에 테이프를 T자 모양으로 붙여 멈춰야 할 지점을 표시해두는데 날이 어두워서 배우에게는 잘 안 보였던 모양입니다. 추운 날씨에 촬영이 지연되자 감독과 스태프들이 짜증을 내기 시작하고, 배우는 위축됩니다. 저는 감독이 원하는 프레임을 확인하고는 십 미터 거리에서도 눈에 띌 만한 상자를 카메라 앞에 놓았습니다. 그러고는 배우에게 말했습니다. "배우님, 모퉁이를 돌면 카메라 앞에 상자가 보일 거예요. 뛰어오다가 상자에 오른발이 닿으면 그때 멈추세요. 그리고 저쪽 카메라 너머에 간판 보이

---

* 클로즈 샷(close shot)을 현장에서 편하게 이르는 용어다. 주로 화면에 인물의 얼굴이 확대되어 보이는 장면이다.

시죠? 간판 오른쪽 끝에서 왼쪽 끝까지 훑어보면서 표정 연기*를 하시면 됩니다." 결과는 어땠을까요? 단번에 오케이 컷이 되었습니다. 게다가 생각지도 않았던 가쁜 숨소리와 추운 겨울날의 거친 입김이 프레임 안에 절묘하게 잡혀서 감독은 매우 흡족해합니다.

10분 Key Point
영화 연기는 철저하게 카메라를 통해 보여주는 것이므로,
배우는 프레임 안에서 적극적으로 연기해야 한다.

---

* 현장에선 얼굴 표정으로 캐릭터를 연기하는 것을 '표정 연기'라고 한다.

미장센

프레임 안에는 구성이 있습니다. 배경, 인물, 의상, 소품 등이 미적으로 아름답게 보이도록 어우러져서 마치 한 폭의 그림 같습니다. 그 속에는 장면을 효과적으로 표현하기 위한 원근, 색조, 채도, 명암 등과 같은 시각적 요소들이 가득합니다. 이를 '미장센'이라고 합니다. 미장센은 원래 연극에서 작품을 멋있게 만들기 위해 인물의 배치, 조명, 의상, 무대 세트 등을 효과적으로 조합한 장면이라고 할 수 있습니다. 영화에서의 미장센은 인물의 동선, 카메라의 움직임, 의상, 소품, 세트, 조명의 각도와 세기 등 시각적 요소 등을 계산하여 만든, 미적으로 잘 구성된 장면입니다. 얼핏 그림이나 사진과 비슷하지만 다른 점은 카메라가 켜지고 꺼질 때까지 일정 시간의 흐름 속에서 위 요소들이 아름다운 무용 공연처럼 정교하게 움직이면서 표현된다는 것입니다.

사실 영화감독이 하는 대표적인 일이 프레임 속 미장센을 멋있게 구성하는 것입니다! 감독은 '미장센을 연구하는 사람'이라고 표현할 정도로 이를 위해서 엄청난 정력을 쏟습니다. 하나의 장면을 촬영하기 위해 배우의 연기에 관련된 소품, 의상, 동선, 제스처, 표정 등뿐만 아니라 조명의 각도와 세기, 광원의 질감, 카메라의 움직임, 프레임의 크기, 렌즈의 화각과 초점, 붐 마이크의 위치, 세트, CG나 효과음과 같은, 편집을 위한 기술적인 장치 등을 종합적으로 고려하여 결정하고 조화시킵니다. 프레임 속에 있는 배우의 연기가 주변과 아름답게 어우러진 멋진 장면을 찍고 싶기 때문입니다.

윤용근 감독. 단편영화 〈부서진 페르소나〉.
박새롬 배우.

한 여자가 사랑하는 남자에게 버림받고 새벽 거리를 방황하는 장면입니다. 차가운 파란 계열의 색조가 무겁게 깔려 있고 저 멀리 있는 얽히고설킨 낡은 전선 줄들은 인물의 복잡한 마음을 대변하는 것 같습니다. 화려하고 세련된 자주색 의상은 낡은 동네가 배경이 되니 오히려 촌스럽게 느껴집니다. 고급 승용차가 조롱하듯 여자를 뒤따릅니다. 마치 여자를 버린 부잣집 남자처럼 권위

적이고 거만하게요. 화면 정중앙에 배치된 차와 여자의 처지가 극적으로 대비됩니다. 원근법으로 부차적으로 표현된 배경, 즉 낡은 벽과 무질서하게 주차된 차량 등은 여자의 비극에 무관심한 대중처럼 느껴집니다.

영화감독은 마치 화가처럼 프레임 안에서의 영상을 연구합니다. 프레임 안에서 배우들의 연기를 어떻게 배치할 것인가를 수없이 고민하고 또 고민합니다. 배우는 프레임을 정확하게 인지하고 화면의 틀이라는 제약된 공간 안에서 연기해야 한다고 공부했습니다. 한발 더 나아가 영화배우는 프레임 안에서 표현되는 미장센에 어울리는 연기를 해야 합니다. 아니, 자신의 연기를 통해 미장센이 살아 숨 쉬고 빛나게 만들어야 하는 것입니다.

10분 Key Point
영화 연기는 프레임 안의 미장센을 살아 숨 쉬게 하는 것이다.

카메라

초등학교에 입학했습니다. 부모님이 지켜보는 가운데 운동장에서 성대하게 입학식을 하고 난 다음 반 배정을 받고 자리에 앉았습니다. 근데 한눈에도 되게 예쁜 여자애가 제 옆에 앉아 있는 것이었습니다. 짝꿍이 생긴 것입니다. 생소한 환경에 가뜩이나 긴장 상태인데 담임선생님은 흐뭇한 표정을 짓더니 대뜸 "여러분! 한 학기 동안 함께할 친구예요. 사이좋게 지내자는 의미로 손을 꼭 붙잡고 뒤에 계신 부모님에게 인사해요."라고 말씀하시는 것입니다!

우리 차례가 점점 다가오고, 어린 마음에 식은땀을 흘리며 겨우 용기 내어 짝꿍의 손가락 끝을 잡긴 잡았습니다. 그 순간 뒤에서 까르르 웃으며 수다를 떠는 엄마 목소리가 어지럽고 아찔합니다. 꼭 나를 놀리는 것 같아서 유난히 얄밉습니다.

"용근이 엄마예요? 저는 현숙이 엄마예요."

"어머! 우리 애랑 짝꿍이네요. 어쩜, 딸이 정말 귀엽네요."

선생님도 재밌다는 듯이 훈훈하게 웃고 있습니다. 너무 창피해서 속이 까맣게 타 들어가는 내 심정은 아랑곳하지 않고요. 어른들 전부 다 저를 놀리는 것 같았습니다. 그런데 그 순간, 어라! 제 손을 세게 쥐는 짝꿍의 손아귀가 느껴졌습니다. 짝꿍은 제

손을 꼭 잡고는 미소 지으며 씩씩하게 말했습니다. "안녕 용근아? 반가워! 난 이현숙이야. 우리 잘 지내자!" 그리고는 자세를 곧추 세우고 선생님 말씀을 경청하는 것이었습니다. 어휴! 아찔한 경험이었습니다. 그렇지만 우리 반에서 가장 예쁘고 똑똑한 짝꿍이 생겼습니다.

영화배우에게도 이렇게 예쁘고 똑똑한 짝꿍이 있습니다. 바로 카메라입니다. 우리는 카메라한테 잘 보여야 합니다. 그래야 나의 연기를 더욱 돋보이게 찍어줄 테니까요. 현장에선 '카메라에 녹다.' '카메라와 호흡한다.' '카메라와 대화한다.' '카메라를 씹어 먹는다.' 등의 속어가 쓰일 정도로 카메라와 배우는 밀접한 관계를 가지고 있습니다. 배우는 카메라가 현숙이처럼 우리에게 상당한 호감을 가지고 있다는 사실도 알아야 합니다. 근데 정작 우리는 카메라를 잘 모릅니다.

카메라를 인격체로 비유하였습니다. 중요하기도 하지만 카메라는 사람처럼 제조사에 따라 각각 특성이 다르고, 움직인다는 사실을 강조하고 싶었기 때문입니다. 그리고 짝꿍처럼 매우 친밀하다는 사실도요! 카메라는 우리의 연기가 돋보이도록 노력하지만 카메라가 배우를 바라보는 방식은 우리 생각과는 상당히 다릅니다. 그래서 우리는 짝꿍의 성격과 취향, 행동, 관점 등을 잘 알아야 합니다.

전 아무래도 연기자이니 단편영화를 연출할 때 배우에게

카메라의 특성을 잘 설명하고 카메라와 짝을 지어줍니다. "박 배우님! 이번에는 프레임이 크니까 자유롭게 연기해도 돼요. 그리고 카메라가 뒤로 빠지면서 화면이 더 커질 거예요. 더욱 자유분방하게 마구 뛰면서 즉흥적으로 연기하셔도 됩니다!"라고 프레임의 크기와 카메라 동선을 친절하게 설명합니다. 배우들은 이 말을 듣고 자신감 있게 연기합니다. 전 흡족하게 오케이*를 외치고는 "박 배우님! 미장센이 기가 막히네요. 멋져요!"라고 칭찬합니다.

자 그럼 이제부터 배우가 기본적으로 알아야 할 카메라의 여러 특징에 대해서 하나씩 하나씩 배워나갑시다.

10분 Key Point
카메라는 연기자와 짝꿍처럼 친밀하다.
그래서 카메라의 특성을 잘 알아야 한다.

* 오케이(OK)는 촬영이 성공적일 때 외치는 현장 용어다.

화각

물고기의 시야 각도는 거의 360도 가까이 된다고 합니다. 우리는 차를 운전할 때 전방을 주시할 뿐만 아니라 사이드미러와 후방 미러를 통해 좌측, 우측, 후방 시야까지 모두 확보합니다. 그래도 시야에 들어오지 않는 사각지대가 있습니다. 아마도 사람과 물고기의 시야 차이가 이와 같지 않을까 합니다. 사람이 보는 세상과 물고기가 보는 세상은 다를 것입니다. 이처럼 카메라 렌즈가 바라보는 세상과 사람의 눈으로 바라보는 세상은 완전히 다릅니다.

심지어 '어안(魚眼) 렌즈'라고 해서 물고기 시점으로 만든 특수한 렌즈로 촬영한 영화도 있습니다. 2019년도 미국과 영국 아카데미 여우주연상 수상에 빛나는 엠마 스톤이 주연한 영화 〈더 페이버릿: 여왕의 여자〉는 일부 장면을 어안 렌즈로 촬영했습니다. 파격적인 촬영입니다. 보통 '왜곡*'이라 여겨지며 터부시되는 화각입니다. 하지만 이 영화는 이를 무시하고 오히려 파격적이면서도 독특하고 훌륭한 촬영을 하였습니다.

---

* 렌즈에 의해 이미지가 변형되어 실제의 정확한 형태와 다르거나 비례가 맞지 않는 현상.

제가 이 일화를 통해 다시 한 번 강조하고 싶은 얘기는 '사람의 눈으로 바라보는 당신과 카메라가 바라보는 당신의 모습은 전혀 다르다'는 사실입니다. 그렇다면 배우는 당연히 자신의 연기가 카메라에 어떻게 담기는지 알아야 합니다. 순진하게 '나는 연기를 잘하고 실력이 있으니까 스크린 연기에 도전해야지.' 생각한다면 큰 오산입니다. 영화배우라면 자신을 바라보는 카메라의 눈, 즉 렌즈의 특성을 상식으로 알아둬야 합니다. 영화 연기는 관람객의 실제 눈으로 감상되는 것이 아니라 철저하게 카메라 렌즈를 통해서 관찰되는 피사체의 움직임인 것입니다.

카메라는 대표적으로 세 개의 눈이 있습니다. 바로 '광각 렌즈' '표준 렌즈' '망원 렌즈'입니다. 각각의 렌즈는 특유의 화각이 있는데 우리 눈으로 따지면 시야의 범위라고 할 수 있습니다. 인간이 보통 사물의 움직임을 인지하고 어떠한 공간을 편안하게 바라보는 시야가 40도에서 60도 정도 됩니다. 사람의 눈과 가장 비슷한 시야를 가지고 있는 렌즈를 '표준 렌즈'라고 합니다. 표준 렌즈를 기준으로 화각이 넓은 렌즈를 '광각 렌즈'라고 하고 화각이 좁은 렌즈를 '망원 렌즈'라고 합니다.

좀 더 세밀하게 들어가면, 렌즈는 초점거리에 따라서 다양하게 구별됩니다. 초점거리는 렌즈와 카메라에 장착된 영상을 인식하는 센서의 거리로 측정되며, 렌즈 겉면에 숫자로 표시됩니다. '16mm 렌즈' '25mm 렌즈' '32mm 렌즈' '50mm 렌즈'

'75mm 렌즈' '135mm 렌즈' 등과 같은 식입니다.

10	16	25	40	50	65	75	85	135

광각 렌즈 ← → 표준 렌즈 ← → 망원 렌즈

단위: mm

카메라와 렌즈의 공학적인 원리에 대한 설명은 생략하겠습니다. 우리에게 중요한 건 현장에서 광각 렌즈, 표준 렌즈, 망원 렌즈를 구별하여 적절하게 연기하는 것입니다. 위의 표처럼 표준 렌즈 50mm를 기준으로 숫자가 작을수록 광각 렌즈이고 숫자가 클수록 망원 렌즈입니다.

현장에서는 감독의 예술적 취향, 현장의 촬영 여건, 빛의 강도 등에 따라서 여러 렌즈를 사용하는데, 카메라와 렌즈 구성에 따라 다양하고 복합적인 시각 효과를 낼 수 있습니다. 대표적으로 화각에 따라서 프레임의 크기가 달라집니다. 망원 렌즈는 화각과 프레임이 좁아서 같은 위치에서 연기하더라도 움직임이 작아야 합니다. 반면 광각 렌즈에서는 프레임이 상하좌우로 크게 잡히기 때문에 보다 적극적으로 상하좌우를 활용하며 연기할 수 있는 것입니다. 표준 렌즈는 어떨까요? 평소 행동처럼 중간 정도로 연기하면 됩니다. 같은 독백 연기라도 망원 렌즈를 썼느냐 광각 렌즈를 썼느냐에 따라서 액팅의 크기와 활동 반경이 달라집니다. 그래서 배우는 화각을 체크하여 움직임의 범위를 결정해야 합니다.

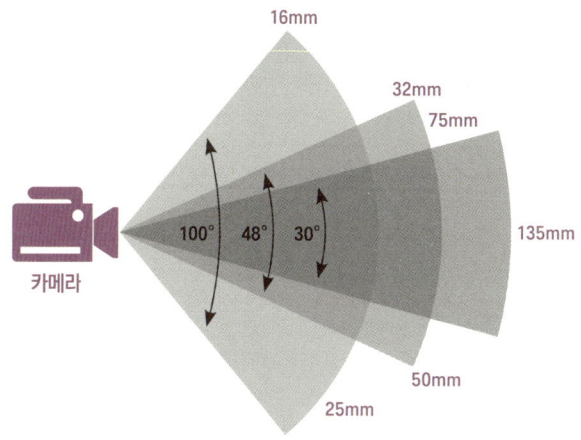

드라마에서 재판장 단역을 맡은 적이 있습니다. 저는 카메라의 위치와 거리, 렌즈에 적힌 숫자를 보고 화각을 가늠하여 적절히 연기했습니다.

'135mm 망원 렌즈네. 그럼 화각이 좁게 잡힐 테니 주인공에게서 시선을 빼앗지 않도록 액션은 절제하고 표정으로만 리액션*해야겠다.'

'요번에는 50mm 표준 렌즈군. 그럼 평소처럼 깍지를 끼고 경청하는 제스처를 써먹어야지.'

'와, 무려 10mm 광각렌즈라고? 이번엔 깍지도 끼고 안경도 매만지고, 서류도 뒤적여가면서 연기해야겠네. 너무 가만히 앉

---

* 상대 배우의 대사와 행동에 반응하는 연기.

아 있으면 목석같이 뻣뻣한 연기가 돼서 장면이 어색해질 거야.'

피디는 엔지 없이 단번에 오케이를 외치며 촬영을 마무리했습니다.

실습 시간, 학생들은 다양한 화각의 여러 렌즈로 촬영한 자신의 연기를 보고 굉장히 신기해합니다. 똑같은 연기인데도 다 달라 보이니까요. 크게 깨달은 듯한 표정입니다. 뿌듯했습니다.

10분 Key Point

카메라의 렌즈는 화각에 따라
'광각 렌즈' '표준 렌즈' '망원 렌즈'로 구별된다.
배우는 각 렌즈의 화각을 가늠하고 적절히 연기해야 한다.

앵글

우리는 영화 연기에 쓰이는 많은 전문 용어를 외워야 합니다. 그래야 앞으로의 학습 진도를 따라갈 수 있고 공부한 내용을 바탕으로 현장에서 막힘없이 연기할 수 있기 때문입니다. 우리는 벌써 '프레임' '미장센' '화각' 등의 용어를 배웠습니다. 오늘 공부할 내용은 '앵글'입니다. 많이 들어보셨을 것입니다. 보통 '앵글'과 '프레임'이라는 용어를 혼용해서 사용합니다. "연기가 앵글에 잘 잡혔다."라는 말은 '연기가 프레임에 알맞게 배치되었다'는 뜻입니다. 정확하게 말하면 앵글은 '카메라의 촬영 각도'입니다. 촬영 각도에 따라서 다양한 모습의 프레임이 형성됩니다. 즉 카메라의 위치에 따라서 시각적인 효과가 달라집니다. 강기영 감독이 연출한 단편영화 〈아픔만큼 성숙해진다〉를 중심으로 알아봅시다. 저는 영화와 드라마 현장에서 활발하게 활동하고 있는 김유진 배우와 함께 주연으로 참여하였습니다.

1. 버티컬 앵글(vertical angle)

피사체를 수직으로 내려다보는 촬영 각도입니다. 특별한 장면 효과를 표현합니다. 드론을 띄워 도심이나 자연을 수직으로 찍어서 관객들에게 작품의 배경을 보여주는 것이 예입니다. '지미집(jimmy jib)*'이라고 불리는 대형 크레인 끝에 카메라를 설치하여 법정의 방청객, 콘서트장의 관중 등을 수직으로 찍으면서 엄숙한 분위기, 흥분되고 활기찬 분위기를 연출하기도 합니다. 카메라를 천장에 달고 배우의 연기를 촬영하는 경우도 있습니다. 실제 현장에선 '부감(俯瞰) 촬영'이라는 용어를 흔히 사용합니다.

2. 하이 앵글(high angle)

카메라가 대상을 위에서 아래로 내려다보는 각도입니다. 이 또한 '부감'이라 불립니다. 영화에선 주로 인물 사이의 상하 관계나 인물의 심리 상태를 부각하기 위해 이 기법을 사용합니다. 아래 사진은 인물이 살기 위해서 갑의 위치에 있는 상대에게 억울함을 호소하는 장면을 강조하기 위해 부감으로 촬영되었습니다.

---

* 커다란 크레인 모양의 기계. 구조물 끝에 카메라가 설치되어 있어 촬영 각도와 방향을 조절할 수 있다.

버티컬 앵글&하이 앵글(부감)

3. 아이 레벨 앵글(eye level angle)

관찰자의 눈높이에서 찍는 장면입니다. '수평 앵글(normal angle)'이라고도 불리는데 가장 친숙하고 편안한 촬영 각도입니다. 관객이 바라보는 시점으로 촬영하기 때문입니다. 다음 사진은 '두 인물의 심각한 대립'이라는 정보를 관객에게 분명히 설명하기 위해서 수평 앵글로 촬영되었습니다.

4. 로우 앵글(low angle)

카메라를 촬영 대상보다 낮게 위치시켜서 위를 바라보게 하는 각도입니다. '권위' '위압감' '불굴의 의지'등을 표현할 때 사용하는 촬영 각도입니다. 높게 치솟은 건물이나 산을 로우 앵글로

아이 레벨 앵글(수평 앵글)

촬영하면 위압감이 생깁니다. 인물의 심리적인 상호관계에서는 높은 위치에 있는 인물의 권위나 낮은 위치에 있는 인물의 불굴의 의지를 강조할 수 있는 효과적인 촬영 각도입니다. 아래의 사진은 불리한 상황에 처한 인물이 굴복하지 않고 상대방에게 자신의 의지를 피력하면서 상황이 반전되는 중요한 장면입니다. 배우는 장면이 의도하는 효과를 정확하게 이해하고 낮게 위치한 카메라보다도 더 낮게 시선을 처리하였습니다.

5. 익스트림 로우 앵글(extreme low angle)

익스트림 로우 앵글은 '버티컬 앵글'과 반대되는 각도로, 극단적으로 낮은 곳에서 위에 위치한 대상을 촬영하는 것입니다.

로우 앵글

영화의 스토리가 긴박하게 흐른다고 가정할 때, 먹구름이 끼더니 갑자기 소나기가 쏟아지는 하늘을 익스트림 로우 앵글로 잡은 장면은 영화의 흐름에서 복선이 될 수 있습니다. 또한 미켈란젤로의 〈천지창조〉 같은 그림이 그려진 성당의 천장을 이 앵글로 묘사한다면 장엄함을 줄 수 있을 것입니다.

다양한 앵글에 대해서 배웠습니다. 이밖에도 스릴러 영화에서 가끔 쓰이는 '오블리크 앵글(oblique angle)'이 있습니다. '사각 앵글'이라고도 불리는데 카메라를 비스듬히 옆으로 기울여서 찍습니다. 긴장감, 돌출된 상황 등을 암시할 때 미적인 효과를 위해 특별하게 쓰이는 앵글입니다. 쫓기는 자가 궁지에 몰려서 뒤를 돌아보니 추적자가 서서히 다가오고 있는 장면을 예로 들어보겠습니다. 이때 장면을 사선으로 틀어서 촬영하면 화면이 기울어져 인물의 불안한 심리가 더욱 효과적으로 관객에게 전달되며 긴장감과 극적인 효과가 생기게 됩니다.

배우는 카메라의 위치와 앵글을 보고, 장면이 의도하는 효과를 충분히 이해하고 적절하게 연기해야 합니다.

10분 Key Point
카메라의 앵글에 따라 다양한 시각 효과가 생긴다.
배우는 이를 파악하고 장면의 의도에 걸맞게 연기해야 한다.

초점

관객은 프레임 안의 영상으로 배우의 연기를 감상합니다. 하지만 감독과 촬영감독은 같은 프레임 안에서도 중요한 이미지를 부각하기 위해서 카메라와 렌즈의 초점을 변화시킵니다. "초점이 맞았다."라는 말은 영상 속의 대상이 선명하게 나타났다는 뜻입니다. "초점이 맞지 않았다." 혹은 "초점이 나갔다." "초점을 날렸다."라는 말은 영상 속 대상이 흐릿하게 표현되었다는 뜻입니다. 초점은 주로 거리와 관련되어 있습니다. 초점을 가까운 대상에 맞추느냐, 혹은 멀리 있는 대상에 맞추느냐에 따라서 화면 안에 공간감이 생기고 관객은 작품에 더욱 몰두하게 됩니다.

감독은 미장센을 위해 초점의 기능을 미학적으로 응용하여 촬영합니다. 중요한 이미지를 전달하려고 초점을 정확하게 맞추기도 하고 반대로 일부러 맞추지 않기도 하면서 관객에게 자신이 의도한 영상을 어필하는 것입니다. 자기 의도대로 시선의 흐름을 유도하는 것입니다. 현장에선 '포커싱'이라는 용어도 자주 들립니다.

"촬감님! 맨 앞 증인에만 포커싱 맞추고 뒤에 있는 방청객들은 아웃 포커싱으로 전부 다 날릴 수 있나요?"

이 말은 '촬영감독님! 맨 앞 증인의 표정이 매우 중요하니까 증인의 얼굴에만 초점을 맞추어서 선명하게 표현해주세요. 전체적으로 술렁이는 분위기만으로도 충분하니까 뒤에 있는 방청객들에게는 초점을 맞추지 마시고 흐릿하게 해주세요.'라는 뜻입니다. ('촬감'은 현장에서 촬영감독을 호칭하는 말로 흔히 쓰입니다.)

윤용근 감독. 단편영화 〈부서진 페르소나〉.
박새롬 배우, 이하성 배우, 박한솔 배우.

단편영화 〈부서진 페르소나〉에서 앞의 장면을 연출하면서, 악당의 꼬임에 넘어간 주인공의 당황스럽고 황당한 표정을 중요하게 표현하고 싶었습니다. 그래서 촬영감독에게 여자 주인공의 얼굴에만 카메라 초점을 정확하게 맞추고 뒤에서 그를 몰래 보는 두 남자는 과감하게 초점을 날리도록 부탁하였습니다. 그다음 이어서 그들에게 포커싱을 맞추었습니다. 여자 주인공에게 닥친 상황을 주시하는 장난꾸러기 악당들의 표정을 재밌게 표현하고 싶었기 때문입니다. 배우들이 감독의 디렉션에 맞게 연기하는 동시에 카메라 초점을 이동시키면서 촬영하니 관객들은 제가 의도한 장면의 시각적인 흐름을 이해하고 웃을 수 있었습니다.

배우가 카메라 초점의 메커니즘을 이해하게 되면 장면에서 자신의 연기 포인트가 어디인지를 가늠할 수 있습니다. 그리고 그 지점에서 더욱 임팩트 있는 연기를 할 수 있습니다.

10분 Key Point
카메라 초점을 통해서 의도하는 장면 효과를 이해하면
연기 포인트를 예상할 수 있다.

카메라 워크

'광각 렌즈'로 '픽스'해서 반지하 칸에 널려 있는 양말들을 보여 주면서 '오프닝 시퀀스'를 시작합니다. 그리고 미세하게 '줌 아웃' 하면서 '초점'을 널려 있는 양말 너머 창밖의 상황에 맞춥니다. 그 대로 천천히 '틸 다운'하는 동안에 기우가 '업 프레임 인'하는 타이밍에 맞추어 핸드폰을 보는 기우에게 '포커싱'을 맞춥니다. 그 리고 바로 '픽스'해서 '표준 렌즈'로 기우가 보는 핸드폰을 '클로 즈업'합니다. 와이파이가 잡히지 않아서 푸념이 많은 기우를 따라 '핸드 헬드'로 '크레인 업'하고 그대로 기우의 동선을 따라서 '트 랙 인'으로 '팔로우'합니다. 이 와중에 기정이 자연스럽게 '프레임 인'했다가 카메라가 '레프트 팬'하는 동시에 자연스럽게 '라이트 프레임 아웃'으로 사라집니다. 대신 기택과 충숙이 다투는 장면이 '풀 샷'으로 오른쪽에서 '프레임 인'합니다. 컷이 바뀌면서 기택에 게 불만 많은 충숙의 모습을 '픽스된 풀 샷'과 '부감'으로 보여줍 니다.

이게 뭔 얘깁니까? 영화 〈기생충〉의 첫 1분 30초 동안 카 메라가 하는 일입니다! 카메라도 연기자 못지않게, 아니 그보다 더 바쁩니다. 영화배우는 카메라가 어떻게 움직이는지 알아야 합 니다. 카메라의 움직임을 '카메라 워크(camera work)'라고 합니다.

앞서 나열한 내용을 지금은 이해하기 힘드실 거예요. 하지만 이 장이 끝나고 다시 읽어보면 아주 분명하게 이해하실 수 있을 거라고 확신합니다.

영화 연기를 하기 위해서 우리가 분명하게 알고 있어야 하는 사실이 있습니다. 바로 '카메라가 움직인다'는 것입니다. 연극에서는 상대 배우가 있어 교감하며 움직이면 됩니다. 하지만 영화에서는 동시에 카메라도 움직입니다. 보통 영화에서는 카메라가 고정된 상태에서 촬영되는 경우가 매우 적습니다. 카메라가 고정된 상태에서 움직임 없이 촬영하는 경우를 '픽스 컷(fix cut)'이라고 합니다. 영화 속 클로즈업 컷은 픽스 컷처럼 보이지만 자세히 보면 카메라가 미세하게 움직인다는 것을 알 수 있습니다. 제가 연출한 단편영화 〈부서진 페르소나〉는 픽스 컷의 비율이 십 퍼센트 미만입니다. 심지어 픽스 컷이 아예 없는 영화도 많습니다.

배우가 연기하면서 움직이는 동안 카메라도 움직입니다. 당연히 영화배우는 카메라가 어떻게 움직이는지를 파악하고 적재적소에서 알맞은 연기를 해야 합니다. 즉 카메라와 호흡하는 능력이 있어야 합니다. 카메라의 움직임과 속도가 배우들의 연기와 앙상블을 이루며 장면의 시각적인 흐름과 템포가 생깁니다. 마치 여러 악기가 하모니를 이루는 합주와 같습니다. 이 지점은 매우 중요합니다. 봉준호 감독은 모 인터뷰에서 '송강호 배우가 카메라 앞에서 움직이는 방식은 매우 흥미로우며 영감을 준다'고 이야기했습니다.

카메라 워크의 기본 규칙과 용어가 있습니다. 지금은 생소한 단어들이겠지만 걱정하지 마세요. 차근차근 알아볼 테니까요. 우선 카메라가 삼각대에 고정된 상태에서 촬영하는 것을 '픽스 컷'이라고 배웠습니다. 아무 움직임이 없어 시각적으로 가장 안정적이고 편안합니다. 하지만 화면의 변화를 주기 위해서 삼각대에 고정한 상태에서 카메라의 위치를 상하좌우로 조정하는데요, 가장 큰 특징은 이때 부채꼴 모양으로 궤적을 그린다는 것입니다. 카메라가 위아래로 움직이는 걸 '틸트'라고 하고 좌우로 움직이는 것을 '팬'이라고 합니다. 촬영 현장에선 '레프트 팬'을 '좌 팬'이라고, '라이트 팬'을 '우 팬'이라고 하기도 합니다.

tilt down[틸트 다운]:
　　　카메라가 삼각대에 고정된 상태로 위에서 아래로 움직인다.
tilt up[틸트 업]:
　　　카메라가 삼각대에 고정된 상태로 아래에서 위로 움직인다.
left pan[레프트 팬]:
　　　카메라가 삼각대에 고정된 상태로 오른쪽에서 왼쪽으로 움직인다.
right pan[라이트 팬]:
　　　카메라가 삼각대에 고정된 상태로 왼쪽에서 오른쪽으로 움직인다.

카메라가 삼각대를 벗어나서 '크레인' '트랙' '달리' '지미집' 등 특수한 기구에 의해 상하좌우, 앞뒤로 움직이면서 촬영하기도 합니다. '크레인'은 카메라가 수직으로 움직일 수 있게 하는 기계이고 '트랙'은 기차의 선로와 같은 역할을 하는 장치입니다. '달리'는 카메라가 여러 방향으로 움직일 수 있게 만든 바퀴 달린 지지대입니다. '지미집'은 상하좌우, 앞뒤로 자유롭게 움직일 수 있는 커다란 크레인입니다. 긴 구조물 끝에 카메라를 설치하고 크레인을 조정하면 카메라는 앞뒤, 좌우, 상하, 사선, 지그재그 등으로 다양하게 움직입니다.

crane dowm[크레인 다운]: 카메라가 수직으로 내려온다.
crane up[크레인 업]: 카메라가 수직으로 올라간다.
left track[레프트 트랙]: 카메라가 수평으로 왼쪽으로 움직인다.
right tract[라이트 트랙]: 카메라가 수평으로 오른쪽으로 움직인다.
track in[트랙 인]: 카메라가 일정한 위치로 전진한다.
track out[트랙 아웃]: 카메라가 일정한 위치로 후퇴한다.
jimmy jib[지미 집]: 카메라가 전후좌우, 상하, 사선, 지그재그 등으로
　　　　　　　　　다양하게 움직인다.

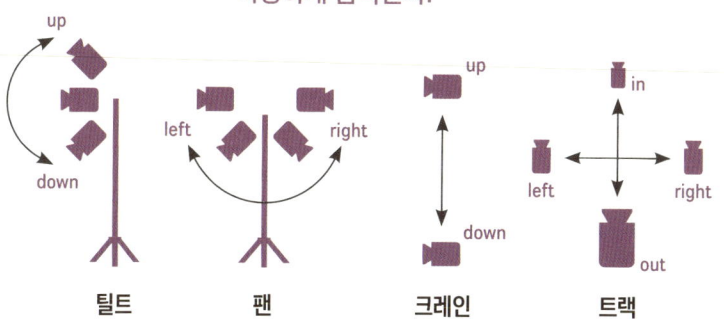

틸트　　　　　팬　　　　　크레인　　　　　트랙

카메라에 내장된 줌 기능으로 카메라를 움직이지 않고도 먼 곳을 가깝게 찍을 수도, 가까운 곳이 멀게 느껴지도록 촬영할 수도 있습니다.

zoom in[줌 인]: 카메라 렌즈가 점점 거리를 좁힌다.
zoom out[줌 아웃]: 카메라 렌즈가 점점 거리를 넓힌다.

픽스 샷과 달리 카메라가 인물을 따라가며 촬영하는 장면을 '팔로우 컷' 혹은 '팔로우 샷'이라고 합니다. 이때는 카메라 감독이 직접 카메라를 들고 촬영합니다. 이와 같은 방식을 '핸드 헬드(hand-held camera, hand-held shooting)' 촬영이라고 합니다. 직접 카메라를 들고 촬영하다 보니 카메라가 불규칙하게 흔들리는데, 이로 인해 화면이 불안정해지는 것을 최소화하기 위해서 '짐벌(gimbal)*'이라는 기구를 이용하기도 하고 '스테디 캠(steady cam)**'이라는 특수한 받침대를 사용하기도 합니다. (불안한 상황을 연출하기 위해서 카메라를 일부러 흔들며 촬영하기도 합니다.)

---

* 핸드 헬드로 촬영할 때 화면의 흔들림을 최소화하기 위한 기구.
** 카메라가 크고 무거워 짐벌을 쓸 수 없을 때 사용하는 백팩 모양 받침대다.
   보통 촬영감독은 스테디 캠을 어깨에 이고 조심스럽게 움직이며 촬영한다.

follow[팔로우]: 카메라가 인물의 동선 혹은 제스처를 따라간다.
fix[픽스]: 카메라가 삼각대에 고정되어 있어서 움직이지 않는다.

배우는 카메라 워크와 함께 프레임에 들어갔다가 나왔다가 합니다. 이를 '프레임 인' '프레임 아웃'이라고 합니다. 이는 어느 방향으로 들어오고 나가는가에 따라서 다시 '업 프레임 아웃' '다운 프레임 인' '업 프레임 인' '다운 프레임 아웃' '레프트 프레임 아웃(좌 프레임 아웃)' '레프트 프레임 인(좌 프레임 인)' '라이트 프레임 아웃(우 프레임 아웃)' '라이트 프레임 인(우 프레임 인)'으로 나뉩니다.

frame in[프레임 인]: 배우가 카메라 프레임 안으로 들어온다.
frame out[프레임 아웃]: 배우가 카메라 프레임 밖으로 나간다.

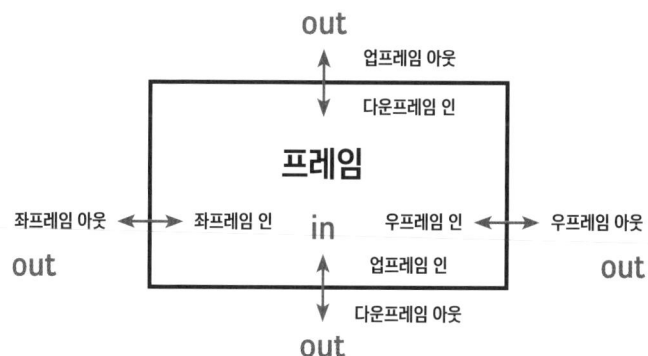

이처럼 카메라의 움직임은 다양합니다. 배우는 상대 배우와 함께 캐릭터를 훌륭하게 연기하는 것뿐만 아니라 카메라와 호흡하며 '카메라 워크'를 따라 적절한 동선을 만들며 연기해야 합니다. 앞서 배운 카메라 렌즈의 화각, 앵글, 초점도 고려해야겠죠.

10분 Key Point

영화배우는 카메라의 움직임을 이해하고
적절한 동선을 만들며 연기해야 한다.

컷과 샷

카메라의 기본 특성을 공부했어요. 어땠나요? 처음에는 어색했던 짝꿍과 조금은 친해졌나요? 오늘 공부할 내용은 카메라를 통해서 프레임과 미장센을 표현하는 '컷(cut)'과 '샷(shot)'에 대한 개념입니다. 이 역시 영화 연기를 위한 기초 개념입니다. 사실 용어도 비슷하고 헷갈립니다. 또 '프레임' '화면'이라는 용어를 혼용하기도 합니다. 제가 알기 쉽게 설명할 테니 마음을 가라앉히고 차분히 집중하시면 충분히 이해하실 수 있을 거예요.

앞에서 영화에서의 장면을 '신'이라고 하는데 신은 여러 '컷'으로 이루어지고 컷은 몇 번의 '테이크'로 촬영된다는 사실을 언급했습니다. 조금 다르게 설명하자면, 신은 시간과 공간이 구분된 장면이고 컷은 장면을 구성하는 최소 단위의 영상입니다. 그리고 테이크는 영상을 반복 촬영하는 횟수입니다.

'컷'은 장면을 구성하는 가장 작은 단위 영상입니다. 어떠한 형상을 이루는 일종의 조각들과 같습니다. 컷들이 모여서 하나의 신을 이룹니다. 신은 보통 장면이라고 불립니다. 장면은 시간과 공간의 차이로 구분됩니다. 같은 공간이지만 시간대가 다르면 다른 신으로 간주됩니다. 그리고 신이 모여 시퀀스를 만듭니다. 시퀀스는 하나의 작품을 구성하는 큰 덩어리의 스토리입니다. 시퀀스가 모여서 하나의 작품이 탄생합니다. 정리하자면 컷이 모여 신이 되고 신이 모여서 시퀀스를 이루고 시퀀스가 모여서 작품이 되는 것입니다. 결과적으로 하나의 작품은 수많은 컷으로 이루어집니다. 우리가 극장에서 보는 두 시간짜리 영화는 보통 1000~1500개 정도의 컷들로 이루어진다고 보고 있습니다.

그런데 각각의 컷은 크기와 모양과 재질이 다릅니다! 크기와 모양이 다른 수많은 컷이 이어져서 작품이 됩니다. 이게 무슨 말일까요?

우리가 멋진 청바지를 만든다고 가정해봐요. 기본적으로 'ㅠ' 모양의 앞단 천과 뒷단 천이 필요합니다. 또 주머니를 만들기 위해 작은 천도 필요합니다. 뒷주머니를 만들려면 또 다른 모양 천이 필요하겠죠. 그뿐만이 아닙니다. 허리띠 고리를 만들기 위해서 작고 긴 모양의 매듭도 사용됩니다. 지퍼도 필요합니다. 디자인에 따라서 어쩌면 단추도 필요할 수 있겠죠. 또 무엇이 있을까요? 가죽으로 된 로고 패치도 있어야겠네요. 이같이 청바지 하나를 만들기 위해서 재질과 모양, 크기가 다른 천들과 부속품이 필요합니다. 영화도 마찬가지입니다. 컷은 작품을 만들기 위한 크기와 모양과 재질이 다른 조각들입니다.

자, 그럼 일단 컷을 어떤 크기와 모양으로 찍을 것인가를 결정해야 합니다. 이것은 '샷'이라는 개념으로 결정됩니다. '샷'은 영상을 구성하는 데 가장 기본이 되는 언어입니다. 먼저 한 개의 컷을 크게 찍을 것인가, 작게 찍을 것인가, 중간 크기로 찍을까를 결정합니다. 즉 샷은 컷의 프레임 크기를 결정하는 용어인 것입니다.

샷은 컷의 모양도 결정합니다. 카메라를 고정한 상태에서 찍을 것인지 움직이면서 찍을 것인지, 움직인다면 어떻게 움직일 것인가도 결정합니다. 바로 컷의 모양을 만드는 것이죠. 우리는 앞에 소개한 '카메라 워크'를 통해 이 부분을 이해할 수 있습니다.

그밖에 배우가 관여하지 않는 컷의 재질도 있습니다. 이는 카메라와 렌즈가 가지고 있는 고유한 기계적 속성과 조명 방법, 편집 작업에서 결정됩니다. 바로 색감, 톤, 원근감 등입니다. 샷의 속도도 있습니다. 고속 촬영하는가, 저속 촬영하는가에 따라 컷의 속도도 달라집니다.

영화배우는 컷의 크기와 모양을 결정하는 샷의 특성에 알맞게 연기해야 합니다. 하나씩 자세하게 공부해봐요.

10분 Key Point
컷은 장면을 구성하는 최소 단위고, 샷은 컷의 크기와 모양을 결정한다.

샷의 크기에 따른 연기법

일반적으로 '스크린 연기는 연극처럼 과장되거나 크게 연기하면 안 된다'고 합니다. 일부는 맞고 일부는 틀린 말이라고 할 수 있지만, 우리가 지금 배울 샷(shot)*의 크기에 따른 연기법을 알게 된다면 그나마도 전혀 엉뚱한 얘기입니다. 결론부터 말하자면 샷의 크기와 모양에 따라서 프레임 속에서 연기의 행동반경이 달라집니다. 샷의 크기를 모르면 소극적이고 경직된 연기를 하거나 프레임과 동떨어진 과장된 연기를 하게 됩니다. 다시 한 번 강조하겠습니다. 카메라 연기는 철저하게 프레임 안에서만 의미가 있습니다! 그래서 프레임의 크기를 결정하는 샷의 특성을 잘 알아야 합니다.

샷의 모양은 카메라 워크를 통해 배웠으니, 이번에는 샷의 크기에 대해 알아봐요. 샷의 크기는 카메라와 피사체의 거리에 따라 구분되기도 하고 화면 안에서 인물을 확대해서 촬영하는가, 축소해서 촬영하는가에 의해 결정되기도 합니다. 이에 따라서 프레

---

* 사람마다 '쇼트'로 표현하는 사람도 있고 '숏'으로 발음하는 사람도 있다. 현장에서는 대부분 '샷'이라고 한다.

임의 크기를 결정하는 샷의 명칭이 달라집니다. 일단 제일 작은 샷부터 제일 큰 샷까지 순서대로 나열할게요. 외워야 합니다.

E.C.S. [익스트림 클로즈 샷] (extreme close shot):

신체 일부를 극단적으로 확대한 크기

C.S. [클로즈 샷] (close shot):

얼굴이나 특정 부위를 확대한 화면 크기

B.S. [바스트 샷] (bust shot):

인물의 가슴 정도까지 나오는 프레임 크기

W.S. [웨이스트 샷] (waist shot):

인물의 허리 정도까지 보이는 크기의 화면

K.S. [니 샷] (knee shot):

인물의 무릎 정도까지 보이는 프레임

F.S. [풀 샷] (full shot):

인물의 머리끝부터 발끝까지 보이는 화면 크기

L.S. [롱 샷] (long shot):

인물의 전신과 함께 주변 인물과 배경도 보이는 넓은 화면

E.L.S. [익스트림 롱 샷] (extreme long shot):

아주 멀리 있는 인물과 풍광을 담은 화면

불치병으로 시한부 판정을 받은 중년 남성과 그 아내의 이야기를 다룬 고재웅 감독 연출의 단편영화 〈오늘〉을 통하여 각각

의 샷 크기에 알맞은 연기법을 구체적으로 알아봅시다. (전 영화 배우이자 탤런트인 서주연 배우와 주인공으로 출연했습니다.) 여러분이 생소한 용어들을 몸에 익히도록 현장감을 살려 실제 프로 배우가 어떻게 샷 크기를 계산하고 연기했는지 설명하겠습니다.

'익스트림 클로즈 샷'과 '클로즈 샷'은 인물의 중요한 감정 변화를 클로즈업으로 촬영하는 중요한 샷입니다. 안타까움, 좌절, 승리의 기쁨, 극도로 흥분된 상태 등 작품의 중요한 변곡점이 되는 인물의 감정 변화를 강조하기 위해서 샷을 굉장히 타이트하게 촬영합니다. 이때 배우는 샷의 크기에 벗어나지 않도록 움직임을 최소화해야 하지만 소극적으로 연기해야 한다는 뜻은 절대 아닙니다. 절묘한 눈 깜박임, 실룩거리는 입꼬리, 미간과 눈동자의 움직임, 눈물이 떨어지는 포인트 등을 염두에 두고 매우 섬세하게 연기해야 합니다. 고도의 기술을 요하며 연습도 필요합니다.

무엇보다 익스트림 클로즈 샷과 클로즈 샷은 인물의 내면적인 감정이 바탕이 되기 때문에 자신이 맡은 인물에 빙의하여 연기하는 것이 가장 중요합니다. 빙의는 영혼이 옮겨 붙는 현상이라고 합니다. '역할 속으로 들어가서 그 인물을 살아 있게 구현하는' 연기의 본질을 공부한 우리에게는 절대 어렵지 않은 테크닉입니다. 다만 기술적으로 '클로즈 샷이니 카메라가 가까이 붙었구나. 인물 내면의 감정은 가져가되 표정 연기에 더욱 신경 써야겠다.'라고 자신의 연기를 '이성·의지·감정'으로 계획할 것입니다.

C.S. [클로즈 샷] (close shot)

'바스트 샷'의 대표적인 특징은 프레임이 한결 커진다는 것입니다. 프레임 안에 제스처가 들어오기에 표정 연기뿐만 아니라 제스처의 섬세한 표현도 매우 중요합니다.

B.S. [바스트 샷] (bust shot)

가령 젊은 연인이 서로의 얼굴을 어루만지며 키스하는 장면은 거의 바스트 샷으로 찍습니다. 클로즈 샷에서는 프레임이 작아서 제스처가 잡히지 않지만 바스트 샷에서는 표정 연기와 함께 섬세한 손짓을 보여주어 극의 전달력을 극대화할 수 있습니다.

앞의 장면은 아내가 시한부 선고를 받고 방황하는 남편을 위해 기도하는 장면입니다. 배우는 매우 능숙하게 바스트 샷에 어울리는 연기를 하였습니다. 보통 기도는 고개를 숙이고 웅크린 채 두 손을 모은 자세로 합니다. 하지만 배우는 카메라 앵글에 자신의 표정과 감정을 보여주기 위해서 역으로 자세를 곧추세우고 고개를 들어서 얼굴이 잘 보이게 하였고 두 손을 일부러 프레임 안에 보이도록 가슴팍까지 올려서 위치시켰습니다.

W.S. [웨이스트 샷] (waist shot)

'웨이스트 샷'은 허리 정도까지 잡히는 크기로, 배우가 프레임을 벗어날 걱정을 하지 않아도 될 정도로 실제와 가장 가깝고 자연스러운 샷 크기입니다. 그래서 배우는 평소와 같이 편안하고 자유롭게 연기할 수 있습니다. 화면에 두 인물이 잡히는 샷을 '투 샷'이라고 합니다. 세 명이 나오면 '쓰리 샷'이라 하고요. 웨이스트 샷은 특별한 기교를 구사하지 않아도 되기에 배우들이 심리적으로 가장 안정감을 느끼는 샷입니다. 클로즈 샷과 바스트 샷은 보통 프레임의 구도를 위하여 배우를 실제보다 훨씬 가깝게 위치시킵니다. 예를 들어 위와 같은 투 샷을 바스트 샷이나 클로즈 샷으로 촬영한다면 두 배우를 실제와는 다르게 위치시켜야 합니다. 작은 프레임에 두 사람의 연기가 충분히 보여야 하니까요. 이때 배우는 실제로 자연스럽게 대화하는 거리가 달라서 어색함을 느끼게 됩니다. 앞의 장면은 부부가 서로 오해를 풀고 화해하는 장면인데, 두 배우는 평소 대화하는 것처럼 가장 편안하고 자연스럽게 연기했습니다.

점차 프레인이 커집니다. '니 샷'은 무릎 정도까지 표현되는 샷입니다. 그래서 더욱 적극적으로 연기해도 됩니다. 특히 의자에 앉아 있는 장면을 찍을 때 많이 채택하는 샷입니다. 인물이 의자에 앉아 있다는 정보를 전달하기 위해서입니다.

K.S. [니 샷] (knee shot)

　　'풀 샷'은 인물의 머리끝부터 발끝까지 모두 카메라 프레임에 잡히는 샷입니다. 얼굴이 자세히 나오지 않기 때문에 표정보다 신체 표현이 중요합니다. (그렇다고 얼굴에 나타나는 감정을 무시해서는 안 되겠지만요.) 신체 행동에서 인물의 정서와 감정이 묻어 나오게 해야 하기에 특별한 기술이 필요합니다. 예를 들어 한겨울 한파가 기승을 부리는 날에 난방도 되지 않는 쪽방촌 방 한 칸에서 쓸쓸하게 밥을 먹는 가난한 인물을 연기해야 한다면 표정과 섬세한 제스처를 넘어 행동 자체로 매우 춥다는 사실을 표현해야 하는 것입니다.

F.S. [풀 샷] (full shot)

　　남편의 병환으로 경제적인 책임을 지게 된 아내가 일을 끝내고 고단한 모습으로 퇴근하는 장면입니다. 평범해 보이지만 샷의 크기를 고려한 배우의 특별한 기술이 들어 있습니다. 배우는 고단한 모습으로 터벅터벅 걷는 장면에서 오히려 고개를 들었습니다. 합리적인 선택입니다. 그의 계산된 신체 행동으로 우리는 커다란 그림자와 함께 피로한 걸음걸이, 지친 표정을 통해서 인물의 힘든 상황을 충분히 공감할 수 있습니다.

E.L.S. [익스트림 롱 샷] (extreme long shot)

　　'롱 샷'과 익스트림 롱 샷'은 일단 화면이 큽니다. 큰 배경 속에서 인물은 매우 작게 담깁니다. 그렇기 때문에 배우는 연기함에 있어 프레임을 이탈할 걱정은 전혀 하지 않아도 됩니다. 대신 큰 화면 속에서 자신의 연기가 잘 표시되는지가 관건입니다. 이때는 자신의 액팅이 관객들에게 충분히 전달될 수 있도록 매우 크게 연기해야 합니다. 예를 들면 롱 샷으로 잡히는 격투 신에서는 배우의 액션이 훨씬 커야 치열한 승부의 모습이 관객에게 효과적으로 전달됩니다.

　　위는 부부가 얘기하면서 산책하는 장면입니다. 하지만 그냥 평소처럼 걷기만 한다면 큰 화면 속에 작게 보이는 배우들의 연기가 밋밋해서 장면의 의도가 관객에게 전달되지 않을 것입니다. 어쩌면 장면 자체가 편집되어 없어질 수도 있습니다. 그래서 전 멀리서도 부부가 다정하게 데이트하는 모습을 알아볼 수 있게 상대 배우와 성큼성큼 걸으면서 큰 동작으로 하늘 위의 구름을 가리켜 보였습니다. 그로써 부부가 다정하게 공원을 산책하며 대화하고 있다는 정보를 관객에게 효과적으로 전달할 수 있게 되었습니다.

각각의 샷 크기와 그에 따른 연기술을 배웠는데 어땠나요? 복잡하죠? '스크린 연기는 작게 해야 한다'는 것은 편견이자 고정관념입니다. 샷 크기에 알맞게 때로는 작고 섬세하게, 때로는 평범하고 리얼하게, 때로는 과장될 정도로 크게 연기해야 하는 것입니다.

10분 Key Point
샷 크기에 따라서 연기 방법이 다르다.

샷의 넓이

눈썰미 있는 독자라면 앞서 예시로 든 영화 속 장면 사진에서 특이한 점을 발견하셨을 것입니다. 바로 화면 위아래에 기다란 검은색 바가 삽입되어 있다는 것입니다. 이를 '시네마틱 바'라고 합니다. 편집 감독들은 '레터 박스'라고 합니다. 시네마틱 바가 삽입된 이유는 화면을 더욱 넓게 보여주기 위해서입니다. 그렇다면 왜 화면을 넓게 보여주려고 할까요? 그것은 '우리에게 '영화, 즉 시네마(cinema)는 화면이 와이드(wide)하다'는 인식이 관념으로 자리 잡고 있기 때문입니다. 그 관념 안에는 다른 장르의 영상물과는 구별되는 고유한 정체성이 있는데, 그것은 '필름으로 장면을 찍어 연출된 극예술'이라는 예술적 낭만에 기인합니다.

국제 영화제에서는 '시네마스코프 사이즈의 화면비'라고 해서 규격화된 화면 비율을 몇 개 정해줍니다. 대표적으로 영화가 상영되는 스크린 비율은 2.35:1로 규정되어 있어, 대부분의 영화는 이를 염두에 두고 촬영합니다. 다음 그림은 카메라 고유의 촬영 비율 16:9로 찍은 원본 프레임 안에 시네마틱 바를 위아래로 넣은 것으로, 스크린 비율 2.35:1로 화면의 폭이 더욱 넓어졌습니다. 위아래의 영상이 검은색 바로 가려졌으니까요.

컷의 크기를 결정하는 샷에는 매우 큰 특징이 있습니다. 바

로 프레임이 우리 생각보다 훨씬 좌우로 넓다는 사실입니다. 이는 프레임의 상하보다 좌우의 비중이 더 크다는 것을 의미합니다. 그래서 '샷이 크다.' '샷이 작다.' 혹은 '프레임이 높다.' '프레임이 낮다.'라는 표현들보다 '샷이 넓다.' '샷이 좁다.' '프레임이 와이드하다.' '타이트하다.' 등의 표현들이 더 많이 쓰입니다.

고재웅 감독. 단편영화 〈오늘〉 서주연 배우, 윤용근 배우.

남편이 붉치병에 걸리기 전 화목하고 금슬 좋은 부부 관계를 코믹하게 표현한 장면입니다. 촬영 현장 사정상 리허설도 없이 바로 숏*이 들어갔고, 상대 배우와 저는 즉흥적으로 연기했습니

* 연기 현장에서 리허설을 끝내고 찍는 본 촬영을 의미한다.

다. 생각지도 못한 코믹 연기에 감독과 스태프들의 얼굴에 함박웃음이 피어났습니다. 가만히 보면 프레임의 크기를 신경 쓰지 않고 오히려 과장되게 연기하였다는 것을 알 수 있을 것입니다. 화면의 비율을 유심히 보면 16:9 비율의 촬영 원본도 넓은데 시네마틱 바가 위아래로 삽입되며 스크린 비율이 2.35:1로 더욱 넓어졌습니다. 얼마나 넓으면 제가 소파 위에서 과감하게 옆으로 콰당하고 넘어졌겠습니까?

다시 한 번 강조하자면, 프레임은 우리 생각보다 훨씬 더 넓습니다. 그래서 영화배우는 프레임의 넓은 공간을 적극적으로 활용할 수 있어야 합니다. 하지만 이러한 특징을 모르는 배우는 고정된 상태에서 너무나 딱딱하고 경직된 연기를 합니다. 카메라 연기는 연극보다 작고 자연스럽게 연기해야 한다고 하지만, 아닙니다! 결국 프레임 안에서 생동감 있고 적극적인 연기가 자연스러운 것입니다.

감독이 뒷주머니에서 콘티를 꺼내 펼쳐 들고 제게 보여주며 이번 컷에 대해서 부산하게 설명합니다.

"윤 배우님! 이번에는 25mm로 와이드하게 풀 샷으로 투 샷 잡고 타이트로 바스트까지 135mm 정도까지 밀고 들어갈게요. 투 샷 바스트입니다! 살짝 눈물도 보였으면 하는데요."

처음에는 넓은 화각으로 '풀 샷'을 찍을 테니 적극적으로 크게 연기해달라는 것이고, 135mm나 되는 망원 렌즈의 화각으로 천천히 '투 샷'으로 '줌 인'할 테니 액션의 크기를 점점 작게 하며 섬세한 표정 연기와 제스처로 상대방을 위로해주라는 뜻입니다.

배우는 너무나 다양한 연기 환경에 놓이게 됩니다. 그동안 배운 렌즈의 화각, 카메라 앵글, 샷의 크기와 넓이, 카메라 워크뿐만 아니라 앞으로 배울 마스터 샷, 롱 테이크, 시점 샷, 오버 더 숄더 샷, 붐마이크의 위치 등을 고려해야 합니다. 각각의 촬영 환경에 맞게 연기하려면 고도의 테크닉이 필요합니다. 한마디로 각각의 연기 방법을 전부 공부해야 한다는 것이지요!

10분 Key Point
샷은 생각보다 넓다.
배우는 이런 특성을 알고 프레임 안에서 생동감 있게 연기해야 한다.

여러 샷에 대한 실전 연기

기본적인 샷 크기와 특징에 따른 연기법을 배웠습니다. 이번에는 그밖에 현장에서 자주 쓰이는 몇몇 샷을 공부해요. 이론과 실제를 함께 강조하기 위해 제가 직접 연출한 단편영화 〈부서진 페르소나〉를 예를 들어 설명하겠습니다. 저의 동료인 이하성, 박새롬, 박한솔 배우가 출연하여 열연했습니다.

1. 마스터 샷(master shot)

한 장면을 여러 컷으로 나누어 찍기 전에 장면의 실패를 최소화하기 위해 전체 장면을 처음부터 끝까지 찍는 것을 말합니다. 능숙한 감독이라면 마스터 샷을 가장 먼저, 매우 공들여서 찍을 것입니다. 이 마스터 샷을 기준으로 배우의 동선, 조명의 위치, 카메라 앵글 등을 조절하여 그에 어울리는 컷들을 구성하고 샷을 만들기 때문입니다. 배우들은 보통 니 샷, 풀 샷, 롱 샷의 넓은 프레임에서 장면의 처음부터 끝까지 긴 시간 동안 끊지 않고 연기하게 됩니다. 움직임은 물론이고 대사가 씹히거나* 마가 뜨는** 실수를 하면 바로 엔지가 나기 때문에, 배우에게는 가장 긴장되는 컷입니다.

현장에서 마스터 샷을 아예 하나의 장면으로 간주하고 촬영할 때는 '롱 테이크'라는 촬영 방식이 자주 쓰입니다. 롱 테이크는 상대적으로 시간이 긴 장면을 촬영하는 것입니다. 감독 고유의 예술적이고 미적인 미장센을 표현하기 위한 촬영법으로, 신을 컷으로 나누지 않고 아예 한 테이크로 한 장면을 표현합니다. 카메라 워크와 배우의 연기를 끊지 않고 신이 끝날 때까지 연속해서 촬영하는 것입니다. 그래서 연극 연기에서의 긴 호흡이 중요하게 요구되는 촬영 방식입니다.

사랑하는 남자에게 배신당한 여자가 장문의 대사로 분한 감정을 호소하며 그에게 받은 돈다발을 흩뿌리고 소품을 던지며 남자의 따귀를 때리는 장면을 롱 테이크로 삼 분 동안 촬영한다고 가정해봐요. 이때 만약 실수하여 엔지가 난다면 스태프들은 흐트러진 돈다발을 일일이 줍고 소품을 제자리에 옮겨야 합니다. 시간이 지연되는 것은 물론, 상대 배우는 따귀를 한 대 더 맞아야 하겠

---

* '대사가 씹힌다'는 '발음이 어색하다.' 혹은 '대사를 틀리게 발음한다.'라는 뜻의 촬영 현장 은어다.
** '마가 뜨다'는 '대사를 잊어서 상대방 대사와의 사이에 의도치 않은 시간 차(포즈)가 생겼다'는 뜻의 촬영 현장 은어다.

죠. 두 번째 테이크에서 또 실수한다면 어떨까요? 혹시 같은 실수가 세 번째 테이크까지 이어진다면요? 상상은 여러분에게 맡기겠습니다.

2. O.S.&싱글 샷

화면 안에 한 인물만 잡히면 '싱글 샷' 혹은 '단독 샷' '단독 컷'이라고 부릅니다. 두 인물은요? '투 샷'이라고 합니다. 인물의 어깨를 화면에 걸쳐서 담는 오버 더 숄더 샷(O.S., over the shoulder shot)과 싱글 샷이 관련된 투 샷은 두 사람이 마주 보고 대화하는 신에서 많이 사용됩니다. 보통 대화하는 두 인물의 마스터 샷을 찍은 다음에 자기 대사를 하는 배우를 단독 샷이나 오버 더 숄더 샷(줄여서 '오에스 샷'이라고 해요.)으로 번갈아가며 촬영합니다.

왼쪽 사진은 화면에 한 인물만 보이는 싱글 샷으로 촬영된 컷입니다. 오른쪽 사진은 한 인물의 어깨가 프레임에 걸리게 하고 그 어깨 너머로 다른 인물을 잡는 오버 더 숄더 샷으로 촬영되

었습니다. 이론상으로 단독 샷은 '인물 간의 단절'을, 오에스 샷은 '인물 간의 연결'을 의미합니다.

　싱글 샷에서 연기할 때 주의할 점은 바로 대화를 나누는 상대방이 없다는 것입니다. 카메라가 상대방 역할을 대신합니다. 오버 더 숄더 샷에서도 프레임의 구도를 감안했을 때 상대방이 자신의 시선 밖에 있는 경우가 대부분입니다. 그래서 이때는 마치 상대방이 자신 앞에 있다고 가정하고 연기해야 합니다. 많은 연습이 필요합니다.

3. P.O.V.

　영화에서는 여러 컷들이 유기적이고 자연스러우면서도 유연하게 연결되어 자연스러운 스토리와 시각적인 흐름이 만들어집니다. 이 점을 전체적으로 이해한다면 배우는 컷과 컷이 연결되는 지점을 정확하게 파악하여 연기할 수 있습니다. 다른 말로, 배우는 컷이 어떻게, 어떤 방향으로 흐르는지 파악할 수 있어야 한다는 것입니다.

　컷과 컷이 연결되는 지점에 대한 중요한 기술이 바로 'P.O.V.'입니다. P.O.V.는 'point of view shot'의 약어로, 우리나라 현장에서는 소리 나는 대로 '피오브이'라고 칭합니다. 우리말로 해석하여 '시점 샷' '시선 컷'이라고도 합니다. 시점 샷은 장면을 인물의 시점에서 보여주는 것입니다. 카메라가 장면을 보여주고 관객은 인물의 시점에서 그 장면을 관찰하면서 인물과 동화

합니다. 그래서 연기에서 인물의 시선을 표현하는 기술은 매우 중요합니다. 몇 가지 상황을 두고 피오브이의 여러 기술을 설명할게요.

첫 번째, 리액션에서 상대방의 시선을 유기적으로 받아야 합니다. 상대방이 액팅을 하면 당연히 반응하게 됩니다. 이를 리액션이라고 합니다. 문제는 리액션만 따로 촬영한다면 상대방이 없고 대신 카메라가 자리 잡고 있어서 능숙한 배우가 아니라면 어떻게 시선 처리를 해야 할지 헷갈립니다. 이때 상대 배우의 시선을 이어받아서 자연스럽게 컷이 연결되도록 해야 합니다. 그래서 상대방 시점의 각도나 방향을 잘 받아야 합니다. 예를 들어 상대 배우가 로우 앵글에서 고개를 정면에서 아래로 45도 각도로 내리면서 시선을 주었다면, 자신은 45도 각도로 고개를 들고 연기해야 할 것입니다. 또한 고개를 숙이면서 문을 열고 방으로 들어갔다면 다음 컷에서는 고개를 숙이고 방 안으로 들어와서 문을 닫아야 합니다. 만약 고개를 들고 정면을 보며 방 안으로 들어온다면

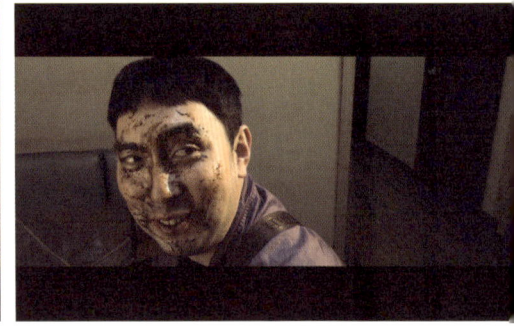

두 컷이 어울리지 않겠죠? 현장에선 이를 두고 '컷이 튄다.' '컷이 붙지 않는다.'라고 합니다.

두 번째, 몽타주와 회상 컷과 관련된 시선 컷입니다. 여기서 몽타주는 범죄자의 얼굴을 목격자들의 증언으로 그린 그림이 아니라, 영화 편집과 관련된 기법입니다. 예를 들어 인물이 고개를 들고 크게 한숨을 쉬는 컷 다음에 싸늘한 가을바람에 이리저리 흩날리는 낙엽을 보여준다면, 관객은 인물의 심정을 동감하게 됩니다. 이때 싸늘한 가을바람에 휘날리는 낙엽을 보여주는 장면이 몽타주 컷입니다. 배우는 뒤에 이어지는 몽타주 컷을 감안하여 시선을 여러 군데로 둘 수 있습니다. 시선을 하늘에 두고 고개를 들수도 있고 시선을 아래로 두고 고개를 푹 숙이면서 한숨 쉴 수도 있습니다. 특별한 표정을 지으며 오른쪽이나 왼쪽으로 고개를 돌릴 수도 있습니다.

과거를 회상하는 연기에서도 배우의 피오브이가 중요한 열쇠가 됩니다. 배우가 고개를 들면서 과거를 회상하는 장면이 연

결되기도 하고, 반대로 고개를 숙이고 시선을 바닥으로 두면서 고뇌하는 연기가 과거 장면과 연결되기도 합니다.

앞의 사진은 과거를 회상하는 장면인데요, 잿빛 흐린 날씨 속에서 풍선이 이리저리 방황하며 떠다니는 몽타주 컷이 인물의 심정을 대변합니다. 실제 현장에서 배우는 일부러 고개를 들었다가 숙이며 좌우로 시선을 돌리기도 하였습니다. 배우가 시선으로 여러 시점을 제공함으로써, 최종 편집 단계에서 감독과 편집 감독은 그중 가장 어울리는 컷을 골라서 쓸 수 있게 되었습니다.

세 번째, '인서트 컷'에 대한 시선 처리입니다. 인서트는 (insert)는 삽입되었다는 뜻으로, 장면에서 특별한 사물을 보여주는 것입니다. 가장 흔한 예로 인물이 휴대폰 문자 메시지를 확인하는 장면이 있습니다. 이때 인물은 '휴대폰을 꺼내서 본다'라는 정보와 문자의 내용을 보고 반응하는 리액션 컷을 확실하게 표현해야 합니다. 그래야 관객들은 인물의 관점에서 문자의 내용을 읽고 스토리에 집중할 수 있습니다.

앞의 장면은 배우가 전단지를 보고 적극적으로 반응하는 시선 컷입니다. 도망가듯 바삐 자리를 피하는 호객꾼을 놀라움, 황당함, 수치심까지 느껴지는 시선으로 바라보는 연기에 감독은 바로 오케이를 외칩니다. 더할 나위 없는 피오브이입니다!

시점 샷의 기술은 정확한 편집점을 제공하기 위해서 인물의 다양한 시점을 정확하게 표현하는 고급 기술입니다. 편집점은 신의 자연스러운 연결을 위해서 컷이 나뉘는 지점입니다. 감독은 늘 촬영 과정에서 편집점을 염두에 둡니다. 당연히 배우도 편집점을 계산해서 시점 샷을 구사해야겠죠.

10분 Key Point
기본 샷의 개념 외에 다양한 샷의 특징을 이해하고 연기해야 한다.

명품 배우를 만드는 시크한 기술

* 영화 연기는 허구를 사실적으로 보여주는 기술이다.
* 영화 연기는 철저하게 프레임 안에서 하는 것이다.
* 프레임에는 미장센이 있고, 배우의 연기는 미장센을 살아 숨 쉬게 한다.
* 매체 연기를 위해서 카메라의 특징을 잘 알아야 한다.
* 배우는 렌즈의 화각을 가늠하고 연기한다.
* 특별한 장면 효과를 위한 카메라 앵글을 이해하고 연기해야 한다.
* 카메라 초점의 기능을 이해하면 연기 포인트를 알 수 있다.
* 다양하게 움직이는 '카메라 워크'를 파악하고 함께 교감하면서 연기해야 한다.
* 컷의 크기를 결정하는 샷의 개념을 알면 그에 알맞게 연기할 수 있다.
* 샷은 우리 생각보다 매우 넓다.
* 현장에선 기본 샷과 함께 여러 샷이 쓰인다. 배우는 각각의 샷의 특성을 알아야 한다.
  1. 마스터 샷 2. 싱글 샷과 오에스 샷
  3. P.O.V. 샷 (시점 샷)

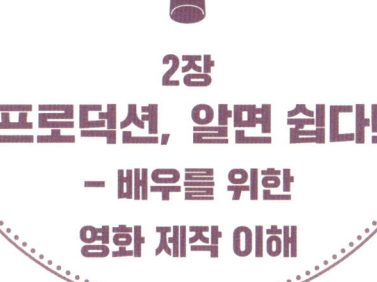

2장
프로덕션, 알면 쉽다!
– 배우를 위한
영화 제작 이해

영화 제작 과정

프리 프로덕션 pre production	프로덕션 production	포스트 프로덕션 post production
기획, 시나리오 작업, 스태프 구성, 오디션, 캐스팅, 예산 확보, 로케이션 섭외 등	촬영 과정	후시녹음, 믹싱, 시각 효과, 편집, 디자인, 홍보, 상영 등

오늘은 영화 제작 과정에 관해 공부하겠습니다. 순서대로 '프리 프로덕션' '프로덕션' '포스트 프로덕션'입니다. 현장에서 쓰이는 용어들입니다. 영화배우가 되기 위해서는 영화 제작의 기본적인

메커니즘을 상식으로 알아둬야 합니다. 그래야 감독과 촬영 감독, 조명 감독, 음향 감독 등 여러 스태프와 소통할 수 있습니다.

'생산'이라는 사전적 의미를 가진 프로덕션(production)은 영화 현장에서 '촬영 과정'을 의미합니다. 영화를 생산하는 것이니까요. 프리 프로덕션(pre Production)은 '-전의'라는 뜻의 접두어 프리(pre)가 붙었다는 데서 알 수 있듯 촬영 전 모든 준비 과정을 뜻합니다. 시나리오 작업, 캐스팅, 오디션, 로케이션 섭외, 투자자 모집, 콘티 작업, 예산 기획, 스태프 구성 등이 이 단계에서 이루어집니다. '-후의'라는 뜻의 접두어 포스트(post)가 붙은 포스트 프로덕션(post production)은 촬영 후의 작업 과정입니다. 후시녹음, 음악, 사운드 디자인, 시각 효과 등 촬영이 끝난 뒤의 전체적인 기술적 편집과 홍보와 배급에 관한 비즈니스로 이루어집니다. 편집 작업을 후반 작업이라고 일컫기도 합니다.

우리는 당연히 프로덕션의 꽃입니다. 종이 위에 있는 활자를 살아 숨 쉬게 하는 핵심 역할을 하는 존재니까요. 하지만 좋은 작품을 위해서는 프리 프로덕션과 포스트 프로덕션에서도 최선을 다해야 합니다. 프리 프로덕션 단계의 오디션과 연습에 성실히 임하는 것은 기본이고, 제작진에게 그동안 갈고 닦은 에쮸드로 자신의 연기 아이디어를 적극적으로 알려준다면 매우 환영받을 것입니다. 포스트 프로덕션에서는 후시녹음과 작품 홍보를 위한 인터뷰를 포함한 여러 행사에 참여합니다. 후시녹음은 촬영 이후 편집된 영상을 보면서 촬영 때 기술적인 문제와 환경상의 제약 때문에 놓친 대사와 작품에 꼭 필요한 내레이션, 음향 효과 등을 녹음하는 것입니다. 이 후시녹음에서도 상당한 연기력이 필요합니다.

배우의 기본 임무는 영화에 출연해서 좋은 연기를 펼치는 것입니다. 나아가 배우는 감독과 모든 스태프와 함께 영화를 만드는 '팀원'이라는 사실도 알아두어야 합니다. 영화를 만드는 일은 정말 힘들고 어렵습니다. 따라서 우리는 영화의 규모와 상관없이 감독과 스태프들의 노고를 꼭 존중하고 배려해야 하며, 영화가 만들어지는 전체 공정과 그들이 하는 일을 이해해야만 합니다.

10분 Key Point

영화배우는 영화가 만들어지는 전체적인 과정을 이해해야 한다.

시나리오

영화감독은 무슨 일을 하는 사람인가요? 당연히 영화를 만드는 사람이기는 할 텐데, 신인 배우들은 감독이 구체적으로 무슨 일을 하는지 잘 모르는 것 같습니다. 그래서 무작정 "나 좀 써주십쇼." 하고 억지를 부리는 경우도 많습니다. 일부 유명 배우가 방송에 나와서 '무명 시절 감독이 근무하는 제작사에 매일같이 찾아가 눌러앉았다'고 하는 말을 듣고는 정말 그런 줄 알고 이상한 오기가 생겨서 똑같이 행동하는 배우들도 있습니다. 하지만 이러한 에피소드는 여러분과는 거리가 먼 매우 특수한 상황입니다. 시대가 변했습니다. 지금은 제작 시스템이 견고합니다. 요행을 바라지 말고 실력을 충분히 가다듬은 뒤 진정성 있게 도전했으면 좋겠습니다.

감독은 항상 시나리오를 씁니다. 즉 시나리오 작가인 것입니다. 할리우드의 상업 영화와는 달리 우리나라에서는 대부분 감독이 직접 시나리오를 집필하고 영화를 연출합니다. (감독은 신인이든 경력이 오래되었든 간에 직접 쓴 시나리오를 들고 제작 지원을 받기 위해서 고군분투합니다.) 나홍진 감독은 〈곡성〉을 만들기 위해 삼 년 동안이나 시나리오 작업에 매진했다고 합니다. 장편소설 한 권 분량이 나올 만큼 엄청난 정력을 쏟는 것입니다. 그래서 시나리오는 귀중합니다. 봉준호 감독은 작품의 성패가 시나리오에 달렸다는 의미에서 '강력한 시나리오'라는 표현까지 썼습니다. 이만큼 시나리오에는 감독의 땀과 노고와 고뇌가 배어 있다는 사실, 그래서 배우는 그 어떤 시나리오라도 귀히 여겨야 한다는 것을 강조하고 싶습니다.

이참에 감독들과 시나리오 작가, 평론가들 사이의 대화 속에 오가는 시나리오 관련 전문 용어들을 정리하겠습니다. 배우가 대본을 통해 연기하는 사람이라면 당연히 그 의미를 이해해야 하겠죠. 사전에 서술된 정의를 알기 쉽게 정리하였습니다.

플롯: 작품에서 전체적인 이야기를 형상화하기 위해 여러 사건을 유기적으로 배열해서 서술하는 일.

스토리텔링: 줄거리가 변하는 과정. 즉, 상황이 전개되는 과정.

시놉시스: 영화나 드라마를 설명하는 간단한 줄거리.

로그라인: 이야기의 방향을 설명하는 한 문장으로 요약된 줄거리.

트리트먼트: 전체적인 작품의 형식, 주제, 내용을 담은 한 단락 정도의 이야기.

내러티브: 상황이 인과관계로 이어지는 허구 또는 실제 사건들의 연속.

서브텍스트: 대사 이면에 감추어진 인물의 감정, 목적, 생각 따위를 이르는 말.

드라마: 등장 인물들에게 벌어지는 여러 형태의 갈등과 그 갈등의 해소

에 관한 이야기.

드라마투르기: 희곡이나 시나리오를 쓰는 작법의 방법과 과정.

스펙터클: 시나리오 속 장면을 시각적으로 인상적인 장관이나 광경 등
으로 묘사하는 말.

10분 Key Point

영화배우는 시나리오 관련 용어들을 이해해야 한다.

대본에 쓰이는 기호

배우는 대본을 받으면 매우 감격스러운 마음이 듭니다. 자신이 연기할 역할을 처음으로 만나는 기쁨의 순간입니다. 그래서 배우들은 대본을 자기 취향에 맞게 꾸미고 나름의 방법으로 메모해두는 등 작품이 끝날 때까지 손에서 놓지 않습니다. 오늘 배울 내용은 감독 혹은 작가가 쓴 시나리오 속 여러 용어와 약어로 표현된 기호를 읽어 장면을 이해하고 그려내는 것입니다. 그래야 자신이 어떻게 연기할 수 있을지 상상하고 준비할 수 있습니다.

#N (Scene Number) [씬 넘버]: 장면 번호.

F.I. (Fade In) [페이드 인]: 검은 화면에서 시작해서 점점 밝아짐.

F.O. (Fade Out) [페이드 아웃]: 화면이 점점 어두워지면서 암전됨.

dis. (dissolve) [디졸브]: 서서히 어두워졌다가 밝아지며 장면 전환.

M (Music) [뮤직]: 음악.

E (Effect) [사운드 이펙트]: 효과음.

V.O. (Voice Over) [보이스 오버]: 화면 밖에서 들리는 소리.

n. 혹은 nar. (Narration) [내레이션]:
                목소리로 상황이나 인물의 심리를 설명해주는 대사.

다음은 저의 동료인 이명륜 감독의 단편영화 〈그림자를 안는 법〉의 오프닝 시퀀스 시나리오입니다. 아이들의 순수한 우정을 통하여 우리 어른들이 그림자, 즉 서로의 결점을 포용해서 깊은 인간관계를 나누었으면 좋겠다고 전하는 감독의 메시지가 마음을 따스하게 합니다.

#1. 지하철 안. 낮.

M. 잔잔한 음악

[F.I.] 전철 안 바닥에 어디론가 가고 있는 모녀의 그림자가 나타난다. (E. 따르으릉 ~ 따르으릉) 길게 이어지는 전화벨 소리가 기차 소리와 함께 초조해진다.

#2. 횡단보도. 낮.

[dis.] 길거리로 나온 여자아이와 엄마의 발걸음. 횡단보도를 건너는 사람들의 그림자들과 교차되며 어지럽다. (V.O. 사람들의 웅성거림)

#3. 한적한 길거리. 낮.

어디론가 향하는 모녀의 그림자. 분주한 달래와 엄마의 발걸음과 그림자.

n. 달래 엄마: (전화 신호음 끝나고) 여보세요?

n. 언니: 달래 엄마?

n. 달래 엄마 : 응. 언니… 나야~

#4. 연립주택 앞. 낮.

n. 달래 엄마: 아니… 그… 혹시 우리 애 좀 며칠 맡아줄 수 있나

해서…

건물로 들어가는 모녀의 뒷모습.

n. 달래 엄마: 애 아빠랑 이혼할 때까지만… 부탁해…

n. 언니: 그래. 우리 도영이도 있잖아.

#5. 집 현관문 앞. 낮.

n. 달래 엄마: 응… 그래 정말 고마워…

엄마가 초인종을 누르고, 문 앞에서 초조하게 기다리는 모녀의 뒷

모습과 그림자

타이틀: 그림자를 안는 법

잔잔한 음악이 끝난다. [F.O.]

이명륜 감독.
단편영화 〈그림자를 안는 법〉 시나리오.

10분 Key Point

대본에 쓰인 여러 기호를 이해해야
장면을 상상하며 자신의 연기를 준비할 수 있다.

콘티

'콘티'는 촬영 현장에서 설계도와 같은 역할을 합니다. 감독, 조감독, 촬영 감독, 조명 감독, 녹음 기사, 미술 감독 등 각 파트별 스태프들은 콘티를 뒤적이며 각자의 역할에 맞게 장면을 준비하느라 분주합니다. 당연히 배우도 콘티를 보며 다음 연기를 어떻게 해야 할지 가늠하고 리허설에서 감독 및 스태프와 의견을 나눕니다.

콘티는 콘티뉴이티(continuiy)의 약어로 현장에서 가장 많이 쓰이는 용어입니다. 흔히 '스토리 북' 혹은 '스토리 보드'라고도 불립니다. 콘티는 시나리오의 내용을 시각적으로 구현하기 위해서 만화와 같은 그림이나 사진으로 이미지 정보를 나타낼 뿐만 아니라, 신과 컷의 정보·배우의 동선과 대사·카메라 워크·화각·앵글·광원의 종류·샷의 크기 등이 여러 기호로 표시되어 있습니다. 콘티의 목적은 잘 그려진 그림이 아니라 궁극적으로 편집되어 나오는 최종적인 영상의 정보를 효율적으로 전달하는 데 있기 때문입니다. 저와 영화 연출 공부를 같이한 홍주영 감독의 단편영화 〈드림홀릭〉의 콘티를 예로 들어 설명하겠습니다.

먼저 수기로 숫자를 넣고 동그라미를 쳐서 전체 촬영 순서를 표기했습니다. 촬영의 순서가 명확하게 정리되어서 스태프와 배우 들은 효율적으로 다음 장면을 준비할 수 있습니다. 그리고

'신 넘버'와 '샷 넘버' '샷 사이즈'를 별도 칸에 표기했습니다. 특이한 점은 컷 넘버 대신 샷 넘버로 표시했다는 점입니다. 자신이 그리는 샷의 흐름과 크기를 여러 스태프가 알아보기 쉽게 강조하기 위해서입니다. 그만큼 영상미가 중요하다는 것이겠죠.

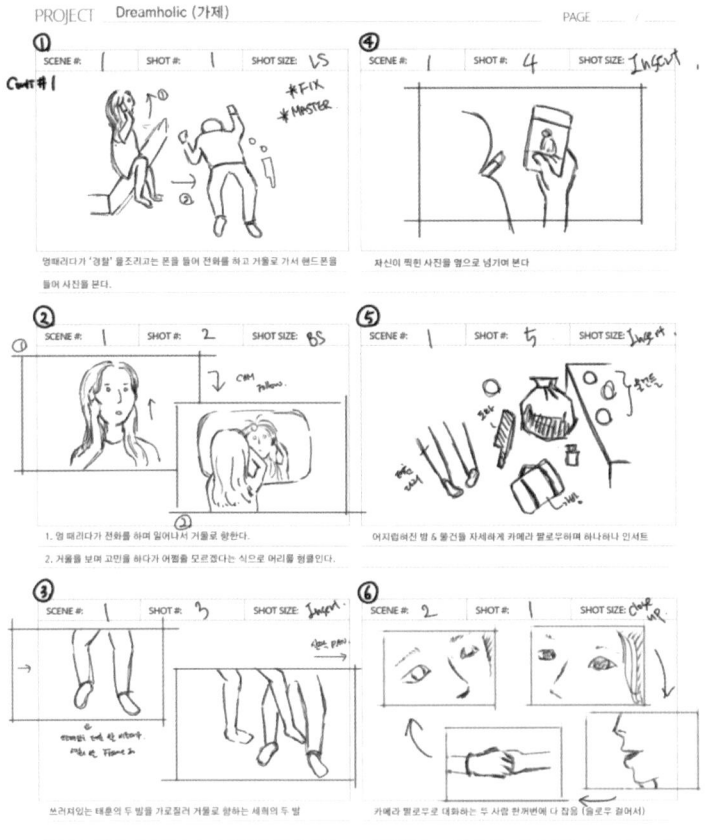

홍주영 감독. 단편영화 〈드림홀릭〉 콘티.

① 1신 / 1샷 / L.S.

카메라를 픽스해서 우선 전체적인 장면을 하이 앵글로 찍겠다는 정보가 나와 있습니다. 이는 장면의 상황을 관찰자의 입장, 즉 서 있는 관객의 시점에서 객관적으로 설명하기 위함입니다. 그리고 장면을 마스터로 찍겠다고 적혀 있는데, 편집을 위해서 전체 신을 미리 안정적으로 확보하겠다는 감독의 의도를 느낄수 있습니다.

② 1신 / 2샷 / B.S.

앉아서 전화하는 인물이 일어나서 거울로 향하는 동선을 팔로우로 찍습니다. 아마도 좁은 장소와 인물의 불안정한 심리를 부각하기 위해서 실용적인 선택을 한 것 같습니다.

③ 1신 / 3샷 / insert

카메라가 '우 팬'하면서 인물들의 다리가 '프레임 인'되고 다시 '프레임 아웃'됩니다. 바닥에 쓰러진 살인 사건 피해자 남성의 다리와 핏자국을 피해 걷는 장면을 인서트 컷을 통해 보여주어 관객에게 사건의 심각성과 긴박감을 알립니다.

④ 1신 / 4샷 / insert

핸드폰 속 사진이 인서트 컷으로 그려졌습니다. 동시에 이를 들여다보는 남자의 뒷모습을 표현하기 위해서 오에스 샷으로 촬영하겠다는 감독의 의도가 보입니다. 이를 통해 과거 회상 장면을 교차 편집하겠다는 감독의 계획을 파악할 수 있습니다. 교차 편집은 별개의 두 장면을 교차로 편집하여 보여줌으로써 두 장면의 연결점을 연상하도록 하는 편집 기법입니다.

⑤ 1신 / 5샷 / insert

사건의 끔찍한 결과를 보여주기 위해서 카메라가 어지럽혀진 물건들을 일일이 팔로우합니다.

⑥ 2신 / 1샷 / C.S.

교차 편집을 위한 회상 장면을 보여줍니다. 남자의 눈, 여자의 눈, 여자의 입술, 두 사람이 맞잡은 손을 순서대로 천천히 팔로우합니다. 두 인물의 미묘한 감정을 회상 컷으로 표현하면서 극의 긴장감과 궁금증을 유발합니다.

10분 Key Point

배우는 콘티에 나온 정보를 이해하고 연기해야 한다.

사운드 디자인

관객은 영화를 볼 때 시각적인 부분이 매우 중요하다고 생각합니다. 연기를 업으로 결정한 신인 배우도 마찬가지입니다. 둘의 공통점은 사운드에 대한 인식이 적다는 것입니다. 하지만 영화 작업 과정에서는 시각적인 요소만큼이나 청각적인 요소가 매우 중요하게 여겨집니다. 좋은 소리를 얻기 위한 수고와 노력은 일반인들의 상상을 초월합니다. 이 소리라는 것이 어찌나 통제하기 어렵고 고도의 첨단 기술이 필요한지, 아예 세트장을 새로 짓기도 하고 소리와 관련된 전문가와 공학자들이 참여하기도 합니다. 현빈과 탕웨이가 주연한 김태용 감독의 영화 〈만추〉에서는 영화의 분위기를 살리기 위해서 실제로 스태프를 시애틀로 출장 보내 각종 장소의 '룸 톤'과 '앰비언스'를 녹음해 오게 했다고 합니다. 은은하면서도 마음 한구석이 시려 오는 〈만추〉 특유의 분위기는 그렇게 만들어진 것입니다.

영화는 이미지와 사운드로 만들어집니다. 영상 촬영과 사운드 녹음을 따로 해서 합치는 것인데요, 이 대목에서는 소리, 즉 사운드의 특징을 알아봐요. 이미지는 컷이라는 개념으로 나뉘며, 연출가는 의도에 따라 보고 싶은 것만 따로 찍고 골라서 이어붙입니다. 그런데 사운드는 연속적으로 이어집니다. 또한 소리는 360도 사방에서 들려 옵니다. 작품이 의도한 소리만을 깔끔하고 정확하게 표현하기란 굉장히 어렵습니다. 불필요한 소리가 섞이기 때문입니다. 그래서 다음의 여섯 가지 소리를 따로따로 집중적으로 수음하여 후반 작업에서 이미지와 어울리게 정교하게 합칩니다. 이 작업을 '사운드 믹싱'이라고 합니다. 수음(受音)은 소리로 된 신호를 받는다는 뜻으로, 녹음 현장에서 쓰는 용어입니다. 정리하자면 사운드 디자인의 기본 원리는 바로 분리와 고립, 그리고 합체입니다.

1. 폴리(foley)

효과음이라고도 합니다. 발자국 소리, 문이 삐걱거리는 소리, 칼로 쑤시는 소리, 펀치 소리 등 장면을 잘 표현하기 위해서 인공적으로 소리를 입힙니다. 얼마나 정교한 작업인지 '폴리 아티스트'라는 전문직이 있을 정도입니다. 권총을 꺼내 발사하는 장면이 있다고 하면 권총을 주머니에서 꺼내는 소리, 겨냥하는 소리, 안전핀을 제거하는 소리, 방아쇠를 당기는 소리, 총알이 발사될 때의 소리를 세분화해서 일일이 장면에 입힙니다.

2. 사운드 이펙트(sound effect)

말 그대로 음향 효과입니다. 천둥소리, 관객들이 웅성거리는 소리, 폭포 소리 등이 예가 될 수 있습니다. 우리는 빗속에서 젊은 남녀가 드디어 사랑을 확인하는 장면을 보며 빗소리와 배우의 대사가 함께 녹음되었으리라고 생각합니다. 사실은 배우의 대사와 빗소리를 따로 녹음해서 편집 과정에서 믹싱한 것입니다. 만약 두 소리를 동시에 녹음하면 작품이 의도하는 소리의 비중을 컨트롤할 수가 없고 잡음이 끼게 됩니다. 또한 실제로 존재하지 않는 소리도 있습니다. 우주선이 움직이는 음향, 깊은 해저에서 잠수함이 움직이는 소리 등은 실제로 녹음하기 어렵습니다. 그래서 음향 감독은 여러 음원을 동원하여 이와 유사한 소리를 새롭게 창조합니다.

3. 앰비언스(ambiance)

자연적으로 생기는 특정 장소의 소리를 의미합니다. 숲속, 도심, 동물원, 아무도 없는 바닷가 소리 등이 예가 됩니다. 앰비언스는 장면의 분위기나 상황을 설명하는 매우 중요한 음향입니다. 사별한 여인이 혼자서 아무도 없는 바닷가를 거니는 장면이라고 할 때 바닷가의 파도 소리를 담은 앰비언스는 인물의 고독함을 극대화합니다. 그래서 음향 감독은 모든 스태프와 배우들을 정지시키고 공들여 앰비언스를 수음합니다.

4. 룸 톤(room tone)

방이나 거실, 지하실 등 특정 공간에서 발생하는 일종의 소음과 같은 소리입니다. 사람의 귀에는 잘 들리지 않지만, 모든 공간은 크기와 환경에 따라서 각기 특유한 소리를 가집니다. 이 소리를 편집 작업에서 믹싱합니다. 룸 톤이 중요한 이유는 장면의 현실감을 살려주기 때문입니다.

5. 배경음악(background music)

배경음악은 영화 속 특정 장면의 분위기와 인물의 감정을 돋보이게 하기 위해 사용하는 음악입니다. 사운드트랙(soundtrack) 혹은 영화 음악이라고 불리는데 작품의 주제를 상징하거나 은유하는 역할을 할 만큼 중요합니다. 배우가 직접 노래를 부르는 경우도 가끔 있습니다.

6. 대사(dialogue)

배우의 입에서 나오는 말입니다. 사운드 파트에서 가장 중요합니다. 왜냐면 대사를 통해 관객이 줄거리를 파악할 수 있기 때문입니다. 배우는 사운드의 공학적인 측면에서 양질의 소리를 제공해야 합니다.

배우의 대사를 수음하는 데 두 가지 과정이 있습니다. '동시녹음'과 '후시녹음'입니다. 동시녹음은 현장에서 직접 배우의 대사를 수음하는 것입니다. 현장의 사실감을 살리기 위한 매우 중요한 작업입니다. 이때 환경의 제약을 극복하기 위해 사운드 파트의 스태프들이 얼마나 수고하는지 모릅니다. 고도의 기술을 구사하는 것은 물론 큰 소품들을 이리저리 옮겨야 합니다. 후시녹음은 내레이션이나 현장에서 촬영 환경의 제약으로 제대로 수음하지 못한 대사를 녹음하는 것입니다. 보통은 녹음실에서 화면을 보면서 연기하게 됩니다. 프로덕션 과정이 끝났다고 배우의 임무가 끝난 것이 아닙니다. 후시녹음을 위해서 역할의 캐릭터를 끝까지 유지해야 합니다.

세 가지를 강조하고 싶습니다. 첫째, 영화배우가 되기 위해선 사운드 믹싱의 공정을 알아야 합니다. 둘째, 깔끔한 대사 소리를 제공하기 위해서는 화술이 중요합니다. 다시 말하면 딕션이 좋아야 합니다. 세 번째, 발성입니다. 사운드의 공학적 측면에서 '마스킹 효과(masking effect)'라는 것이 있습니다. 여러 가지 소리가 섞일 때 소리가 다른 소리에 묻혀서 잘 들리지 않거나 아예 들리지 않는 현상입니다. 보통 높은 소리는 낮은 소리에 묻히고 작은 소리는 큰소리에 묻힙니다. 사운드 디자이너는 이상의 여섯 가지 소리를 주파수, 진동수 등으로 계산하여 정교하게 작업합니다.

여러분! 발성 훈련이 되지 않은 배우의 목소리는 나머지 다섯 가지 소리에 묻혀서 잘 안 들립니다. 특히 발성 훈련으로 단련된 상대 배우와 연기한다면 유독 작고 빈약하게 들릴 것입니다.

10분 Key Point
영화배우는 사운드 디자인에 관한 기본 상식이 있어야 한다.

샷의 크기와 배우의 목소리

이 글을 시작하기에 앞서 다시 한 번 발성을 강조하겠습니다. 훈련되지 않은 목소리로 감정의 최고점에서 소리를 지르게 되면 엔지가 납니다. 현장 은어로 소위 '피크가 떴다'고 하죠. 작은 목소리는 컴퓨터 편집 프로그래밍으로 살려낼 여지가 있지만 발성 훈련이 되지 않은 큰 목소리는 '데시벨'이라는 측량 단위의 한계값을 넘어서 음향 기술과 공학적으로 살릴 수가 없습니다. 잔소리 좀 할게요. 여러분, 반드시! 꼭! 발성 훈련하세요! 아무리 큰 목소리라도 저음역이 뒷받침되어야 피크가 뜨지 않습니다.

음향 기사와 사운드 디자이너의 목적은 명확합니다. 바로 배우의 대사를 잡음 없이 깔끔하게 수음하는 것입니다. 이들은 360도에서 들려 오는 바람 소리, 거리의 소음과 같은 여러 불필요한 잡음 속에서 배우의 대사를 최대한 직접적으로 수음하려고 노력합니다. 그래서 마이크를 프레임에 걸리지 않는 선에서 배우와 최대한 가까이 위치시키려고 갖은 노력을 다합니다.

잠시 퀴즈를 내볼게요. 똑같은 소리 크기 값이면 C.S.에서 마이크로 녹음되는 소리가 클까요, 아니면 F.S.에서의 소리가 클까요? 네, 맞습니다. 클로즈 샷에서의 소리가 훨씬 큽니다. 샷의 크기가 작은 만큼 프레임에 걸리지 않고 최대한 가깝게 마이크를 위치시킬 수 있기 때문입니다. '프레임에 걸린다'는 것은 마이크가 화면에 들어와서 엔지가 나는 현상을 말합니다. 반면 풀샷에서는 프레임이 상대적으로 크기 때문에, 붐대에 걸려 있는 마이크가 멀리 떨어져 있습니다.

우리는 샷의 크기에 대해서 배웠습니다. 그래서 샷의 크기에 알맞은 행동과 제스처를 구사할 수가 있습니다. 목소리 역시 샷의 크기에 따라서 크게 녹음되기도 하고 작게 녹음되기도 합니다. 관건은 여러 크기의 샷이 이어지는 장면에서 '우리의 목소리가 일정한 크기로 일관되게 들려야 한다'는 것이지요. 그래야 장면의 흐름이 매끄럽게 이어집니다. 때문에 배우는 작은 샷에서는 목소리를 줄이고 큰 샷에서는 목소리를 키워서 연기해야 합니다. 다시 말해 샷의 크기에 따라서 목소리 크기를 세밀하게 조절하는 법을 훈련해야 합니다.

소리에는 밀도와 톤(무게)도 있습니다. 일정하게 들리도록 소리의 크기를 조절한 뒤에는 밀도와 무게도 신경 써야 합니다. 보통 높고 작은 목소리는 밀도가 작고 가볍습니다. 그래서 밀도가 높고 낮게 말하는 발성 훈련과 연습이 필요합니다. 할 게 많죠?

10분 Key Point
샷 크기에 따라서 대사의 소리를 조절해야 한다.

슬레이트

윤용근 감독. 단편영화 〈부서진 페르소나〉.
이하성 배우, 윤용근 배우.

슬레이트는 영화의 상징이자 로망처럼 여겨집니다. 하지만 막상
이 물건의 용도를 제대로 아는 사람은 드뭅니다. 그래서 슬레이트
수업은 참 인기가 많습니다. 앞서 영화는 이미지와 사운드로 이루
어지며, 이미지는 이미지대로 따로 촬영하고 사운드는 사운드대
로 따로 수음하여 편집 과정에서 합치는 것이라고 배웠습니다. 이
때 정확히 합치기 위해서는 표시가 필요합니다.

　　슬레이트는 먼저 컷의 시각적인 정보를 전달합니다. 슬레

이트에는 기본적으로 촬영 날짜, 신 넘버, 컷 넘버, 테이크 넘버가 적혀 있어요. 그래서 편집 작업에서 슬레이트가 찍힌 영상을 보면서 컷의 정보를 알 수 있습니다. 왼쪽 사진에는 세 번째 신에서 세 번째 컷을 첫 번째 테이크로 찍었다는 정보가 나와 있습니다.

슬레이트 위에는 특이한 막대가 있습니다. 이를 '클랩 스틱'이라고 하는데 막대가 떨어지면서 '탁' 하고 마주치는 소리가 납니다. 이 순간을 녹음기에 입력해서 편집 과정에서 클랩 스틱이 떨어지는 순간의 영상과 '탁' 사운드를 일치시킵니다. '탁' 소리는 크면서도 영상의 흐름과 유별난 소리이기 때문에 이를 기준으로 싱크를 맞춥니다. (싱크는 영상과 음향의 '일치'라는 의미입니다.) 슬레이트가 필요한 이유는 녹음 감독이 녹음 버튼을 누르는 타이밍과 카메라 감독이 녹화를 시작하는 타이밍이 다르기 때문입니다. 보통 현장에서는 숏이 들어가기 전에 슬레이트를 놓고 다음과 같이 순서대로 외칩니다.

조감독: 숏 들어갑니다. 집중! (주변이 고요해진다.)

촬영 감독: 카메라 롤! (카메라 녹화 시작)

녹음 감독: 스피드! (녹음 시작)

슬레이터: 3에 3에 1(3신, 3컷, 1테이크)!

감독: 레디(스탠바이)! 액션!(준비, 연기 시작)

슬레이트의 클랩 스틱이 내려가며 '탁' 소리가 난다. 약 3초에서 5초

후에 배우들은 연기를 시작한다.

위의 절차를 실습하면 학생들은 마치 현장에서 연기하는 것 같다고 합니다. 연기 직전 스태프들의 신호가 마치 무대에 나가기 직전 대기실에서의 기분처럼 묘하면서도 황홀한 긴장감과 흥분을 주기 때문입니다.

연기 사인이 떨어지고 3초에서 5초 정도 지난 후 연기를 시작하는 이유는 편집점을 두기 위해서입니다. 편집점이란 앞서 언급한 것처럼 편집에서 컷을 나누는 지점으로, 신의 흐름이 논리적으로 자연스럽게 이어지도록 만드는 지점입니다. 그래서 그 부분을 선택할 수 있는 여지가 충분히 확보되어야 합니다. 하지만 초보 배우는 연기 신호가 마치 달리기 경기의 출발 신호라도 되는 양 바로 연기를 시작합니다. 주의하세요! 신호가 떨어지자마자 바로 연기하게 되면 편집점을 택할 수 있는 여지가 없어집니다. 컷의 전후 장면이 어색해질 위험이 매우 커져요. 감독, 촬영 감독, 편집 감독은 항상 촬영할 때 편집점을 고려한다고 했죠? 당연히 배우도 마찬가지여야 합니다.

10분 Key Point
슬레이트는 촬영에 관한 정보를 제공해줌과 함께,
영상과 소리를 일치시키는 역할을 한다.

명품 배우를 만드는 사소한 기술

* 영화 제작은 프리 프로덕션→프로덕션→포스트 프로덕션
  의 과정을 거친다.
* 시나리오와 관련된 여러 용어와 그 의미를 알자.
* 대본에 나오는 여러 용어를 알고 이해해야 한다.
* 콘티를 읽어내는 능력이 필수다.
* 사운드 디자인의 기본 과정을 알고 샷 크기에 알맞은 소리
  로 연기해야 한다.
* 슬레이트는 촬영 정보를 알려주고 영상과 소리가 일치하
  도록 하는 기구다.

3장
이것이 승부처다
– 영화 연기에 꼭 필요한 실전 기술

가상의 상대와 교감하기

우리는 영화배우가 되기 위해서 그동안 영화 연기의 특수한 개념과 촬영 현장에서 쓰이는 기술적인 용어들을 공부했습니다. 지금부터는 영화 연기에 꼭 필요한 연기술을 소개하겠습니다. 자, 본격적으로 시작해볼까요?

초보 연기자가 영화를 찍게 되면 황당한 상황을 마주하게 됩니다. 상대 배우가 없는 것입니다! 선생님이 상대 배우와 교감하며 '보고 듣고 말해야 한다'고 했는데, 심지어 '텔레파시' 훈련까지 동원해가며 극성스럽게 상대방에게 집중하라고 강조했는데! 저를 믿고 따르던 학생들은 배신감까지 느껴지나 봅니다.

미안하지만 매체 연기에서는 상대방이 없습니다! 대신 카메라가 내 앞에 있습니다!

두 명의 연기자를 하나의 신으로 촬영한다고 가정해보겠습니다. 우선 마스터로 투 샷을 풀 샷이나 니 샷 정도의 크기로 처음부터 끝까지 촬영할 것입니다. 중요한 장면이거나 인물의 감정을 도드라지게 표현하고자 하는 경우에는 프레임을 보다 타이트하게 미디엄 샷(medium shot)으로 잡고서 마스터 샷을 한 번 더 찍을 수도 있습니다. (미디엄 샷은 바스트 샷부터 웨이스트 샷까지의 정도를 아우르는 현장 용어예요.) 그러고 나서 싱글 샷이나 오에스로 인물을 단독으로 잡고 촬영하게 됩니다. 이때는 대화 상대는 빠지고 그대로 카메라가 들어오는 것입니다. 이런 경우는 상당히 빈번합니다. 오에스에서도 프레임의 구도를 위해서 상대 배우가 살짝 옆으로 이동하고 그 자리에 카메라가 위치합니다. 이때도 상대방을 향해 연기하는 것이 아니라 원래의 시점을 그대로 가상하고 연기하게 되는 것입니다.

운전하는 신을 정면으로 찍을 때는 자동차를 트레일러에 올리고 창 너머로 촬영합니다. 배우 앞 즉, 운전석 앞 유리 너머에 카메라가 들어옵니다. 배우의 시야에 도로가 보이는 것이 아니라 카메라가 자리 잡고 있어서 도로를 가상하면서 상대 배우와 연기하는 것입니다.

저는 택시 기사 역으로 영화에 데뷔하였는데요, 대본 숙지는 물론 의상과 역할 분석 등 충실히 준비해 갔습니다. 그런데 실제 숏이 들어가고 보니, 운전석 너머에는 카메라 석 대가 촬영 감독과 함께 나를 째려보고 있고 감독님은 연신 무전기로 연기 지시를 내리느라고 여념이 없었습니다. 그뿐인가요? 음향 기사는 운전 중인 트레일러 위에서 몸을 아슬하게 기울이며 운전석 옆 창문에 붐대를 대느라고 난리입니다. 와! 얼마나 아찔했던지요. 창문 너머로는 도로가 펼쳐진 것이 아니라 최소 예닐곱은 되는 스태프들이 비집고 앉아서 저만 주시하고 있었습니다. 그런 상황에서 차 안의 배우들과 태연하게 대사를 주고받아야 했습니다. 솔직히 제가 그 시간 동안 어떻게 연기했는지 기억이 나지 않습니다.

정리하자면 먼저 마스터 샷에서는 상대 배우와 교감하며 연기하지만, 단독 컷에서는 카메라 앞에서 상대방의 모습, 즉 눈, 코, 머리카락, 입술 등의 위치를 정확하게 그려내고 가상의 상대와 교감하면서 연기해야 합니다. 위의 예처럼 장면을 상상하며 연기하는 경우도 매우 많습니다. 특히 CG 컷이 일반화된 현대 영화에서는 더욱더 그렇습니다. 배우는 가상의 공간을 그리면서 사실적으로 연기해야 합니다. 공간 에쭈드를 섭렵한 우리에게는 어렵지 않은 테크닉이겠지요.

10분 Key Point
가상의 상대방과 교감하고 장면을 상상하며 연기하는 능력이 중요하다.

회상하는 연기

영화 연기에서 회상 연기는 매우 중요합니다. 관객에게 이야기의 전후 맥락을 전하고 작품의 인과관계를 설명해주는 중요한 고리이기 때문입니다. 회상 연기는 의외로 초보 연기자들이 어려워하는 기술입니다. 과거 장면을 구체적으로 상상하여 연기하지 못하고 대사만 외워서 연기하기 때문입니다.

눈을 감고 첫사랑과의 데이트를 회상해보세요. 그다음 눈을 뜨고 그날의 기억을 얘기해보는 겁니다. 아마 미간이 살짝 접히고 눈동자가 위를 향하며 입술 끝이 실룩거릴 겁니다. 손가락으로 볼이나 이마를 더듬을지도 모르겠습니다. 자신도 모르는 사이에 여러 표정을 짓고 다양한 제스처를 취하면서 특별했던 그날을 회상하게 될 것입니다. 저는 걱정하지 않습니다. 여러분은 이미 자신의 체험과 각색하기 발표를 통하여 이 기술을 충분히 이해하고 연습했으니까요. 현장에서 맡은 역할에 응용하기만 하면 돼요.

10분 Key Point
영화 연기에서 회상 연기는
작품의 전후 맥락을 전달하는 중요한 기술이다.

청각적 주의 집중

졸업한 제자에게 수년 만에 갑자기 연락이 왔습니다. 무척 반가웠습니다. 제자는 상기된 목소리로 "선생님 덕분에 드라마 작가가 되었어요! 감사합니다."라고 말하며 연신 제게 고마워합니다. 배우로 활동하고 있을 거라고 생각하고 있었는데 뜻밖의 소식에 놀랐습니다. 전 연기를 가르쳤지, 시나리오를 가르치지는 않았으니까요. 사연은 다음과 같습니다. 제자는 학창 시절 발표 숙제를 내주면 발표할 내용을 노트에 빼곡하게 적어 오는 버릇이 있었습니다. 특히 에쮸드와 대본 각색 연기를 할 때는 시나리오를 굉장히 꼼꼼하게 써 오곤 했습니다. 물론 연기도 잘했구요. 제자가 말하길, 어느 날 제가 이렇게 얘기했답니다. "와, 글을 정말 잘 쓴다. 시나리오 작가를 해도 되겠는걸? 나중에 유명 작가가 되면 나 윤용근 배우 꼭 써줘!" 이 말 한마디가 마음에 박혀서 졸업 후에 아예 대학에서 정식으로 시나리오를 공부하고 드디어 드라마 제작팀에 작가로 취직한 것입니다.

'청각적 주의 집중'은 어떠한 언어가 자신에게만 특별하게 들리는 현상입니다. 그래서 그 말에만 반응하게 됩니다. 이 현상은 매우 강력합니다. 위의 일화에서 저는 발표 준비를 잘했다는 의미로 칭찬을 한 것뿐이었습니다. 하지만 학생에게는 스쳐 가는 찰나의 말이 특별하게 들렸고, 마치 화학 반응처럼 '난 연기도 좋지만 글 쓰는 재능이 더 큰 것 같아. 시나리오를 진지하게 공부해보자.' 하고 결심하게 된 것입니다.

저 역시 배우와 연출가가 될 줄은 꿈에도 몰랐습니다. 원래는 화가가 되고 싶어서 미술대학에 지원했지만, 실기 시험을 망치고 말았죠. 낙심하는 제게 아버지가 말씀하셨습니다. "용근아. 넌 그림도 좋아하고 독서도 좋아하고 클래식 음악도 좋아하니까 연극 연출과에 한번 지원해보는 게 어때? 너랑 잘 어울려. 어차피 떨어진 셈치고." 이 한마디가 제 가슴속에 순식간에 박혀서 부랴부랴 연극대를 준비했습니다. 그 한마디가 제 인생을 완전히 바꿔버린 것입니다. 훗날 아버지께 여쭤보니 자신은 그런 말을 한 기억이 없다고 하셨어요. 아마 당시 아버지는 그저 실망한 아들을 위로하고 싶으셨을 겁니다.

우리는 연기가 작동하는 기본 원리 '보고 듣고 말하기'를 배웠습니다. 좀 더 깊고 수준 높게 설명하면 '보고 청각적 주의 집중으로 듣고 말하기'입니다. 청각적 주의 집중의 특징은 말하는 사람의 궁극적인 의도와는 관계없이 자신에게 들리는 말에만 반응한다는 사실입니다. 이는 영화 연기의 리액션 컷에서 매우 유용한 이론입니다.

다음의 대사를 통하여 '보고 청각적 주의 집중으로 듣고 말하기'를 한층 더 깊게 파고 들어가봐요. 노덕 감독의 영화 〈연애의 온도〉의 하이라이트 장면에서 '동희(이민기 분)'와 '영(김민희 분)'의 대사는 참으로 유명합니다. 저 또한 매우 좋아하는 장면입니다.

#놀이공원.

장대비가 쏟아진다. 사람들이 하나도 없다.

동희: 너 도대체 애가 왜 그래!! 왜 그렇게 다 네 맘대로야!

영: 내가? 내가 내 맘대로라고?!

동희: ….

영: 하나부터 열까지 다 맞춰주고 있는데 뭐가 내 맘대로라구? 말 한마디라도 실수할까 봐 내가 또 뭐 잘못이라도 해서 옛날처럼 될까 봐 아무것도 안 하고 있는데 뭐가 내 맘대로라는 얘기야!!

동희: ….

영: 너야말로 솔직해져 봐! 억지로 나와서 억지로 즐거운 척하면서 사람 피 말리지 말고. 첨부터 나오기 싫었다고 나랑 있는 거 좋지도 않다고 솔직하게 말이라도 하라구. 나 맨날 이러는 거 알아? 옛날부터 지금까지 쭉 사람 눈치 보게 만들어서 힘들게 하다니, 결국 너 변한거 하나도 없어!! 아무리 시간이 지나도 그대로야. 나 혼자서 어떻게 해보려구 하는 것도 지쳤구, 진짜 지긋지긋해. 헤어지고 싶으면 그냥 말해!! 내가 다 받아들이고 네

탓 하지도 않을 테니까 그냥 지금 여기서 말해!

동희: 네가 말해.

영: …뭐?

동희: 헤어지자고 네가 하면 되지 왜 나한테 시키는데?

영: …!

동희: 야! 넌 뭐 변한 줄 알아? 너야말로 그대로야. 나 만나서 힘들고 지친다, 너 혼자 애쓴다, 너 지금 옛날에 하던 그 짓 똑같이 하고 있잖아!

영: ….

동희: 너만 숨 막히고 피 말라? 나야말로 너랑 있으면 뭘 어떻게 해야 될지 모르겠어! 나 다시 만난 거 네가 후회하고 있을까 봐. 나 너랑 있으면… 같이… 나 숨도 제대로 못 쉬어. 근데도 결국 너는 네 생각밖에 안 하잖아. 너 서운한 거, 너 힘든 거, 너 혼자 노력하고 발버둥 치고 있는 거, 네 눈엔 너밖에 안 보여? 너만 힘들어?! 네 그 생각 때문에 나야말로 미칠 것 같은 거. 그거 네 눈에 보이기나 하냐구!! 그러니까 네가 얘기해. 헤어지고 싶으면 이제 네가 말해. 나야말로 지긋지긋하니까.

소리 지르는 동희. 그런 동희를 바라보는 영.

영: …너 나 사랑하기는 해? 지금 우리 사귀기는 하는 거니? 어?

울음이 복받치는 영. 터지는 눈물에 두 손으로 얼굴을 감싸는 영.
동희, 그런 영의 모습에 할 말을 잃은 듯… 멍하니 영을 보고만
있다.

노덕 감독. 영화 〈연애의 온도〉.
동희(이민기 분), 영(김민희 분).
NOVUS MEDIACORP 제공.

이제 차분히 생각해봅시다. 어떤 대사가 유독 여러분의 마
음속에 들어왔는지를.

동희: 너 도대체 애가 왜 그래!! 왜 그렇게 다 네 맘대로야!

동희가 두 문장으로 불만을 얘기합니다. 하나는 "너 진짜
애가 왜 그래!!"와 또 하나는 "왜 그렇게 다 네 맘대로야!"입니다.
영은 두 문장 중 뒷 문장에 대하여 답변합니다. 만약 앞 문장 "너
진짜 애가 왜 그래!!"에 집중했다면 영의 답변은 달라졌을 것입
니다. 예를 들면 "내가 왜? 내가 뭘 잘못했어? 뭐가 문젠데?"라는
식으로요. 영에게는 '철저하게 자기 맘대로 한다'는 동희의 질책
이 선택적으로 들려 왔기 때문에 다음과 같이 강력하게 항변한 것
입니다.

영: 내가? 내가 내 맘대로라고?!

동희: ….

영: 하나부터 열까지 다 맞춰주고 있는데 뭐가 내 맘대로라구? 말 한마디라도 실수할까 봐 내가 또 뭐 잘못이라도 해서 옛날처럼 될까 봐 아무것도 안하고 있는데 뭐가 내 맘대로라는 얘기야!!

동희 : ….

그리고 꾹꾹 눌러왔던 동희에 대한 불만을 다음과 같이 토로합니다.

영: 너야말로 솔직해져 봐! 억지로 나와서 억지로 즐거운 척하면서 사람 피 말리지 말고. 첨부터 나오기 싫었다고 나랑 있는 거 좋지도 않다고 솔직하게 말이라도 하라구. 나 맨날 이러는 거 알아? 옛날부터 지금까지 쭉 사람 눈치 보게 만들어서 힘들게 하다니, 결국 너 변한 거 하나도 없어!! 아무리 시간이 지나도 그대로야. 나 혼자서 어떻게 해보려구 하는 것도 지쳤구, 진짜 지긋지긋해. 헤어지고 싶으면 그냥 말해!! 내가 다 받아들이고 네 탓 하지도 않을 테니까 그냥 지금 여기서 말해!

동희: 네가 말해.

영의 긴 대사에 대해 동희는 "네가 말해."라고 짤막하게 대답합니다. "헤어지고 싶으면 그냥 말해!!"라는 영의 대사만이 선택적으로 귀에 들어왔기 때문입니다. 만약 영의 대사 "너야말로 솔직해져 봐!"에 선택적으로 주의 집중했다면 답변은 "그래. 솔직히 억지로 나왔고 너랑 있는 거 좋지도 않았어." 혹은 "너랑 있는 거 좋아. 근데 내가 흥분했나 봐. 미안해. 없던 일로 하자." 등으로 반응했을 것입니다.

영: …뭐?
동희: 헤어지자고 네가 하면 되지 왜 나한테 시키는데?
영: …!

영은 예상 밖의 반응에 충격을 받은 듯합니다. 나아가 동희가 "헤어지자고 네가 하면 되지 왜 나한테 시키는데?"라고 빈정거리자 할 말을 잃습니다.

동희: 야! 넌 뭐 변한 줄 알아? 너야말로 그대로야. 나 만나서 힘들고 지친다, 너 혼자 애쓴다, 너 지금 옛날에 하던 그 짓 똑같이 하고 있잖아!
영: ….
동희: 너만 숨 막히고 피 말라? 나야말로 너랑 있으면 뭘 어떻게 해야 될지 모르겠어! 나 다시 만난 거 네가 후회하고 있을까 봐. 나 너랑 있으면… 같이… 나 숨도 제대로 못 쉬어. 근데도 결국 너는 네 생각밖에 안 하잖아. 너 서운한 거, 너 힘든 거, 너 혼자 노력

하고 발버둥 치고 있는 거, 네 눈엔 너밖에 안 보여? 너만 힘들어?! 네 그 생각 때문에 나야말로 미칠 것 같은 거, 그거 네 눈에 보이기나 하냐구!! 그러니까 네가 얘기해. 헤어지고 싶으면 이제 네가 말해. 나야말로 지긋지긋하니까.

소리 지르는 동희. 그런 동희를 바라보는 영.

영: …너 나 사랑하기는 해? 지금 우리 사귀기는 하는 거니? 어?

울음이 복받치는 영. 터지는 눈물에 두 손으로 얼굴을 감싸는 영.
동희, 그런 영의 모습에 할 말을 잃은 듯… 멍하니 영을 보고만 있다.

자, 영은 과연 동희의 엄청난 불만 중 어떤 지점에서 청각적으로 주의 집중이 되었을까요? 그래서 저렇게 대답했을까요? 답은 전부 다 들렸을 수도 있고 하나도 들리지 않았을 수도 있다는 것입니다. 만약 영이 이지적이고 차분하고 상대방의 얘기를 논리적으로 파악하는 인물이라면 동희의 대사를 다 듣고 조곤조곤 따져본 뒤 "너 나 사랑하기는 해? 지금 우리 사귀기는 하는 거니?"라고 물었을 것입니다. 반대로 감수성이 풍부한 캐릭터라면 동희의 대사는 하나도 들리지 않고 그저 사랑하는 연인의 격앙된 모습에 큰 상처를 받았을 수도 있습니다. 여러분은 어떤 사람이고 어떻게 반응할까요? 전 후자일 것 같습니다.

청각적 주의 집중은 연기자의 디테일한 리액션과 깊은 관련이 있습니다. 리액션은 상대 배우의 대사나 행동에 대한 반사적 작용으로 나타나는 연기라고 배웠습니다. 매우 흔합니다. 그런데 카메라가 앞에 있는 단독 컷에서는 상대방의 대사 중 선택적으로 들린 부분만 가정하고 감정적으로 반응해야 합니다. 상대 배우 대신 카메라가 내 앞에 자리 잡고 있을 테니까요.

10분 Key Point
영화 연기에서는 청각적 주의 집중으로 반응하는 기술이 필요하다.

외향적 사실주의

아프면 기분이 매우 안 좋습니다. 일이 손에 안 잡히고 연기 연습도 하기 싫습니다. 만사가 귀찮습니다. 어느 날은 이 주 동안이나 컨디션이 계속 떨어지고 약간의 우울 증세에다가 밥맛도 없고 식은땀까지 나서 결국 기다시피 병원에 갔습니다. 진찰받고 영양수액을 한 시간 정도 맞았습니다. 병원을 나서는데 신기하게 몸에서 기운이 나는 것이었습니다. 가장 먼저 배가 고프고 입맛이 돌아서 근처 식당에서 뚝배기 불고기를 오랜만에 맛있게 먹었습니다. 포만감에 기분이 나아집니다. 작업실까지 걸어오면서 올림픽공원을 산책했는데 잊어버렸던 일에 대한 의욕이 샘솟습니다. 작업실에 와서는 그동안 밀린 일들을 집중하여 해치워버렸습니다. 정신이 살아난 것입니다.

현대 연기술의 아버지라고 불리는 스타니슬랍스키는 외형적인 재현 연기를 경계하며 인물의 내면으로 들어가서 살아 있는 인격을 가진 하나의 인물로 진실하게 표현하기 위한 연기론을 평생 연구했다고 알려져 있습니다. 소위 말하는 '내면연기'를 통한 '사실주의 연기'입니다. 하지만 그는 신체적인 외형연기를 터부시하지 않고 오히려 중요하게 생각했습니다. 그가 경계한 것은 영혼 없이 공허하게 인물의 외형만 표현하고 재현하는 연기였습니다. 배우의 내면과 외면은 상호작용을 일으키며 신체 행동과 배우의 내면은 상호보완적이어야 한다고 역설하였습니다. 한발 더 나아가 영화배우는 무대의 연극배우보다 행동의 기술적인 측면에서 능수능란하게 테크닉을 구사하는 전문가가 되어야 한다는 의견을 『액터스 북』이라는 책에 기술하였습니다.

영화 현장은 연극처럼 충분히 연습할 수 있는 시간이 부족합니다. 충분히 연습했다고 해도 기술적인 부분과 촬영 환경에 대한 제약이 빈번하게 발생합니다. 또한 변수가 너무나 많습니다. 예를 들면, 화사한 여름날 석양 아래에서 아름다운 키스 신을 찍어야 하는데 실제 촬영하는 계절은 가을이나 초겨울일 수가 있습니다. 반대로 촬영 시점이 여름인데 작품 배경이 겨울일 때도 있습니다. 그래서 온전하게 인물로 들어가서 그 인물의 내면을 표현하는 일이 어려운 경우가 생각보다 많습니다. 이럴 때는 일종의 기술이 필요합니다. 오늘 공부할 내용은 '외향적 사실주의'입니다. 외향적 사실주의는 신체 행동을 인위적으로 만들어 사실처럼 보이게 하는 연기론입니다.

지금까지 우리는 인물로 들어가기 위해서 많은 개념과 이론을 연습했습니다. 이 대목에서 소개하는 개념은 여지껏 공부해온 개념과 충돌하는 듯하지만 본질은 지금까지 공부한 연기술과 같습니다. 하지만 그동안 공부한 연기술이 통할 수 없는 한계 상황이 있습니다. 그런 경우에는 어떻게 해야 할까요? 유연하게 대처해야 합니다. 제가 개발한 '희로애락 훈련법'을 소개하겠습니다.

우리 몸의 근육은 수의근과 불수의근으로 나뉩니다. 수의근은 나의 의지로 작동되는 근육입니다. 자리에 앉고 걷거나 뛰는 등 우리는 수의근을 사용하여 행위를 합니다. 불수의근은 우리의 의지와 관련 없이 저절로 움직입니다. 음식물이 들어가면 위의 근육은 알아서 움직이며 음식을 소화시킵니다. 심장 근육도 사람의 의지와 무관하게 저절로 움직입니다.

인간의 신체 중에서 근육이 가장 많이 분포하는 부위는 어디일까요? 바로 얼굴입니다. 얼굴에는 크고 작은 근육이 매우 세밀하게 분포되어 있습니다. 약 280개의 근육이 있다고 합니다. 그 근육들은 다시 수의근과 불수의근으로 구분됩니다. 여러분에게 묻고 싶습니다. 어떨 때에 얼굴의 불수의근이 움직일까요?

바로 감정이 격해질 때입니다. 그렇다면 언제 감정이 격해지나요? 기쁠 때, 화가 났을 때, 슬플 때, 즐거울 때, 즉 희로애락을 느낄 때 감정이 격해지면서 우리의 의도와는 상관없이 얼굴 근육이 저절로 움직이고 표정이 나타납니다.

'외향적 사실주의'는 불수의근을 수의근처럼 만들어서 연기에 응용하는 것입니다. 우리는 인생을 살면서 누구나 희로애락을 겪었을 것이고 그때 우리의 표정이 어떻게 변했는지를 기억할 것입니다. 그 기억을 끄집어내서 일부러 표정을 지어보는 것입니다. 학생들에게 숙제를 내줍니다. 아무런 말이나 행동 없이 표정으로만 희로애락을 15초 간격으로 표현하기입니다. 즉 감정이 격할 때의 얼굴 근육을 인위적으로 만드는 것이지요. 여러분도 따라해보세요. 연습이 필요합니다.

다음 발표 시간에 우리는 배꼽을 잡고 웃었습니다. 신기하게도 표정 변화만으로 희로애락의 감정이 전달되는 것이었습니다. 학생들은 슬픔을 드러내 보이기 싫어하는 본능 때문에 처음에는 소극적이었지만 몇 달 뒤에는 거의 칠십 퍼센트 이상이 눈물 연기까지 소화해냅니다. 영화를 보면서 어떻게 저렇게 눈물을 흘리지, 의아심이 들 때가 있을 것입니다. 역할에 몰입하여 눈물을 흘리면 가장 이상적이지만 그러지 못할 경우에는 일종의 테크닉을 구사하는 것입니다.

여기서 중요한 점을 짚고 넘어가자면, 학생들은 외적으로 감정을 표현했을 뿐인데 하나같이 감정이 따라와서 진짜로 기쁘고 화나고 즐겁고 슬픈 감정을 느꼈다는 것입니다. 그렇지만 절대이 기술을 피상적으로 남용하면 안 돼요. 당연히 감정이 딸려오도록 인물이 처한 상황에 집중해야 할 것입니다. 앞서 아픈 몸이 낫고 나니 정신과 마음 또한 회복되었던 경험을 들려드렸습니다. 낫고자 하는 의지가 중요하고 그 의지로 신체적인 변화를 꾀한다면 불리한 상황에 처하더라도 좋은 연기를 할 수 있음을 강조하고 싶습니다. '외향적 사실주의' 기술로 내면 연기를 이끌어낼 수 있습니다. 정리하자면 얼굴 근육 조직을 의식적으로 조정할 수 있는 기술을 습득해야만 합니다.

한겨울에 버스 정류장에서 아내의 문자를 받고 오열하는 장면을 찍은 적이 있습니다. 문제는 영화 속 계절은 초가을이었지만 실제 촬영장 날씨는 영하 10도에 달하는 강추위였다는 것입니다. 매서운 칼바람에 이빨이 부들부들 떨려 오열은커녕 어떠한 감정도 연기할 수 없는 최악의 조건이었습니다. 또한 촬영이 많이 지연되어 스태프들도 지쳐 있었습니다. 엔지를 내면 주변 스텝들의 고통 또한 지속되는 상황이었습니다. 감독은 덤덤하게 얘기합니다.

"윤 배우님. 아내로부터 뜻밖의 화해 문자를 받고 눈물이 복받치는 모습을 연기해주셨으면 좋겠습니다."

프로 배우인 저는 어떤 상황에서도 장면을 성공시켜야 합니다. 그래서 생각했습니다.

'롱 샷이니 액션을 과장해서 크게 가져가도 되겠구나.'

'외향적 사실주의 기술을 써먹어야지.'

'감정이 딸려 오지 않아도 괜찮아.'

그리고 제가 과거에 오열했던 경험을 끄집어내 얼굴 근육을 움직였고 신체 행동을 매우 과장되게 연기하였습니다.

이 장면을 롱 샷과 니 샷 각 세 번의 테이크로 촬영한 걸로 기억합니다. 결과는 어땠을까요? 대성공이었습니다! 감독은 매우 흡족하게 말했습니다.

"윤 배우님! 매우 중요한 장면이었는데 아주 좋았어요! 수고 많으셨고 감사합니다!"

그렇다면 제 연기는 어땠을까요? 과연 오열하며 눈물을 뚝뚝 흘렸을까요? 눈물은커녕 전혀 감정이 잡히지 않았습니다. 너무 추웠기 때문입니다. 하지만 이성적으로 목적을 생각하고 의지로 행동을 관철시켰으며, 외향적 사실주의 기술을 구사했습니다. 그랬더니 보는 사람들에게는 실제로 오열하는 것처럼 느껴진 모양입니다. 후일 시사회에서 제 연기를 보니 제가 봐도 인물이 참 불쌍하게 느껴졌습니다.

10분 Key Point
'외향적 사실주의'는 표정이나 신체 상태를 만들고
감정이 따라오게 하는 기술이다.

더블 액션

초보 연기자들에게 잦은 실수가 더블 액션입니다. 현장에서는 "엔지! 더블 걸렸다!"라는 소리가 자주 들립니다. 더블 액션은 프레임에 인물과 인물이 겹쳐서 한 인물이 안 보이는 경우를 말합니다. 배우가 연기에 열중한 나머지 프레임의 미장센을 잊고 다른 배우를 가려버린 것입니다. 특히 여러 사람이 나오는 경우와 몹신(mob scene)에서 빈번한 문제입니다. 몹 신은 군중 장면입니다. 나오는 사람이 많고 동선도 복잡하기 때문에 상당히 까다로운 촬영입니다. 이때는 자신뿐만 아니라 다른 배우들의 위치도 고려하여 연기해야 합니다. 우리 배우들은 충분히 공부했으니 눈치껏 프레임 안에서 '더블에 걸리지 않고' 열연할 수 있을 것입니다.

소리와 대사가 더블 액션인 경우도 빈번합니다. 화가 나서 탁자를 손으로 '탁' 치고 일어나면서 "일을 이따위로 할 거야?"라고 말하는 장면이라고 가정해봅시다. 영화 연기를 잘 모르는 배우는 손바닥으로 탁자를 내리치는 동시에 대사를 내뱉습니다. 그러면 '탁' 소리와 대사가 겹쳐서 대사가 들리지 않습니다. 우리는 영화의 '사운드'에 대해 배웠습니다. 능숙한 배우라면 이 같은 경우에는 소리를 고립시키기 위해서 손으로 '탁' 치고 난 다음 대사를 뱉거나 먼저 대사를 말하고 손으로 탁자를 내려칠 것입니다. 그래야 탁 소리와 대사가 겹치지 않고 분명히 들립니다. 나중에 사운드 디자이너가 두 소리를 절묘하게 어울리게 해줄 것이고요.

신인 시절, 답답하고 억울한 마음으로 가슴을 마구 치며 "어차피 더러운 세상! 나도 더럽게 살 거야!"라는 대사를 뱉는 장면을 연기한 적이 있습니다. 중요한 장면이었는데 완전히 더블에 걸렸습니다. 나중에 후시녹음으로 대사와 가슴을 치는 소리를 따로따로 수음하고 믹싱하느라 수고와 비용이 들었습니다. 후시녹음은 아무리 잘되었다고 해도 동시녹음만 못합니다. 현장에서보다 자연스러움이 떨어지기 때문입니다. 불만을 내색하지 않으려 애쓰셨던 착한 감독님의 표정이 아직도 인상 깊게 남아 있습니다. 그 뒤로 그 감독님과는 작업하지 못하게 되었습니다. 지금이라면 동작의 순서를 정교하게 나눠서 이렇게 연기할 것입니다.

"어차피" → (가슴을 한 번 친다.) → "더러운 세상!" →
(가슴을 더욱 세게 친다.) → 나도 더럽게 살 거야! →
(가슴을 있는 힘껏 세 번 친다.)

10분 Key Point
'더블 액션'은 인물과 인물이 겹치거나 소리와 소리가 겹쳐서
인물이나 소리가 불분명하게 표현되는 현상이다.
좋은 연기를 위해서 더블 액션을 조심해야 한다.

조명의 위치

좋은 연기를 위해서 연기자는 촬영 현장의 조명 위치도 고려해야 합니다. 조명은 빛과 관련된 매우 전문적인 영역입니다. 비유하자면 카메라 감독이 붓으로 그림을 그리는 역할을 한다면, 조명 감독은 물감을 제공하는 사람입니다. 여러 물감을 섞어서 색을 창조하듯이 다양한 빛을 섞어서 제공하는 것입니다. 영화마다 특유의 영상미가 있는 것은 이 때문입니다. 이를 라이팅 기술(lighting technic)이라고 합니다.

자, 우리는 전문적인 라이팅 기법까지 공부할 필요는 없습니다. 다만 앞서 소개한 더블 액션을 상기하면서 일단 영화 촬영의 기본 조명법인 삼점 조명을 알아봅시다.

삼점 조명은 '주 조명' '보조 조명' '하이라이트 조명'으로 구성됩니다. 영화 속의 공간감을 살리기 위한 기본 조명법입니다. 주 조명은 정면에서 인물을 가장 밝게 밝혀줄 것입니다. 보조 조명은 공간감을 살리기 위해서 인물 뒤를 비추는 조명이에요. 하이라이트는 강조하고 싶은 액팅을 강조하는 조명입니다.

인물이 화가 나서 화면에서 오른쪽에 위치한 상대방을 주

먹으로 가격하는 투 샷을 웨이스트 샷으로 촬영한다고 가정해봐요. 주 조명은 카메라 위 정면으로 45도 각도쯤에 위치해 있고요. 여러분이 배우라면 오른손으로 펀치를 날릴까요, 아니면 왼손으로 가격할까요? 전 오른손잡이지만 왼손으로 가격할 것입니다. 왜냐면 화면에 화가 난 나의 표정과 함께 고통스러워하는 상대방의 표정도 보여야 하니까요. 만약 오른손을 쓴다면 나의 표정과 상대의 표정은 손동작으로 인해 더블에 걸려 안 보일 거예요.

역으로 주조명이 카메라를 넘어 역광으로 인물들의 실루엣을 표현한다면 어떻게 해야 할까요? 이때는 오른손을 써야죠. 인물의 표정보다는 때리는 행위 자체를 실루엣으로 부각되게 하는 것이 중요하니까요.

10분 Key Point
연기자는 촬영 현장의 조명 위치를 고려해야 한다.

명품 배우를 만드는 사소한 기술

* 영화 연기에서 가상의 상대방과 장면을 그리는 기술은 매우 중요하다.
* 회상하는 연기는 작품의 전후 관계를 관객에게 알려주는 중요한 기술이다.
* '청각적 주의 집중' 현상을 연기에 응용해야 한다.
* 외향적 사실주의는 외적으로 표정과 신체 상태를 만드는 기술이다.
* 인물과 인물이 겹치거나 사운드가 겹치는 더블 액션을 조심해야 한다.
* 영화배우는 촬영 현장의 조명의 위치도 가늠하여 적절한 연기를 해야 한다.

5부

필승 오디션
연기의 기술

들어가며

2009년 방영한 드라마 〈스타일〉의 주연 '박기자' 역을 맡은 김혜수 배우의 "엣지 있게"라는 대사는 당시 사회적으로 대히트를 친 유행어가 되었습니다. 유명 패션 잡지의 편집장으로서 회사의 존폐를 놓고 고군분투하는 주인공의 모습과 인간의 희로애락을 단 한마디로 표현하는 말 '엣지 있게'는 우리에게 당당함을 느끼게 했습니다. 직원들에게 "다들 엣지 있게 해!" "엣지 있는 아이템 구해 와!" "돈 없어도 엣지 있게." "악플도 엣지 있게 달아!"라고 말합니다. 심지어 막내 직원 '이서정(이지아 분)'의 실수를 덮어주며 "시각적으로 엣지 있었어."라고 위로합니다.

'엣지 있게'라는 표현은 광고와 패션 분야에서 '두드러지고 멋있으며 뚜렷하게'라는 의미로 통한다고 합니다. 박기자는 아무리 힘든 상황에서도 좌절하지 않고 팀원들에게 '엣지 있게 일하자'고 독려합니다. '두드러지고 멋있으며 뚜렷하고 당당하게 도전하자'는 의미입니다. 그는 아무리 어려운 상황 속에서도 비굴하지 않고 엣지 있습니다. 이 책을 읽고 있는 배우 지망생들도 수많은 오디션에 엣지 있게 도전하세요. 실패하더라도 엣지 있게 웃으세요!

이번 장에서는 오디션에 대한 전반적인 이해를 쌓고 실용적인 준비 과정과 오디션에서 자신을 어필할 수 있는 여러 기술을 공부할 것입니다.

1장
우리가 잘 몰랐던
오디션의 세계
이해하기

배우의 관문, 오디션

평소 존경하는 선배 연출가의 연극 작품을 관람했습니다. 역시나 감동적이었습니다. 특히 여자 주인공의 연기가 정말 일품이었습니다. 제가 준비하고 있는 차기작의 역할과도 무척 잘 어울렸습니다. 그래서 그 배우를 소개받고자 선배에게 전화를 걸었습니다. "선배님. 정말 최고의 작품이었습니다. 고생 많으셨어요. 축하드려요."라고 운을 띄운 뒤 여자 주인공 역을 맡은 배우에 대해서 이것저것 물었습니다. 그리고 "제 다음 작품에 출연시키고 싶어요. 소개해주세요."라고 부탁했죠. 그런데 선배는 난색을 표합니다.

"윤 연출님! 말도 마요. 제가 얼마나 힘들었는데요."

"왜요?"

"배우가 캐릭터를 창조해서 연출에게 제시해야 하잖아요? 그런데 말투, 제스처, 표정, 동선 등을 제가 일일이 하나하나 다 만들어줬다니까요! 얼마나 소극적인지 몰라요. 지각도 잦구요. 그래도 맘에 들면 소개해드릴게요."

이 배우는 제 작품에 캐스팅되었을까요? 전화를 끊은 뒤 저는 그 배우에 대한 기대를 완전히 접었습니다. 비록 정식으로 오디션을 본 것은 아니지만, 멋진 연기를 펼친 배우는 제 마음속 오디션에서 떨어진 것입니다.

저는 알베르 카뮈의 〈정의의 사람들〉을 연출할 때 주인공을 비롯하여 무려 다섯 명의 배우를 오디션 없이, 졸업한 제자들 중에서 캐스팅했습니다. 그들은 한결같이 성실하고 긍정적이고 적극적으로 연기를 공부한 학생들이었습니다. 전 학생들을 가르치면서도 제가 기획하는 작품을 항상 염두에 두고 있었습니다. 이 학생들에게는 저와 공부했던 과정 자체가 오디션이었던 것입니다.

배우 지망생들은 오디션이 배역을 따내기 위한 유일한 길이라고 생각합니다. 그래서 오디션을 위해서 시간과 노력을 아낌없이 투자합니다. 그래서 아무런 이유도 듣지 못하고 떨어지고 나면 실망하고 자책하기도 합니다. 저도 신인 배우 시절 오디션이 배우로서 성공하기 위한 유일한 관문인 줄 알고 참 많은 오디션을 보았습니다. 예술의 전당의 화려한 연습실에서 오디션을 보기도 했고, 캠코더 하나 있는 작은 영화사의 조그만 사무실에서 조연출한 명을 앞에 두고 오디션을 치르기도 했습니다. 심지어 학생 단편영화에 출연하기 위해 그들이 공부하는 교실에서 오디션을 보기도 했습니다. 하지만 번번이 캐스팅되지 못했습니다. 그런데 예상치 못하게 건너 건너 선후배, 동료의 소개로 캐스팅되었고, 그렇게 출연한 영화나 연극을 통해 다른 작품에서도 출연 제안을 받게 되었습니다.

대한민국을 대표하는 김태리 배우는 2016년 박찬욱 감독의 영화 〈아가씨〉의 오디션에서 1500:1의 경쟁률을 뚫고 영화계에 혜성같이 등장했습니다. 당시 '엄청난 경쟁을 뚫고 거장 박찬욱 감독의 뮤즈가 되었다'는 기사가 쏟아졌지요. 그렇다면 나머지 1499명의 배우는 어떻게 되었을까요?

여러분! 오디션에서 통과할 확률이 얼마나 될까요? 결론부터 말하자면 배우에게는 연기와 관련된 모든 인간관계가 오디션입니다. 나를 가르친 선생님, 선후배·동료 배우, 같이 작업했던 연출가와 감독, 스태프 등등. 실제로 저는 배우를 캐스팅할 때 오디션을 열기 전에 저와 함께 일했던 동료 선후배 배우, 같이 공부했던 제자들을 먼저 떠올립니다. 그들의 실력과 장단점을 잘 알기 때문입니다. 다시 한 번 강조하자면, 그들은 하나같이 성실하고 긍정적이며 적극적이고 책임감이 강한 배우들입니다. 그런 뒤에 비는 배역을 캐스팅하기 위해서 오디션을 기획합니다.

감독은 작품을 위해서 당연히 좋은 배우를 찾습니다. 배우는 좋은 작품을 만나기 원합니다. 오디션은 캐스팅될 수 있는 여러 방법 중 하나일 뿐, 전부가 아닙니다. 연기와 관련된 모든 인간관계가 오디션입니다.

10분 Key Point
연기와 관련된 모든 인간관계가 오디션이다.

나만의 정체성, 아이덴티티

감독이나 연출가들은 저마다 오디션에 대한 가치관과 취향이 있습니다. 어떤 감독은 아예 오디션을 열지 않습니다. 짧은 시간에 배우의 역량을 알아내는 것은 불가능하다고 생각하기 때문입니다. 반면 다른 연출가는 모든 배역을 오디션을 통해 선발합니다. 새로 뽑은 배우를 통해 매너리즘을 버리고 창조적인 영감을 얻을 수 있다고 합니다. 저 같은 경우에는 단편영화를 제작하거나 연극 작품을 연출할 때 마음에 둔 배우를 우선 캐스팅하고 나머지 역할을 선발하기 위해서 오디션을 기획합니다. 캐스팅 확정된 배우와 앙상블이 좋은 배우를 섭외해서 멋진 작품을 만들고 싶기 때문입니다. 그동안 알지 못했던 재능 있는 배우들을 새로이 만날 수 있어서 마음이 설레기도 합니다.

많은 배우가 오디션에 참여하는데, 하나같이 열정과 진정성이 느껴집니다. 저 또한 연기자이기 때문에 배우로서 오디션에 참여하는 중압감과 부담을 잘 압니다. 그래서 최대한 편안한 분위기에서 자신의 역량을 발휘할 수 있도록 배려합니다. 하지만 신인 배우들에게는 아쉬운 점이 많습니다. 열정은 대단하지만, 배우의 아이덴티티, 즉 정체성이 없다는 사실입니다. 그저 유명한 배우가 연기한 장면을 그대로 따라 합니다. 유행하는 드라마나 영화의 대사 일부를 발췌하여 그대로 흉내내는 겁니다. 저의 첫 단편영화 〈부서진 페르소나〉의 여자 주인공 '주희' 역을 모집한다고 공고를 냈을 때는 많은 배우가 인기 드라마 〈별에서 온 그대〉의 '천송이 (전지현 분)' 역의 연기 동영상을 보내 왔습니다. 또 다른 인기 드라마 〈또 오해영〉의 '오해영(서현진 분)' 역의 연기 동영상 또한 많았던 걸로 기억합니다. 그걸 보는 저는 오디션 참가자들의 연기보다는 전지현 배우와 서현진 배우의 예쁜 외모와 멋진 연기만 연상되었습니다.

학생들에게 오디션 연기에 대하여 강의할 때도 마찬가지입니다. 한번은 영화 〈반창꼬〉의 '미수(한효주 분)'와 '강일(고수 분)'의 대사를 숙제로 내준 적이 있습니다. 학생들은 이 대사를 보자마자 반기는 것 같았습니다. 당시 영화에 조금이라도 관심 있는 사람이라면 누구나 〈반창꼬〉를 유쾌하게 봤기 때문입니다. 그러나 막상 발표가 시작되자 학생들 대부분은 한효주 배우와 고수 배우가 실제 영화에서 한 연기를 그대로 따라 할 뿐이었습니다. 심지어 그들의 연기 장면만 열 번 가까이 반복해서 보았다는 학생도 있네요.

좌절입니다! 여지껏 쌓아온 공든 탑이 와르르 무너지는 기분입니다. 여기서 잠시 일부 연기 교육 현장에서 나타나는 문제점을 비판하고 싶습니다. 학생이 스스로 역할을 분석하고 인물의 캐릭터를 개성 있게 구축하는 힘을 기르도록 해야 합니다. 그래야 현장의 감독과 연출가 등 여러 파트의 전문가들과 함께 소통하며 멋있는 작품을 만들 수 있겠죠. 그런데 대본만 던져주고 달달 달 외우게 하고 실제 출연 인물과 유사한 연기를 시킵니다. 학생들은 타성에 젖어 자신의 정체성과 무관하게 실제 연기자를 모방하는 연기를 합니다. 이렇게 연기해서야 작품의 처음부터 끝까지 '미수'와 '강일'이라는 역할을 깊게 연구해서 소화한 한효주 배우, 고수 배우 당사자보다 어떻게 연기를 더 잘할 수가 있겠습니까?

아이덴티티는 자기만이 가지고 있는 고유의 정체성을 의미합니다. 고유의 정체성은 그 누구도 따라 할 수 없는 나만의 무기입니다.

배우 고유의 정체성은 감독이나 연출가에게 강력한 영감을 제공합니다. 할리우드의 명배우 더스틴 호프만이 그의 주연 데뷔작 〈졸업〉 오디션을 보았을 당시의 일입니다. 감독이 오디션 자리에서 키가 170센티미터도 안 되는 그의 연기를 보고 기존에 내정되어 있던 키 큰 배우들의 캐스팅을 싹 다 바꿨다는 에피소드는 전설처럼 전해집니다.

10분 Key Point
오디션 연기는 자신의 아이덴티티, 즉 개성과 매력을 어필하는 것이다.

오디션에서 주의할 점

저는 이십 년 동안 배우로서 영화·연극 등 수많은 오디션에 지원했습니다. 연극 연출가로서, 단편영화를 만드는 신인 감독으로서 오디션을 통하여 배우들을 캐스팅하기도 했습니다. 이를 바탕으로 학생들에게 오디션 실전 연기를 가르쳐오고 있습니다. 현장 경험을 바탕으로 연기 지망생들과 초보 배우들이 오디션에서 자주 저지르는 실수와 주의할 점을 소개합니다.

첫째, 심사위원을 자극하지 마세요.

예전에 유쾌한 코미디 공연을 관람하러 간 적이 있습니다. 저는 잔뜩 기대를 품고 공연을 잘 보기 위해 맨 앞자리에 자리를 잡았습니다. 한참 재밌게 공연을 관람하고 있는데 갑자기 무대 위 배우가 저를 바라보며 제게 말을 건네는 것이었습니다. 저는 당황했습니다. 뭐라고 대답했는지도 기억이 안 납니다. 관객들이 깔깔깔 웃습니다. 한술 더 떠서 그 배우는 저를 무대 위로 끌어당겨서 함께 춤을 추게끔 했습니다. 관객들은 환호합니다. 겨우 자리로 돌아온 뒤에도 저는 공연에 전혀 집중할 수 없었습니다. 민망하고 괴상한 기분이었습니다.

이처럼 오디션에서 심사위원에게 자신을 각인시키기 위해

서 눈을 똑바로 보고 연기하거나 박수를 유도하는 배우들이 있습니다. 이렇게 되면 심사위원은 굉장한 부담을 느끼며, 정작 연기에는 집중할 수 없게 됩니다.

둘째, 카메라를 쳐다보지 마세요.

시청자들은 영화나 드라마에서 상대방을 정면으로 쳐다보는 장면이 나오면 배우가 카메라를 보고 연기하는 것이라고 착각합니다. 아닙니다! 아주 특수한 상황이 아니라면 연기자들은 보통 카메라를 정면으로 보고 연기하지 않습니다. 유심히 확인해보세요. 아무리 얼굴 정면이 보이는 컷이라도 연기자들의 시선이 카메라로 직접 향하지 않습니다. 오디션에서 카메라가 정면에 있으면, 자신보다 키가 큰 사람에게 말하는 장면을 연기할 때는 카메라의 윗부분 중 어느 한 곳을 지정해서 연기하세요. 반대로 키가 작은 사람에게 말하는 장면이라면 카메라 아래 어느 한 지점을 정해서 그곳에 시선을 고정하고 연기하세요. 만약 카메라를 정면으로 보고 연기하기를 부탁받는다면 보고 연기해도 되고요.

셋째, 오버하지 마세요.

배우라면 오디션에서 다른 경쟁자들보다 주목받고 싶은 욕망이 클 것입니다. 그래서 간혹 배역의 의상과 소품을 준비해 오는 경우가 있습니다. 언젠가 야구 선수 역을 맡기 위해서 실제 유니폼을 입고 글러브까지 착용하고 온 배우가 있었고, 사극 오디션에서는 머리부터 발끝까지 한복으로 갖춰 입은 배우도 보았습니다. 열정은 좋지만 '튀어야 캐스팅될 것'이라는 심리가 깔려 있는 것 같습니다. 심사위원은 배우의 이미지와 목소리, 행동 방식을 보면서 자신이 생각하는 인물을 이렇게도 저렇게도 연상합니다. 그런데 이 경우는 심사위원이 자신의 연기를 보고 작품을 상상할 수 있는 여지를 제한하게 되는 것입니다. 야구 선수 역 오디션이라면 야구 점퍼, 사극 오디션이라면 저고리 정도가 적당하지 않을까요?

넷째, 여러 잡동작과 버릇 들을 고치기 위해 연습하세요.

아직 연기가 서툰 배우 지망생이나 신인 배우 들을 구별할 수 있는 특징이 있습니다. 바로 잡동작이 많다는 것입니다. 오디션은 배우에게 매우 불리한 조건입니다. 당연히 긴장할 수밖에 없죠. 입장하는 순간부터 당당하지 못하고 벌써 위축되어 있어요. 반대로 긴장감을 감추기 위해서 우렁차게 인사하며 허리를 90도 가까이 숙이기도 합니다.

자신도 모르는 버릇들도 많이 나타납니다. 몇 가지 소개하자면 여자 배우들은 버릇처럼 머리카락을 귀 뒤로 자꾸 넘깁니다. 유난히 발가락을 꼼지락거리는 남자 배우도 수차례 봤고요, 인터뷰 때 당황스러운 질문을 받으면 볼이나 턱 끝을 긁적이는 사람들도 있었습니다. 자신의 연기가 불만족스러운지 발을 동동 구르면서 아쉬워하는 배우도 있고 문밖으로 나가면서 거듭 인사를 하는 배우도 있습니다. 가장 안쓰러운 건 너무 많이 떤다는 사실입니다. 연기하는데 손도 다리도 덜덜거립니다. 전부 다 이해해요. 저도 신인 배우 시절에 그랬으니까요. 유독 오디션에 약한 배우도 있고 이상하게 오디션에서 강한 배우도 있습니다. 많은 연습을 통해서 잡동작 없이 최대한 담백한 인상을 남기는 것이 임팩트 있고 좋다고 생각합니다.

다섯째, 오디션장 밖에서의 행동도 신경 써야 해요.

오디션 중에 잠깐 쉬는 시간을 가졌습니다. 배역에 어울리는 연기자를 찾기 위해 한참 신경 쓴 까닭인지 머리가 얼얼합니다. 대기실에서 참가자들을 안내하는 스태프와 음료를 나누며 대화를 나눕니다.

"감사해요. 덕분에 잘 진행되고 있어요."

"윤 연출님. 얘기해도 되는지 모르겠지만, B팀 세 번째 들어갔던 홍길동 배우 기억나세요?"

"그럼요! 되게 호감 가고 연기도 좋았어요."

"그 배우 대기실에서 정리하고 나가는데 오디션을 잘 못 봤는지 행동이 거칠더라고요. 전화 통화를 하면서 욕도 많이 하고요."

"아. 그렇군요."

쉬는 시간이 끝나고 복귀한 저는 다른 심사위원들에게 단호하게 얘기했습니다.

"홍길동 배우 빼세요."

그러고는 다시 집중해서 오디션을 진행했습니다. 오디션장 밖에서 드러나는 연기자의 성격과 인성, 품위도 캐스팅의 중요한 기준이 됩니다.

여섯째, 적극적인 태도와 자신감, 작품에 대한 존중을 보여주세요.

어떤 배우는 너무 겸손합니다. 연기를 시작한 지 얼마 되지 않아서 자신의 연기가 다소 부족하다며 말합니다. "맡겨주시면 부족하지만 최선을 다하겠습니다." 이렇게 말하면 안 됩니다. 소극적인 사람으로 오해받습니다. "이 역할을 주시면 잘할 자신이 있습니다. 맡겨주세요." 하고 긍정적인 자신감을 주세요.

작품에 대한 존중과 칭찬도 중요합니다. 지인의 소개로 대학교 학생 단편영화에 오디션을 보러 간 적이 있습니다. 심사위원이 제게 물었습니다.

"경험도 풍부하고 경력도 화려하신데 저희 작품에 지원하신 계기가 있나요?"

"전 감독님의 시놉시스와 시나리오가 정말 마음에 들었습니다. 그래서 학생들이 준비하는 짧은 단편영화지만 훌륭한 작품이 될 것이라고 기대합니다. 그리고 이 역할은 다른 배우들보다 제가 더 잘할 수 있다고 생각했습니다."

이렇게 말하면 당연히 그들은 기분이 좋지 않을까요? 저는 적극적으로 작품에 대한 존중을 표하며 자신감을 피력하였습니다.

일곱째, 입장과 퇴장도 중요해요.

입장에도 신경 써야 합니다. 사실 대기실에서 연기를 준비하다 보면 나보다 더 뛰어난 경쟁자들이 많아 보입니다. 다 나보다 인물이 좋고 연기도 잘하는 것 같다고 괜히 지레짐작합니다. 시작 전부터 위축되고 기가 눌려서 힘없이 입장하는 배우들도 많습니다. 신경 쓰지 마세요! 당당하게 입장해서 "안녕하세요. 저는 윤용근입니다. 오디션 기회를 주셔서 감사합니다." 하고 분명하게 인사하면 됩니다.

퇴장할 때도 긴장을 늦추면 안 됩니다. "저의 연기를 끝까지 봐주셔서 감사합니다. 기회가 된다면 이번 작품에 함께하고 싶습니다." 깔끔하게 말하고 퇴장하면 되는 것입니다. 그런데 초보 배우들은 긴장감에 위축돼서 입장과 퇴장이 매끄럽지 못합니다. 연기를 잘하지 못했다는 실망감에 고개를 푹 숙이고 도망치듯 퇴장하는 경우도 많이 보았습니다.

여덟째, 즉흥 대본이 주어질 때도 있어요.

현장에서 즉흥적으로 작품의 실제 대본을 나눠주기도 합니다. 처음 받은 대사이기 때문에 당황스럽습니다. 이때는 대본만 보고 연기하면 안 돼요. 오디션에서 리딩의 기본 자세는 대본을 힐끗 보며 자신의 액팅을 심사위원에게 오픈해서 보여주는 것에 있습니다. 전 대본을 깊게 연구하는 성격이라서 순발력이 필요한 즉흥 대본에 약합니다. 그래서 아쉽습니다. 어떤 배우는 기억력과 애드리브에 강해서 금방 즉흥 연기를 소화합니다. 부럽기도 하지만 전 실망하지 않습니다. 처음 받은 대사이기 때문에 버벅거리고 틀리기도 하지만 제 모습이 잘 보이도록 얼굴과 몸통을 적극적으로 심사위원석을 향해 돌리고 연기했기 때문입니다.

훌륭한 연출자들은 즉흥 대본이라는 점을 감안합니다. 배우 본인은 조그만 실수로 오디션을 망쳤다고 생각하지만, 연출자들은 실수와 관계없이 대사를 읽는 말투나 목소리, 이미지를 종합적으로 따져서 실제 작품과 어울리는 캐릭터의 가능성을 찾는 것입니다. 오히려 흡족하지 못했다고 생각한 오디션에서 캐스팅되는 경우도 많습니다.

10분 Key Point
오디션에서 주의할 점을 숙고하자.

우리가 오디션에서 떨어지는
여러 가지 이유

여러분은 짝사랑하는 이성에게 정성을 다해 마음을 고백했는데 거절당한 경험이 있나요? 아니면 사귀던 연인에게 이별을 통보받은 경험이 있나요? 학생들에게 질문하면 매우 숙연해지는 사람도 있고 엷게 미소 지으며 알 수 없는 표정을 짓는 사람도 있습니다. 물론 그런 경험이 없다는 친구도 간혹 있습니다. 하지만 대부분은 선생님의 갑작스러운 질문에 특별했던 그 사람을 회상하는 듯합니다. 저는 묘한 분위기 속에서 더욱 짓궂은 질문을 합니다.

"왜 딱지를 맞았니?"

학생들의 표정은 미궁 속으로 들어가는 듯 더욱 아리송해집니다. 상대의 속마음을 모르기 때문입니다. 왜 이별 통보를 받았는지 궁금하기만 합니다. 그래서 답답합니다. 차라리 이유라도 알면 속이 시원할 테니까요.

오디션에서도 마찬가지입니다. 분명히 현장에서 연기를 잘했고, 심사위원들도 매우 긍정적이고 호의적인 분위기였습니다. 그래서 며칠 동안 한창 들뜨고 기대하며 온갖 상상의 나래를 펼쳤는데 이런 문자를 받는다고 생각해보세요.

저희 작품에 지원해주셔서 감사합니다.
아쉽지만 이번 작품에서는 함께할 수 없게 되었습니다.
다음에 더 좋은 작품에서 만나 뵙기를 바라겠습니다.

기분이 울적해집니다. 끊었던 담배를 손에 잡게 되고 친구를 불러 술 한잔 기울이며 하소연합니다. 머릿속에는 온갖 잡생각들이 가득합니다.

'아. 내가 재능이 없나 보다'

'다 때려치우고 장사나 해볼까?'

'분명 감독님이 날 좋게 본 것 같았는데 뭐가 문제였을까?'

'아, 몰라'

그 와중에도 '왜 떨어졌는지 전화라도 해볼까?'라는 생각만은 떠나지 않습니다. 하지만 자존심도 있고 창피하기도 해서 막상 전화는 못하고 며칠 동안 마음만 끙끙 앓습니다.

저는 학생들에게 호방하게 너스레를 떱니다.

"너희들이 왜 차였는지 알려줄게!"

학생들은 귀를 쫑긋 세웁니다. 분명히 그 감독님 혹은 연출님은 나에게 호감이 있었고 나를 캐스팅해줄 것 같았기 때문입니다. 사실 이번에 다룰 내용은 실제 수업에서도 인기 많은 주제입니다.

2021년 알베르 카뮈 작 〈정의의 사람들〉 작품을 위해서 오디션을 진행했을 때의 경험을 바탕으로 오디션에서 떨어지는 이유를 에피소드 형식으로 소개하겠습니다. 정말 떨어뜨리기 미안할 정도의 실력을 갖춘 배우들이 많았습니다. 당시 주·조연 배우들은 약 육십 퍼센트가 저의 제자 출신이었습니다. (저의 제자라고 하면 젊은 배우만 있다고 생각하실 수 있지만 이십 대부터 육십 대까지 다양한 연령대로 구성되어 있었답니다.) 그리고 저와 친분이 있고 실력 있는 배우가 이십 퍼센트 정도로 구성되었고, 그들도 오디션 심사위원으로 참여했습니다. 우리는 여자 주인공 '도라' 역할과 굉장히 중요한 조연 '보이노프' 역을 맡을 배우들을 찾고 있었습니다.

1. 너무 키가 큰 경우

패션모델이 아닌가 싶을 정도로 매력적인 배우가 오디션에 왔습니다. 사람 많은 길거리에서 봐도 눈에 띌 외모입니다. 연기도 흡족하게 잘했습니다. 작품에 대한 열의도 대단했습니다. 저는 저렇게 멋진 배우가 우리 연극에 나온다면 참 좋겠다고 생각했습니다. 심사위원들이 호감을 보이며 "혹시 모델 아니세요?"라고 묻자 그는 재치 있게 대답합니다. "제가 연기를 너무 못했나 봐요. 연기자로 안 보이는군요." 센스 있는 대답에 심사위원들은 흐뭇해합니다. 저 사람과 함께 작업하면 참 즐겁겠다고 생각합니다. 평가 점수도 최고점이었습니다. 그런데 키가 문제였습니다. 극을 이끌어가는 주요 남자 배우들의 키가 작은 편이었기 때문입니다. 며칠 동안 머릿속으로 무대 위 배우들의 앙상블을 골백번 상상해보았습니다. 욕심 나는 배우였지만 미장센을 그려봤을 때 시각적인 밸런스가 깨진다는 결론을 내리고 결국 아깝게 탈락시킬 수밖에 없었습니다.

2. 너무 잘생긴 경우

저는 주인공을 이미 섭외했고 그에 어울리는 조연을 찾고 있었습니다. 그런데 오디션장에서 잘생긴 얼굴에 훤칠한 키, 다부진 몸매를 가진 배우를 만났습니다. 연기도 훌륭했고 특히 작품에 대한 진정성과 애정이 마음에 들었습니다. 정말 누가 봐도 호감 가는 배우였습니다. 그를 작품에 출연시키려고 며칠간 많이 고심했습니다. 억지로라도 내정된 배우들과 매칭시키고 싶었습니다. 아까웠기 때문입니다. 하지만 결국 캐스팅을 포기했습니다. 관객들이 주인공에게 주목하며 이야기의 흐름을 파악해야 하는데, 그가 무대에 등장하면 관객들이 그의 외모에 시선을 뺏겨 극의 흐름이 깨질 것 같았기 때문입니다. 너무 잘생겨도 떨어질 수 있어요.

3. 목소리가 맞지 않는 경우

한눈에도 내가 찾는 여자 주인공 도라 그 자체로 보이는 배우가 문을 열고 오디션장으로 들어왔습니다. 가슴이 뛰었습니다. 카리스마가 돋보이는 남자 주인공 이미지에 어울리는 왜소한 체격에 부드러운 이미지를 가진 배우였습니다. 연기도 기대한 만큼 잘해주었습니다. 작품에 대한 진정성과 기대도 충분히 느낄 수 있었습니다. 심사위원들도 '연출님이 진짜 원하는 배우를 찾았구나' 하고 안도하는 것 같습니다. 심사가 끝난 뒤 잠시 우리들끼리 의견을 나누었습니다.

"연출님! 정말 좋네요."

"저도요."

긍정적인 말들이 오고 갑니다. 하지만 전 너무나 아쉬운 표정을 지으며 말했습니다.

"아. 다 좋았는데, 목소리가 새롬 배우님이랑 겹치네요."

다들 의아해합니다. '왕비' 역을 맡은 배우의 목소리는 허스키하면서도 묵직합니다. 그래서 저는 작품의 극적인 효과를 위해서 그와 대비되는 맑은 목소리를 가진 배우를 찾고 있었던 것입니다. 배우들이 가진 이미지의 조화만큼이나 보이스의 앙상블도 중요하기 때문입니다.

4. 실력이 뛰어난 경우

아니, 실력이 뛰어나서 떨어진다니 말이 되나요? 말이 안되는 것 같지만 말이 됩니다. 이번 지원자는 좋은 연기를 뛰어넘어 다른 지원자와는 아예 차원이 다를 정도로 훌륭한 연기를 보여줬습니다. 연기가 끝나자 심사위원 모두 감동했는지 분위기가 엄숙해졌습니다. 저도 물론 감탄했습니다. 그런데 연기 후 인터뷰에서 마음이 동요합니다. 그의 말투와 눈빛에서는 자신감을 넘어 매우 강한 자존감이 느껴졌습니다. 프로필을 보니 국내 최고의 연극

대학교를 나왔고 석사까지 할 정도로 연기 공부를 깊게 하였습니다. 커리어는 다른 지원자와 비교가 안 될 만큼 화려합니다.

"어떻게 저희 연극에 지원하게 되셨나요?"

"전 이 작품을 하고 싶었어요. 연출님 정도라면 좋은 작품이 될 거라고 생각해요."

"좋게 생각해주셔서 감사합니다. 전 카뮈가 이 작품을 통하여 도라의 성장을 표현했다고 생각해요. 배우님은 작품에 대해 어떤 관점을 가지고 계신가요?"

"처음 들어본 얘긴데요? 도라는 자주적이고 주체적인 여성이라고 생각합니다"

저는 그녀와 작업하면 의견이 많이 부딪치겠다고 직감했습니다. 작품에 대한 해석이 저와는 다르기 때문입니다. 또한 작품 외적으로 경력 차이가 있는 다른 단원들과의 팀워크도 감안하였습니다. 훌륭한 작품은 뛰어난 개인이 이끌어서 만들어지는 것이 아니라 모든 역할이 하모니를 이루어 시너지 효과가 날 때 만들어진다는 철학을 가지고 있기 때문입니다. 단체 예술이니까요.

5. 사생활이 문제되는 경우

오디션에서 사생활을 의외로 참 많이 묻습니다. "집이 어디인가?" "형제는 있나?" "부모님은 뭐 하시나?" "결혼은 했나?" 등 사소하고 시시콜콜한 질문처럼 느껴지는 것들입니다.

보이노프 역에 지원한 배우가 훌륭한 연기를 했습니다. 몇 시간 전 너무 잘생긴 배우가 다녀가서 못내 아쉬웠지만, 이번에는 앙상블을 깨지도 않으면서 외모와 목소리를 감안할 때 오히려 최고의 조합이 되지 않을까, 기대가 됩니다. 그는 매우 독특한 개성이 묻어나는 배우입니다. 체격과 실력, 풍기는 존재감도 모두 제 맘에 꼭 들었어요! 그가 떠난 뒤에 확신에 찬 어조로 선언했습니다. "전 이 배우로 정하겠습니다!" 당연히 심사위원들도 흡족해할 줄 알았는데 기혼자 심사위원들이 한사코 말리는 것입니다.

"연출님! 다음 달에 결혼한다잖아요. 결혼식이 우리 연습 기간이랑 겹치는데 어쩌시려고요. 얼마나 준비할 게 많은데요."

"연습 초반이잖아요. 결혼식 끝나고 본격적으로 합류하면 금방 따라오겠죠."

"에구, 연출님이 아직 미혼이라서 모르시는 거예요. 결혼하고 나면 더 바빠요! 정신이 하나도 없다니까요? 친척과 지인 들에게 인사드리러 다녀야지, 집안 살림 장만해야지. 그뿐인가요? 가족 관계 서류 신고 같은 행정 처리도 얼마나 복잡한데요."

저는 아쉬운 마음에 덧붙였습니다.

"그래도 본인이 잘할 수 있다고 했잖아요."

"그분도 결혼 예정이지 우리처럼 경험한 건 아니잖아요."

결국 저는 기혼자들의 의견을 받아들여 캐스팅을 포기했습니다.

어떤가요? 조금은 위로가 되나요? 이밖에도 실력은 좋으나 나이가 너무 어려 보인다고 떨어지는 경우, 티켓 파워가 약하다는 이유로 캐스팅되지 않는 경우도 있습니다. 이는 감독이나 연출의 개인적인 취향이 캐스팅의 당락에 지대한 영향을 미친다는 것을 의미합니다. 저뿐만 아니라 많은 연출가와 감독은 아깝게 떨어진 배우들을 마음속에 담아두고 있습니다. 왜냐면 이번 작품에서는 이런저런 이유로 함께하지 못했지만 준비하고 있는 차기작에 어울리는 배우들이라고 생각하기 때문입니다. 오디션에서 떨어진 무명 배우 송강호를 알아보았던 당시 무명의 조감독 봉준호가 훗날 자신의 영화에 그를 가장 먼저 캐스팅했다는 에피소드는 유명합니다. 영화 〈기생충〉을 기획할 때는 아예 송강호 배우를 염두하고 시나리오 작업을 했다고 하네요.

연기 실력이 부족해서 떨어진 것이 아닐 수도 있습니다. 실망하지 마세요!

10분 Key Point
실력이 훌륭해도 여러 이유로 캐스팅되지 못할 수 있다.

명품 배우를 만드는 사소한 기술

* 연기와 관련된 모든 인간관계가 오디션이다.
* 오디션 연기는 자신만이 가지고 있는 개성과 매력을 보여 주는 것이다.
* 오디션에서 주의할 점을 숙지하자.
* 연기를 잘해도 떨어지는 경우가 있다. 실망하지 마라.

2장
오디션,
어떻게 준비할까?
- 실전 대비법

프로필 사진

이번 장에서는 배우가 작품에 캐스팅되기까지의 준비 과정을 순서대로 소개하겠습니다. 오디션에 지원하면 가장 먼저 프로필 사진을 요구합니다. 왜 굳이 프로필 사진을 보내달라고 할까요? 그냥 핸드폰으로 찍어서 적당히 잘 나온 사진을 보내면 안 될까요? 빠듯한 배우 지망생 형편에 프로필 촬영에 비싼 비용을 투자하기란 쉽지 않습니다. 만족할 만한 사진이 나온다는 보장도 없습니다. 그래서인지 몇몇 배우들은 프로필 사진 촬영 비용을 아깝게 생각하고 차일피일 미루기도 합니다. 한번 찍은 사진을 몇 년 동안 사용하기도 합니다.

프로필 사진에 대해서는 제작자, 캐스팅 디렉터, 배우마다 의견이 다 달라서 헷갈리기도 하는데요, 프로필 사진이 왜 중요한지 설명해드리겠습니다. 먼저 배우에게 프로필 사진은 프로의 세계에서의 '포장'입니다. 상품을 생산하면 그대로 파는 것이 아니라 멋있게 포장합니다. 기업은 포장지를 예쁘게 디자인합니다. 상품의 개성에 맞게 멋진 사진을 넣기도 합니다. 예를 들어 컵라면은 언제 어디서든 빠르고 쉽게, 맛있게 먹을 수 있다는 것을 강조하기 위해 탱글탱글한 면발이 강조된 사진과 함께 친숙한 이미지로 디자인합니다. 고급 향수는 아름다운 모델 사진을 활용해 패키지를 고급스럽게 디자인합니다. 이처럼 배우 역시 자신의 개성과 캐릭터를 오디션 관계자에게 어필하기 위해서 효과적으로 포장해야 합니다. 이러한 포장은 일종의 관행으로 인식됩니다.

　　다음으로 프로필 사진은 카메라 렌즈와 관련 있습니다. 영화에서 쓰이는 카메라 렌즈와 사진에 쓰이는 렌즈가 같기 때문입니다. 그래서 프로필 사진을 통해 카메라가 보는 인물을 파악할 수 있습니다. 여러분은 단순히 자신이 보기에 잘 나온 사진이 좋다고 생각할 것입니다. 하지만 카메라 렌즈가 바라보는 당신과 사람의 눈으로 바라보는 당신은 완전히 다릅니다. 그래서 현장의 감독을 위시한 캐스팅 관계자들은 현실의 인물보다 사진 속 인물의 이미지에 더욱 관심을 가지고 있습니다. 드라마 단역급 캐스팅 디렉터는 실물 미팅을 하지 않고 프로필 사진만 보고 현장에 배우를 바로 연결하는 경우도 상당히 많습니다. 당연히 연기 동영상과 전화 인터뷰를 통해서 연기자를 부차적으로 파악하긴 하겠지만요.

　　마지막으로 '샷 크기'와 관련 있습니다. 현장에선 통상적으로 얼굴 클로즈업, 상반신 컷, 전신 컷 프로필 사진을 요구합니다. 이는 실제 현장에서 카메라에 비치는 배우의 모습을 알고 싶기 때문입니다. 클로즈업 사진 속의 표정을 보고 필요한 캐릭터의 정보를 얻을 수 있고, 미디엄 샷과 관련된 상반신 사진에선 자세와 제스처 사용을 보며, 풀 샷과 관련된 전신 컷에서는 몸의 균형도 체크합니다. 이를 통해서 실제 카메라에 비치는 배우의 외형적인 이미지를 가늠할 수 있습니다.

　　뜬금없지만 재미있는 에피소드가 생각나 소개할게요. 저는 어느덧 소위 말하는 '짬밥이 찬' 배우가 되었습니다. 젊은 영화인들이 만드는 작품을 소개받고 오디션에 참여했는데 이제 막 대학을 졸업한 젊은 신인 감독이 질문했습니다.

　　"프로필 사진이랑 실물이 다른데요?"

　　저는 능청스럽게 대답했습니다.

　　"아, 네. 맞습니다. 실물은 이렇게 생겼지만, 카메라 렌즈에는 제가 키도 크고 잘생기게 잡히나 봅니다."

　　카메라의 렌즈별 화각, 샷 크기, 조명 등에 따라 제가 어떻게 보이는지 잘 알고 있다는 자신감이 있었기에 이렇게 대답한 것입니다. 그렇다 해서 과도하게 보정된 프로필 사진은 절대로 금물입니다. 실제로 제가 기획한 오디션에서 어떤 배우의 프로필 사진을 보고 기대했는데 실물을 보고 크게 당황한 적이 있습니다. 사진과 실물이 달라도 너무 달랐기 때문입니다. 조감독이 "사진에 속은 것 같아서 불쾌하다"고 말할 정도였습니다. 이해되시죠? 그럼 프로필 사진을 찍을 때 유의점을 알아봐요.

첫째, 지금 당장 찍으세요.

학생들은 프로필 사진 촬영을 차일피일 미룹니다. 대표적인 이유는 다이어트입니다.

"쌤, 살 좀만 더 빼고 찍을게요."

"언제?"

"한 달만 있다가요."

한 달 뒤, 학생의 몸매는 전혀 변화가 없습니다. 다이어트를 해서 조금 더 나은 모습으로 사진을 찍고 싶은 마음은 이해합니다만, 그러다간 영영 못 찍습니다. 당장 찍으세요. 실패한 사진이 나오더라도 내가 어느 부분이 부족한지 알 수 있을 것입니다.

또 다른 이유는 비용입니다. 비싼 촬영 비용이 부담되기 때문이지요. 이해는 가지만 프로 배우로서의 투자라고 생각하면 좋을 것 같습니다. 배우에게 프로필 사진은 명함과도 같습니다. 전 명함 없이 비즈니스하는 사람은 못 봤습니다.

둘째, 의견을 개진하세요.

프로필 사진을 찍으러 스튜디오에 가면 아무래도 낯선 공간이니 왠지 어렵게 느껴집니다. 그래서 헤어와 메이크업이 맘에 들지 않아도 아무 말 못하는 경우도 생깁니다. 또한 사진이 마음에 들지 않을 수도 있습니다. 아무래도 사진작가는 연기를 공부한 사람도 아니고 현장의 사정도 잘 모릅니다. 자신의 방식대로 멋진 사진을 찍는 작가인 것입니다. 사진에 대해서 적극적으로 의견을 개진하세요. 이는 헤어·메이크업 아티스트와 작가에게 실례를 범하는 것이 아니라 공동 작업을 하는 것입니다.

셋째, 자기만의 특징과 개성을 살리세요.

연예인 사진을 천편일률적으로 모방한 사진이 무척 많습니다. 그리고는 연예인 아무개를 닮았다고 좋아하는 경향도 있습니다. 자신만의 개성을 살리세요. 카메라를 통해서 스스로도 몰랐던 내 모습을 발견할 수도 있습니다.

넷째, 인물의 정서를 표현하세요.

단순히 멋지고 예쁜 사진도 좋지만, 자신이 가지고 있는 고유한 정서가 묻어 나오는 사진이 좋아요. 프로필 사진은 이상하게도 기운이 있는 것 같습니다. 자신이 보기에 예쁘고 멋진 사진인데 번번이 캐스팅에 실패하는 반면 다소 맘에 들지 않지만 의외로 오디션 참여 연락이 자주 오는 사진도 많습니다. 스스로 보기에 예쁜 사진이 아니라 남에게 보여주고 평가받는 사진입니다. 주변 사람들의 조언도 귀담아들으며 사진을 준비하세요.

다섯째, 단순하고 몸매가 드러나는 의상으로 준비하세요.

배우의 프로필 사진은 패션 사진이 아닙니다. 인물의 개성이 중요하게 부각되어야 합니다. 화려한 의상이나, 글씨나 그림, 사진이 크게 프린팅된 옷은 피하세요. 시선이 의상에 쏠려서 진짜 자신의 모습을 어필하지 못하기 때문입니다. 예를 들어 체형을 가리기 위해 힙합 스타일의 펑퍼짐한 의상을 입는 것은 피해야 합니다. 오디션 관계자들이 프로필 사진을 통해서 배우 몸의 균형을 보기가 어렵기 때문입니다.

뚱뚱한 캐릭터, 가냘픈 캐릭터, 근육질 캐릭터, 키가 작은 캐릭터 등 작품에는 여러 인물이 필요합니다. 자신의 체형에 잘 맞는 옷을 입으세요. 계절을 타는 두꺼운 점퍼나 나시도 피하는 것이 좋습니다. 초여름이나 봄가을 의상이 무난합니다. 액세서리도 과도하지 않게 절제된 선에서 착용하는 것이 좋습니다.

여섯째, 자신이 잘할 수 있는 역할에 맞게 콘셉트를 확실히 잡으세요.

전 귀공자나 꽃미남 스타일이 아닙니다. 고객에게 신뢰를 주는 아름다운 미소를 가진 훈남도 아닙니다. 그와 같은 역할을 잘할 자신도 없습니다. 대신 카리스마 있는 조직의 보스, 거친 성격의 서민층, 고독한 예술가 같은 역할은 자신 있습니다. 그래서 프로필 사진을 준비할 때 제 나름대로 이에 맞추어 서너 개의 콘셉트를 정하고 세심하게 준비합니다. '청춘' '시크' '섹시' 등 단순하고 추상적인 단어로 표현되는 사진보다 캐릭터의 성격이 엿보이는 구체적이고 목적 있는 사진이 좋아요.

일곱째, 유행 타는 머리 모양은 피하세요.

시대별로 다양한 캐릭터를 소화할 수 있는 스타일이 합리적입니다. 영화나 연극은 현시대뿐 아니라, 일제강점기 또는 미래 시대를 배경으로 하는 등 시대적 배경이 다양하잖아요.

여덟째, 프로필 사진을 주기적으로 업데이트하세요.

프로 배우로서의 기본입니다. 특히 남자 배우는 근력 운동으로 체형이 많이 변합니다. 여자 배우는 머리 모양과 화장법에 따라서 이미지가 전혀 달라집니다. 프로필 사진을 보고 오디션에 초대했는데 실제 인물은 훨씬 나이 든 경우가 있었습니다. 벌써 수년 전에 찍은 사진이기 때문입니다. 사진 속 인물은 살집이 있어서 제가 구상하는 역할에 잘 부합한다고 판단했는데 실제로 보니 마른 체형이었습니다. 긴 생머리를 가진 배우인 줄 알았는데 오디션 현장에서 만나 보니 단발머리였습니다. 음, 이런 경우에는 참 난감해집니다.

10분 Key Point
배우로서 프로필 사진의 중요성을 알고 당장 준비해야 한다.

선택적 주의 집중을 이용하라

가장 잘 나온 단체 사진은 어떤 사진인가요? 바로 내가 가장 멋지게 나온 사진입니다. 다른 사람이야 눈을 감았든, 옷매무새가 흐트러졌든 간에 내 눈에 내가 예쁘게 찍혔으면 가장 잘 나온 단체 사진입니다. 동의하시나요? 선택적 주의 집중은 시각적으로 단 하나의 이미지에만 집중되는 현상입니다.

군대에 입대하는 사촌 동생이 빡빡머리를 하고 연병장에서 수백 명의 동기 훈련병과 도열하고 있습니다. 단상에 있는 가족들에게 거수경례로 마지막 인사를 하고 뒤돌아서 행렬에 맞추어 훈련소에 입소합니다. 그러자 고모가 "우리 아들! 저기 있네! 저기 우리 아들 간다!" 하고 엉엉 우시는 것이었습니다. 고모 눈에는 아들만 보였던 것입니다. 고모는 마치 아들을 전쟁터에 보내는 것처럼, 생이별이라도 하는 것처럼 우셨지만 병장 만기 전역을 한 제 눈에 수백 명 속에 있는 사촌 동생은 일개 병사일 뿐이었습니다. 파란 가을 하늘 아래 신병들이 우렁차게 구호를 외치며 입대하는 장면이 멋진 구경거리처럼 느껴지기도 했습니다.

영화감독과 연극 연출가들은 작품에 어울리는 배우를 찾기 위해 혈안이 되어 있습니다. 역할에 맞는 이미지를 찾기 위해서 선택적으로 집중되는 것입니다. 예를 들어 악당을 찾는다고 하면 선하고 호감 가는 배우의 프로필 사진은 안중에도 없습니다. 인상이 험악한 배우만 찾겠지요. 배우는 사진을 구성할 때 이점을 노려야 합니다.

　보통 프로필 사진은 3~5장 정도로 구성되는데요, 신인 배우들은 옷이나 머리 모양만 조금 바뀔 뿐 모두 똑같은 이미지입니다. 그렇다면 배우로서 제작사에 단 하나의 이미지만을 제공하는 꼴이 됩니다. 만약 제작자가 전혀 다른 이미지의 프로필 사진 다섯 장을 보게 된다면 어떤 현상이 일어날까요? 머릿속에는 온통 작품에 어울리는 악당을 찾아야 한다는 생각뿐입니다. 이 경우에는 다섯 장을 보더라도 단 한 장, 머릿속 이미지에 어울리는 사진에만 선택적으로 주의 집중될 것입니다.

　전 프로필 사진을 '소박한 기업가 이미지' '화려한 양복을 입은 험상궂은 조폭 이미지' '초라한 중년 이미지', '천진난만한 예술가 이미지'로 구성한 적이 있습니다. 당시 여러 제작사에서 각자 다른 역할로 오디션 제안이 왔습니다. A 영화사에서는 마약을 국내에 밀반입하는 카리스마 있는 행동 대장, B 영화사에서는 차분하고 이지적인 형사, C 영화사에서는 주인공 형사에게 실컷 뚜들겨 맞고도 능청스럽게 혐의를 부정하는 양아치 역이었습니다.

　배우는 자신이 표현할 수 있는 이미지를 다양하게 구성해서 보여줘야 합니다. 그 속에서도 감독이나 연출가는 필요에 의해 본능적으로 단 한 가지 이미지에만 주의·집중할 것이니까요.

배창호 배우의 프로필 사진.
아트 티가니에 스튜디오 제공.

저와 오랫동안 활동한 배창호 배우의 프로필 사진을 소개
합니다. 연극·뮤지컬·영화에서 십오 년 가까이 활동 중인 관록 있
는 배우입니다. 어떻게 프로필 사진을 구성했고 이를 바라보는 관
찰자, 즉 연출가의 시선은 어떨지 생각해봐요. 사실 어떤 프로필
사진이 좋은가에 대한 의견은 캐스팅 디렉터, 감독이나 연출가,
제작사, 투자자, 동료 배우들마다 조금씩 다르지만, 여러분이 이
글을 참고하여 좋은 프로필 사진을 찍었으면 좋겠습니다.

첫째, 인물의 통일된 정서가 느껴집니다.

각기 다른 이미지지만 배우가 가지고 있는 특유의 분위기
가 느껴집니다. 보는 사람에 따라 다르게 생각할 수도 있겠지만,

최소한 배우가 가지고 있는 정체성, 다르게 말하면 고유의 분위기가 느껴집니다.

둘째, 개인의 취향을 알 수 있습니다.

군복 바지에 양복 재킷을 받쳐 입었다는 점에서 독특한 개성이 부각되었습니다. 사실 남자 배우에게 양복을 입은 컷은 매우 중요합니다. 보통의 회사원, 시대극에선 일제강점기의 지식인, 광고에선 신뢰할 수 있는 보험 설계사 등 필요한 이미지가 많기 때문입니다. 그런데 우리가 보편타당하게 생각할 수 있는 이미지를 깨고 자신감 있게 자신만이 소화할 수 있는 패션을 선보인 센스가 돋보입니다. 파격적인 의상이지만 우리는 사진을 통해 배우가 양복을 입었을 때의 이미지도 충분히 떠올릴 수 있습니다.

셋째, 자신의 강점이 표현되었습니다.

가운데 사진을 보면 하얀 티셔츠 사이로 운동으로 다져진 탄탄한 몸매가 드러납니다. 또한 오른쪽 전신 컷을 통하여 몸의 균형이 잘 잡혀 있다는 정보도 알려줄 수 있습니다.

넷째, 복합적인 감정을 느낄 수 있습니다.

'밝은' '청순한' '시니컬한' '무서운' 등 단순한 형용사나 부사로 설명되지 않는 복합적인 느낌들이 있습니다. 캐스팅 디렉터 입장에서 사진을 보고 그냥 넘기기에는 아까운 무언가를 생각하게끔 합니다. 복합적이고 세밀한 감정표현, 섬세한 제스처와 포즈로 연출자는 인물의 사진을 보고 작품의 여러 역할을 다양하게 대입해볼 수 있습니다.

다섯째, 샷 크기를 가늠할 수 있습니다.

사진이 클로즈업, 미디엄 샷, 전신 컷으로 구성되었는데요, 시각적으로 구도가 잘 잡혀 있습니다. 좌에서 우로 그리고 밑에서 위로 시선의 흐름을 만들었는데, 분명 배우는 미적인 감각이 있을 것입니다. 실제로 연출가나 영화감독은 미술가 못지않게 자신의 작품에서 장면의 미적인 요소를 매우 중요시합니다. 포즈와 표정도 각각의 샷 크기에 어울리게 적절히 잘 표현되었습니다.

여섯째, 다양한 정보를 제공하였습니다.

배우가 소화할 수 있는 여러 이미지를 보여주고 있습니다. 연출자의 입장에서 바라봤을 때, '다정하고 따스한 큰오빠'나 '욕심 많고 매우 냉정한 킬러' 역할을 맡길 수 있겠다는 생각이 듭니다. 슈퍼카를 타고 방탕한 삶을 사는 재벌 3세 이미지도 손색이 없는 것 같습니다. 여러분에게는 어떻게 느껴지나요?

일곱째, 포토샵 작업이 과하지 않습니다.

일반인들은 키 크고 날씬하고 피부도 뽀얗게 사진을 보정하고는 개인 SNS에 올리면서 큰 만족감을 느낍니다. 하지만 이곳

배창호 배우의 프로필 사진.
아트 티가니에 스튜디오 제공.

은 프로의 세계입니다. 여러분을 촬영하는 카메라는 모공까지도 디테일하게 잡아냅니다. 사진을 보면 주름이나 피부 결이 그대로 살아 있습니다. 영화적인 조명도 쓰였습니다. 영화적인 조명 기법 이란 화면의 공간감을 살리는 조명법입니다.

이상의 내용을 참고하여 자신이 가진 매력을 지혜롭게 어 필해보세요!

10분 Key Point
'선택적 주의 집중'을 응용하여 프로필 사진을 다양한 이미지로 구성하라.

동영상 연기

여러분이 작품에 캐스팅되기 위해 매우 중요한 장입니다. 집중해 주세요! 배우들은 오디션에 지원할 때 자신의 경력과 프로필 사진, 동영상으로 찍은 독백 연기를 보냅니다. 동영상으로 찍은 연기를 '동영상 연기'라고 합니다. 배우들은 이 동영상 연기를 반드시 신경 써서 작업해야 합니다. 예전에는 동영상 연기를 이메일로 보낸다는 개념이 없었습니다. 그래서 프로필 사진만 보고 일일이 며칠 동안 오디션을 치르면서 배우들의 연기를 직접 확인할 수밖에 없었습니다. 그러다 보니 오디션을 기획한다는 것은 큰일이었습니다. 시간과 비용도 많이 들었습니다. 동영상 연기를 메일로 보내는 관행을 누가 어떤 계기로 시작했는지는 모르겠지만, 좋은 아이디어라고 생각합니다. 필요한 역할에 맞는 실력 있는 연기자들만 골라서 오디션을 치르며 비용을 아낄 수 있기 때문입니다.

먼저 제작자와 감독의 입장에서 동영상 연기를 어떻게 받아들이는지 설명하고 그다음 배우로서 어떻게 동영상 연기를 준비해야 하는지를 설명하겠습니다. 신인 배우와 배우 지망생 들이 보내 온 좋지 않은 동영상 연기 사례를 먼저 들겠습니다. 경각심을 갖도록 단호하게 설명하겠습니다. 전 배우이기 때문에 배우의 편입니다. 그래서 신인 배우들이 미처 알지 못하는 부분을 꼬집어서 환기하고 싶어요.

　첫 번째 경우, 프로필 사진 속 이미지는 매우 근사해서 호감이 갑니다. 근데 아뿔싸! 동영상 연기에 나타난 이미지가 너무나 다릅니다. 분명 프로필 사진은 호감이 가는 근사한 배우인데 동영상 속 배우는 전혀 다른 사람입니다. 탈락입니다. 프로필 사진은 기미나 주름이 없는 깨끗한 피부인데 동영상 속 인물은 기미나 주름은 물론 흉터까지 보입니다. 큰 점도 보입니다. 사진 속 인물은 키도 크고 날씬한데 동영상에서는 전혀 그렇지 않습니다.

　더욱 황당한 점은 보정한 자신의 모습이 진짜 자신의 모습이라고 생각하는 경향이 있다는 건데요, 그건 속이는 겁니다! 인스타그램 등 개인 SNS에 올리는 사적인 사진이라면 전혀 관계가 없겠지만 오디션은 프로들이 일하는 곳이잖아요. 지금은 카메라의 성능이 너무 좋아져서 모공까지 적나라하게 표현된다고 얘기했습니다. 자신을 멋있게 포장하는 프로필 사진의 보정 작업 자체가 잘못되었다는 것은 아닙니다. 지나치면 안 된다는 것이죠.

　두 번째, 너무나 조악한 연기 동영상을 보내 옵니다. 조악히다는 것은 샷의 크기와 프레임에 대한 미장센을 전혀 모르는 동영상이라는 뜻입니다. 샷 안의 머리 위쪽 공간과 좌우 공간을 활용하지 못하는 경직된 연기 동영상도 많이 있습니다. 샷 안에 관찰자의 시점에서 인물이 안정감 있게 배치되는 구도를 '아이 레벨 샷(eye level shot)'이라 하는데요, 아이 레벨조차도 공부하지 않은 아마추어라고 자랑하는 꼴입니다. 전 연기 영상을 보자마자 인상을 찌푸립니다. 끝까지 보지도 않고 바로 다른 지원자의 영상을 재생합니다. 휴, 아직도 삼십 개는 더 봐야 합니다. 아무래도 밤을 새야겠습니다. 빨리 추려서 내일까진 연출부에 보내야 하니까요.

세 번째, 정성이 없습니다. 지하 연습실에서 추리닝 차림에 정리되지 않은 외모로 찍은 영상입니다. 여러 소품이 지저분하게 널브러진 그대로 화면에 노출되어 있습니다. 핸드폰으로 대충 찍은 이 동영상은 연기자로서 자신의 태도를 보여줍니다. 저는 솔직히 불쾌하기까지 합니다.

네 번째, 길거리의 자동차 소리, 복도를 지나는 사람들의 목소리 등 잡음이 심합니다. 공간의 특성 때문에 배우의 목소리가 울리기도 합니다. 그래서 연기에 집중할 수 없습니다. 사운드에 대한 기본 인식이 전혀 없는 것입니다.

다섯 번째, 전문가가 공들여 찍고 편집도 잘된 동영상입니다. 비용도 많이 들어간 것 같습니다. 그런데 정면을 보는 것이 아니라 카메라를 피하며 사선으로 시선을 주는 동영상입니다. 이런 동영상이 은근히 많습니다. 전 배우의 눈을 보고 싶은데 볼 수가 없습니다. 그냥 자신이 예쁘게 나오는 각도를 보여주는 연기 동영상입니다. 영상은 멋있는데 연기력을 제대로 파악하지 못하겠습니다. 그래도 정성은 들였으니 오디션에 초대하는 것이 예의라고 생각해서 서류 통과를 결정합니다. 실제 오디션 현장에선 아니나 다를까 연기를 잘 못해요. 카메라를 두려워하고 심사위원의 시선을 피합니다. 제대로 연기 훈련이 되지 않았다는 콤플렉스가 다분히 느껴집니다. 눈은 영혼의 거울이라고 하는데 눈을 전혀 볼 수 없습니다. 눈을 통하여 관객의 주의를 사로잡는 것입니다. 배우는 동작과 행동을 조정해서 자신의 눈을 적극적으로 관객에게 보여 줘야 합니다. 실제 현장에서도 사선으로 연기하실 건가요?

이외에도 참 한심하게 여겨지는 동영상 연기가 의외로 많습니다. 한 팔십 퍼센트 정도는 되는 것 같습니다. 이 책을 읽는 지금, 얼른 정성을 들여서 동영상 연기를 준비한다면 경쟁력을 갖출 수 있을 것입니다. 아직은 동영상 연기의 중요성에 대한 인식이 적기 때문입니다. 그렇다고 비싼 돈을 들여서 전문적인 영상을 만들라는 것은 아닙니다.

생각보다 거칠게 얘기해서 마음에 좀 걸리네요. 미대를 졸업한 화가나 시각 디자이너들은 전시회나 취업을 위해서 갤러리나 디자인 회사에 정성껏 준비한 포트폴리오를 제출한다고 해요. 이 포트폴리오로 갤러리의 초대를 받아 전시회를 하고 의상, 자동차 디자인, 건축 디자인 관련 회사 취직 여부도 결정된다고 합니다. 우리 배우들에게 프로필 사진과 연기 동영상은 일을 따내기 위해 매우 중요한 포트폴리오 작업입니다.

저 같은 경우에는 경력도 있고 출연한 작품들도 많아서 그중 좋은 것을 골라 편집해서 오디션 관계자들에게 보냅니다. 하지만 저도 신인 시절엔 출연한 작품이 없으니 막막하기만 했습니다. 그래서 동영상 연기를 찍기 위해서 깔끔하게 이발과 면도도 하고,

심지어 화면엔 전혀 필요 없는 향수도 정성껏 뿌렸습니다. 의상과 소품도 역할에 맞게 정성스럽게 준비하고 최대한 잘된 테이크로 골라서 준비했습니다.

그러면 배우는 구체적으로 어떻게 동영상 연기를 준비해야 할까요? 우리는 배우가 되기 위한 공부를 다 했습니다. 첫째, 샷의 크기에 맞게 연기해야겠지요. 샷의 크기를 감안해서 자신이 어필하고 싶은 연기를 적절히 하면 돼요. 두 번째, 잡음을 없애기 위해서 조용한 곳에서 연기해야 합니다. 세 번째, 정성을 들여야 합니다. 좋은 동영상 연기를 보면 배우가 헤어와 메이크업, 옷차림을 정갈하게 하고 깨끗한 공간에서 정성스럽게 연기합니다. 프레임에 대한 전문적인 지식이 없다고 해도 작품에 대한 존중과 연기를 향한 진정성이 느껴집니다.

기억에 남는 특별한 동영상 연기를 소개하겠습니다. 현재 연극·보드빌 뮤지컬·CF·영화에서 활발하게 활동하는 이유진 배우의 신인 시절 동영상 연기입니다. 막 대학을 졸업하고 신인 배우로서 제가 기획한 연극 〈정의의 사람들〉에 지원했을 당시의 동영상 연기인데요, 프레임 안에서 배우가 어떻게 준비하고 연기했는지에 대해서 우리에게 시사하는 바가 큽니다. 좋은 동영상 연기를 바라보는 연출자의 관점도 숙고해서 더욱 퀄리티 높은 동영상 연기를 준비했으면 좋겠습니다.

첫째, 정성이 담겨 있습니다.

동영상 속 인물은 자신이 연기하고자 하는 밝고 당돌한 이십 대 여성의 캐릭터에 맞춰 헤어스타일, 메이크업, 의상, 심지어 네일 아트와 시계 등까지 깔끔하게 준비하였습니다. 방도 깨끗하게 청소하여 화사한 분위기를 연출했습니다. 연출가인 저는 '아, 이 배우가 내 작품에 진심으로 참여하고 싶어 하는구나'라는 진정성을 느낄 수 있었습니다.

둘째, 화각을 조정했습니다.

핸드폰 카메라라는 보통 광각 렌즈로 분류되어서 왜곡이 생기기 마련인데 핸드폰 카메라를 줌아웃하여 가장 적절한 화각을 선택하였습니다. 보는 사람이 가장 편안하게 느끼는 표준 렌즈 화각입니다. 또한 인물과 카메라 사이의 거리도 생각보다 멉니다. 대화하는 상대들이 탁자 너머 약 이 미터 정도 거리에 있다고 지점을 정해놓은 것 같습니다. 카메라 연기에 관한 공부와 실습을 통해서 자신의 연기가 가장 돋보이도록 감각적으로 조절한 것으로 보입니다.

셋째, 로우 앵글로 촬영했습니다.

우리가 보기에는 정면처럼 보이지만 약 25도 각도 정도로 내려보는 샷입니다. 이 정도면 상당한 로우 앵글입니다. 자신의 주장을 어필하기 위한 최적의 앵글이고 현장에서도 이와 같은 촬영 기법이 자주 쓰입니다. 카메라를 인물의 복부께에 놓고 찍는 전형적인 앵글입니다.

넷째, 샷의 크기를 적절하게 선택했습니다.

바스트 샷과 웨이스트 샷으로 가늠되는 미디엄 샷으로 촬영하였는데, 인물의 표정 변화와 제스처 사용을 동시에 구사하는 샷 크기입니다. 실력 없는 연기가 들통나기 딱 좋은 고난도 샷입니다. 실제 화면 속 배우는 감정 변화에 따른 표정 연기와 함께 손을 깍지 끼거나 책상에 팔을 내려놓는 액션과 머리카락을 귀 뒤로 넘기는 제스처를 적절한 타이밍에 연기하여 화면 안에 리듬과 템포가 살아나게 했습니다. 다시 말하면, 연기에 생동감이 생겼다는 것입니다.

다섯째, 적절한 조명 기법을 응용했습니다.

공간이 평평하게 느껴지는 영상을 '플랫하다'고 표현하며 나쁜 영상으로 생각합니다. 화면 안에서 공간감이 풍부해야 관객들이 배우들의 동선을 더욱 풍부하게 느낄 수 있기 때문입니다. 화면에서 가장 강한 빛은 오른쪽에서 비춰 오는 자연광입니다. 이로 인해 인물과 뒷 공간의 거리가 확보되면서 벌써 입체감이 느껴집니다. 그래서 배우는 앞뒤로도 행동하면서 연기할 수 있었습니다. 그리고 자연광만 있으면 얼굴에 역광이 생기며 음영이 지는데, 위에서 형광등으로 보이는 빛이 비춰주어 얼굴이 잘 보입니다. 또한 흰색 책상이 반사판 역할을 하여 손과 목, 입술과 턱이 잘 보이게 하였습니다. 앞서 언급한 '삼점 조명'을 응용한 것입니다. 다시 설명하자면 삼점 조명은 주 조명, 보조 조명, 하이라이트 조명으로 구성됩니다.

여섯째, 시선 처리가 돋보입니다.

우리에게는 배우가 정면을 보고 연기한 것처럼 보이지만 사실 배우는 카메라 렌즈의 바로 밑 부분을 보고 정면 컷을 연기한 것입니다. 정면 연기는 카메라의 밑이나 윗부분을 보고 연기하는 것입니다. 이는 영상 연기의 불문율입니다. 카메라 정면을 보는 연기는 관객에게 굉장한 부담감을 주기 때문이죠. 예를 들어

"널 죽여버릴 거야."라는 대사를 하면서 카메라 렌즈를 정면으로 보고 연기한다면 관객은 나에게 말하고 있다는 생각이 들어 극의 흐름에 대한 인식이 끊기고 말 것입니다. 사실은 극중 상대방에게 던진 대사인데 말이죠. 화면 속 배우는 렌즈의 바로 밑과 렌즈 주변 군데군데로 시점을 정확하게 정하고 연기하였습니다. 보는 사람은 불편함 없이 배우의 연기에 몰입할 수 있습니다.

일곱째, 카메라와의 교감이 좋습니다.

동영상 속 배우는 카메라와의 교감이 매우 좋습니다. 카메라를 전혀 두려워하지 않고 오히려 매우 친밀한 짝꿍처럼 여기는 듯합니다. 많이 훈련하고 연습했을 것입니다. 거침없이 당당하게 연기를 펼치는 모습에 일말의 콤플렉스도 보이지 않습니다.

여덟째, 소리를 제어했습니다.

영상에 잡음이 전혀 들리지 않았습니다. 사운드의 중요성을 알고 창문과 문을 굳게 닫았거나 시끄러운 바깥이 가장 조용해질 때를 기다렸다가 촬영하였을 것입니다. 연기 중에 거리에 자동차가 지나가는 등 잡음이 나면 엔지를 내고 수차례 촬영했을 겁니다. 가장 좋은 테이크를 건지기 위해 시간과 수고를 꽤나 들였을 것이라고 생각됩니다.

조악한 영상은 첫 4초나 5초만 보고는 넘겨버렸는데 이 동영상은 몇 번이고 돌려보면서 제가 구상하고 있는 작품의 인물에 계속 대입하게 되었습니다. 결국 이유진 배우는 여자 주인공으로 발탁되어 작품에서 매우 훌륭한 연기를 선보였습니다.

2021년도 넷플릭스를 강타한 〈오징어 게임〉에 캐스팅된 정호연 배우는 아무런 연기 기반이 없었습니다. 하지만 연출자 황동혁 감독은 작품 제작 에피소드를 소개하는 방송에서 그가 보내온 연기 동영상을 보고 직감적으로 캐스팅을 결심했다고 합니다. 이 얼마나 강력하고 파괴력 있는 자기 PR입니까?

여러분은 그동안 기본기를 탄탄히 다졌습니다. 샷의 크기와 넓이, 프레임과 미장센, 사운드 디자인, 카메라의 특성, 화각, 앵글 등을 두루 공부했습니다. 이를 바탕으로 정성껏 동영상 연기를 준비해보면 어떨까요? 제2의 이유진 배우, 제2의 정호연 배우처럼 훌륭한 작품에 캐스팅되어서 멋진 연기를 하는 배우가 되기를 소망합니다.

10분 Key Point
작품에 캐스팅되기 위해서 동영상 연기에 공을 들여야 한다

오디션 시뮬레이션

오디션 연기를 가르치다 보면 학생들 사이에 공통점이 있습니다. 바로 집에서 혼자 할 때는 잘되었는데 발표에서는 연기가 생각만큼 잘 안 된다는 점입니다. 학생들은 매우 아쉬워하지만 이상한 일이 아닙니다. 우리 배우들은 개인적으로 연습하고 과제 발표나 오디션에서 연기를 합니다. 하지만 본인의 역량을 백 퍼센트 발휘하지 못했다 싶어 아쉬울 때가 대부분입니다. 분명히 연습 때는 잘되었는데 말이죠. 하지만 실망하지 마세요! 지극히 당연한 현상입니다. 왜 그럴까요?

우선 혼자서 조용한 가운데 연습하다 보면 집중도 잘되고 감정도 상당히 예민해집니다. 더욱이 익숙한 공간이잖아요. 하지만 완전히 새로운 공간에서는 머릿속에서 준비한 연기가 제대로 작동하지 않습니다. 자신이 그렸던 현장의 모습과 다르기 때문에 그 분위기에 적응하는 데 애를 먹습니다. 오디션장은 배우에게 매우 불리한 환경입니다. 실제 연기에서는 상대 배우가 있고 좋은 연기를 위한 세트와 소품도 있습니다. 의상과 분장도 역할에 몰입할 수 있게 도움을 줍니다. 조명이 있고 도움을 주는 스태프들도 있습니다. 하지만 오디션 장소는 썰렁하기만 합니다. 분명히 연습실 혹은 집에서는 감정이 잘 잡혔는데 실제 오디션에서는 자신의 역량을 발휘하지 못하는 경우가 다반사입니다.

그래서 오늘은 오디션 시뮬레이션 수업을 준비했습니다. '단체 에쭈드'로 훈련된 학생들은 회의를 통해 각자 역할을 분담했습니다. 돌아가면서 오디션 심사위원, 즉 감독, 연출, PD, 작가, 촬영 감독, 조감독, 조명 감독 등의 역할을 맡고 실제 오디션처럼 상황을 설정한 뒤, 돌아가면서 독백 연기를 발표합니다. 인터뷰도 진행합니다. 바로 즉흥 상황극인 거죠.

저는 깜짝 놀랐습니다. 친구들끼리 에쭈드 실습을 하는 거니까 연습 차원에서 가볍게 할 줄 알았는데, 심사위원 역할에 몰입해서는 실제 상황처럼 날카롭고 진지한 질문들을 던집니다. 배우는 연습인데도 불구하고 어찌나 몰입했는지 바들바들 떨고 있습니다. 모두 진지합니다.

매우 인기 많은 수업입니다. 오늘 수업이 흐뭇하게 끝나갑니다. 반장이 "선생님! 퇴근하시죠." 말하며 저를 강의실 밖으로 쫓아냅니다. 그리고 자기들끼리 연기에 대한 피드백을 주고받으면서 진지하게 토론합니다. 신인 배우들은 기회가 된다면 주변의 친구들과 오디션 시뮬레이션을 해보세요. 자신이 놓친 부분도 많이 알 수 있고, 실제 오디션에서 생소한 환경을 만나더라도 크게 당황하지 않고 자신의 실력을 십분 발휘할 수 있을 것입니다.

10분 Key Point
오디션 시뮬레이션으로 실제 오디션을 준비하라.

제4의 벽

"전 평소에 연기를 잘한다고 생각하는데 정작 오디션만 보고 오면 맨날 후회해요. 오디션을 볼 때마다 엄청 떨고 지적까지 받으면 자신감이 떨어져서 마음이 굉장히 위축돼요. 서너 번 도전하다가 '또 망했구나.' 하고 포기하게 돼요. 어떻게 하면 떨지 않고 오디션을 잘 치를 수 있을까요?"

참 많은 학생이 고민하는 바입니다. 경험이 많으면 떨지 않습니다. 하지만 이런 말은 경험이 적은 연기자들에게는 답이 되지 않겠지요.

그렇다면 제4의 벽을 치세요! 제4의 벽이란 여러 연기 이론서에 등장하는 개념입니다. 연기는 오른쪽 벽, 왼쪽 벽, 뒷쪽 벽, 총 세 개의 벽이 둘러쳐진 장소에서 하게 됩니다. 마지막 네 번째 벽은 열려 있고 그곳에 관객의 눈과 카메라가 있어 우리의 연기를 관찰합니다. 그래서 배우는 연기를 하면서 자연스럽게 관객과 카메라를 의식하게 되고, 연기에 방해되는 여러 감정들이 끼어들게 됩니다. 속된 말로 말리는 것입니다. 그러니 열린 공간에 가상의 벽, 바로 네 번째 벽을 세워서 관찰자의 눈에서 벗어나라는 것입니다! 그렇게 할 때 배우는 타인의 시선에 구애받지 않고 본연의 연기를 온전하게 수행할 수 있습니다.

저는 학생들이 처음으로 연기 발표회를 하는 날 이를 참 많이 강조합니다. 관객들이 자신의 연기를 뚫어지게 보고 있으면 너무 떨려서 대사도 잊어버리고 소품을 떨어뜨릴 수도 있기 때문입니다. 그래서 관객석과 무대 사이에 제4의 벽을 치라고 합니다. 관객이나 카메라가 없다고 생각하고 오직 작품 속 역할에만 몰입하게 하기 위함입니다.

여담이지만 경험이 쌓이면 제4의 벽을 무너뜨리고 관객의 호응을 파악해서 자신의 연기를 컨트롤할 수 있게 됩니다. 물론 오디션에서도요.

10분 Key Point
오디션에서 떨지 않기 위해 제4의 벽을 세워라.

호흡 들이마시기

백 미터 달리기 선수는 출발선에서 한껏 호흡을 들이마시고 결승선을 통과할 때까지 단 한 번도 숨을 내쉬지 않습니다. 숨을 들이마신 상태에서만 힘을 쓸 수 있기 때문입니다. 숨을 내쉰 상태에서는 힘을 낼 수가 없습니다. 오디션은 단거리 경기와 같습니다. 연극은 수개월의 연습 기간을 통해서 연기력이 향상됩니다. 장거리 경기와 같습니다. 영화는 특수하게 편집이라는 후반 작업이 있기 때문에 숨을 쉬고 내쉬는 기술에 크게 신경 쓰지 않고 자연스럽게 연기하면 됩니다. 하지만 오디션에서는 단거리 경기처럼 일분 내외의 독백 연기로 자신의 역량을 보여줘야 하기 때문에 힘을 써야 합니다.

숨을 들이마시면 텐션 즉, 팽팽한 긴장이 생기고 심사위원들은 배우에게 집중하게 됩니다. '그래서 다음 얘기가 무엇일까?' 궁금해집니다. 숨을 내쉬면 긴장이 풀리면서 이완됩니다. 동시에 보는 이도 똑같이 긴장이 풀리면서 연기자에 대한 집중 역시 사라집니다.

오디션 연기에서의 특별한 기술은 바로 숨을 한껏 들이마시며 잠시 힘을 모으고 시작하는 것입니다. 그렇게 하면 마치 백 미터 달리기 대회의 '탕' 하는 출발 소리 직전 2초 내외의 시간 동안 선수들 사이에 팽팽한 긴장감이 감돌고 보는 이들도 숨죽이며 집중하게 되는 것과 같은 효과가 생깁니다. 그리고 연기 중간에는 숨을 빼면 안 됩니다. 숨이 빠지면 집중도 느슨해집니다. 오히려 숨을 한껏 들이마셔야 됩니다. 연기가 모두 끝났을 때에는 오케스트라의 지휘자가 연주를 마치고 음미하듯이 숨에 여운을 주며 천천히 내쉽니다. 그렇게 되면 정화 작용이 일어나면서 심사위원들을 장악할 수 있습니다.

다음은 사극에 나오는 짧은 대사입니다.

아프면 소릴 질러야지. 무서우면 살려달라고 빌어야지.
보지도 못한 자의 이름을 부르면서
조용히 칼날을 받는 너희 놈들은 모두 미친 것들이야!
네놈의 목통에서 터진 피로 빵을 찍어 먹으마!

자, 이제 우리 이 대사에 방금 배운 호흡 들이마시기를 응용해볼까요?

(마치 출발선에서 신호를 기다리는 100미터 달리기 선수처럼
숨을 한껏 들이마시고 연기를 시작한다.)
아프면 소릴 질러야지. 무서우면 살려달라고 빌어야지.
(숨을 들이마시며)
보지도 못한 자의 이름을 부르면서

조용히 칼날을 받는 너희 놈들은 모두 미친 것들이야!

(연극이나 영화에서는 숨을 빼고 연기하는 게 자연스럽지만

오히려 숨을 더욱 크게 들이마시며)

네놈의 목통에서 터진 피로 빵을 찍어 먹으마!

(연기를 바로 끝내지 말고 천천히 여운을 주며 숨을 내쉰다.)

정리하겠습니다. 오디션에서 배우가 연기 중 호흡을 들이마시면 긴장감이 생깁니다. 관객도 긴장하며 집중하게 됩니다. 반면에 호흡을 빼면 긴장이 풀리고 이완되면서 집중이 흐려집니다. 많은 신인 배우가 오디션에서 습관처럼 호흡을 뺍니다. 저는 학생들에게 아주 특별한 순간이 아니면 오디션 연기에서는 절대로 호흡을 빼지 말라고 지도합니다. 호흡이 빠지는 순간 심사위원의 긴장과 집중이 느슨해집니다. 호흡이 빠지는 순간에 오히려 반대로 호흡을 들이마시면서 연기해야 합니다. 팽팽한 긴장을 유지하거나 고조시킬 수 있기 때문입니다.

10분 Key Point
오디션 연기에서 호흡을 들이마시면서 연기하면
심사위원의 긴장과 집중을 이끌어낼 수 있다.

가상으로 보고 듣고 말하기

나랑 한잔 더 할라우?

청춘남녀가 뭐 술 한잔하는데 그렇게 크나큰 이유가 필요한가?

꿍꿍이는 무슨… 그런 거 없거든요.

따라다녀요? 내가? 그쪽을?

이봐요. 지금 그쪽이 뭔가 단단히 착각하신 모양인데 내가 지금 그쪽을 좋아서 따라다니는 거예요.

으이그, 요새 돌싱은 흉도 아니다. 아니, 젊고 예쁘고 앞날 창창한 애가 연애 좀 하자는데 그게 왜 싫은데요 예?

그나저나 의외로 순정파네. 많이 사랑했나 봐. 여태 사진까지 걸고 다닐 정도면. 요새 그런 남자 없잖아?

실은 나도 그랬어요. 아홉 살 때 엄말 잃었거든. 믿고 의지하는 사람을 그렇게 허망하게 보내고 나니까 그때까지 죽자 살자 중요하게 생각했던 것들이 말짱 헛것이 되더라고…. 밤이며 낮이며 마음을 못 잡고 헤맸지 내가. 길바닥을. 몇 년 동안을. 그래도 결국 잊혀지대. 시간이 지나니까 차차 잊혀지더라고요.

보고 싶다 울 엄마. 이제 그만 보내주세요. 갈 사람은 가고 살 사람은 살아야죠.

(전화가 와서 전화를 받고) 어 엄마. (눈치 보고) 새엄마 제가 다시 전화드릴게요. 새엄마.

정기훈 감독. 영화 〈반창꼬〉 중 미수(한효주 분)의 대사. NEW MOVIE 제공.

정기훈 감독 각본·연출 영화 〈반창꼬〉에 나오는 '미수(한효주 분)'의 대사를 모은 것입니다. '강일(고수 분)'과의 완벽한 케미와 여러 조연들의 재치 있는 연기로 참 유쾌하게 관람한 영화입니다.

그런데 오디션에서의 독백 연기는 실제 영화와는 다르게 상대방이 없습니다! 그래서 가상의 상대방을 정확하게 보고 대사를 듣고 연기해야 합니다. 바로 '가상으로 보고 듣고 말하기'입니다. 만약 영화를 몇 번이나 돌려보며 똑같이 실제 배우의 연기를 모방한다면 자신만의 정체성을 살릴 수 없다고 강조했습니다. 상상력을 동원해서 대사를 자신만의 스타일로 창조적으로 소화해야 할 것입니다. 만약 저라면 위의 독백 대사를 다음과 같이 정리해서 연기할 것입니다.

미수: 나랑 한잔 더 할라우?

용근: (단호하게) 아뇨. 내일 일찍 출근해요.

미수: 청춘남녀가 뭐 술 한잔하는데 그렇게 크나큰 이유가 필요한가?

용근: (살짝 짜증난다는 듯) 미수 씨! 많이 취했어요. 저한테 무슨 꿍꿍이 있어요?

미수: (능청스럽게) 꿍꿍이는 무슨… 그런 거 없거든요.

용근: (더욱 단호하게) 그럼 저 따라다니지 마세요.

미수: (황당하게) 따라다녀요? 내가? 그쪽을?

용근은 자리를 떠나려 한다.

미수: (용근의 팔을 잡으며 불쾌하게) 이봐요! 지금 그쪽이 뭔가 단단히 착각하신 모양인데. (이내 장난스럽고 과감하게 팔짱을 끼며) 내가 지금 그쪽이 좋아서 따라다니는 거예요!

용근은 당황하며 미수의 팔에 이끌려 자리에 앉게 된다.

미수: 으이그, 요새 돌싱은 흉도 아니다. 아니, 젊고 예쁘고 앞날 창창한 애가 연애 좀 하자는데 그게 왜 싫은데요 예?

용근은 황당하지만 미수의 당돌한 고백이 싫지는 않은 표정이다.

미수: (용근의 동향을 보고는 애처롭게) 그나저나 의외로 순정파네. 많이 사랑했나 봐. 여태 사진까지 걸고 다닐 정도면. 요새 그런 남자 없잖아?

용근, 의심하는 눈초리다.

미수: (더욱 애절하고 한탄하며 진실되게) 실은 나도 그랬어요. 아홉 살 때 엄마 잃었거든. 믿고 의지하는 사람을 그렇게 허망하게 보내고 나니까 그때까지 죽자 살자 중요하게 생각했던 것들이 말짱 헛것이 되더라고…. 밤이며 낮이며 마음을 못 잡고 헤맸지 내가. 길바닥을. 몇 년 동안을. 그래도 결국 잊혀지대. 시간이 지나니까 차차 잊혀지더라고요.

독백 대본을 만나면 이런 식으로 가상의 상대방을 상상하면서 정리하고 연습해보세요. 가상의 상대방을 보고 듣고 말한다면 훨씬 풍부하고 생기 있는 연기가 됩니다.

10분 Key Point

오디션에서 독백 연기를 할 때는 가상의 상대를 설정하여 상대의 대사를 상상하고 들으면서 연기하면 효과적이다.
가상의 상대와 교감하라.

명품 배우를 만드는 사소한 기술

* 프로필 사진 촬영은 연기자에게 현장에서 활동하기 위한 명함을 만드는 것과 같은 기본적인 작업이다.
* '선택적 주의 집중'의 특징을 이용하여 프로필 사진을 구성하라.
* 동영상 연기는 캐스팅을 위한 매우 중요한 작업이다.
* 오디션 시뮬레이션은 현장에서 좋은 연기를 하기 위한 효과적인 방법이다.
* 오디션에서 떨지 않기 위해서 '제4의 벽'을 세워라.
* 오디션에서 짧은 시간 동안 심사위원의 집중을 유도하기 위해서 호흡을 들이마셔라.
* 오디션에서 혼자 연기할 때는 가상의 상대와 보고 듣고 말하며 교감하라.

6부

삶이 그대를
속일지라도
슬퍼하거나
노하지 말라

: 힐링 연기

들어가며

삶이 그대를 속일지라도
슬퍼하거나 노하지 말라!
우울한 날들을 견디면
기쁨의 날이 오고야 말리니

마음은 미래에 사는 것
현재는 슬픈 것
모든 것은 순간적인 것, 지나가는 것이니
그리고 지나가는 것은 훗날 마음에 소중하리라.

아! 정말 아름다운 푸시킨의 시입니다. 이 시는 우리에게 현실이
아무리 힘들고 어려워도 슬퍼하거나 분노하지 말고 견디라고 조
언합니다. 그리고 미래의 희망을 가지고 고달픈 삶을 견디면 기쁨
의 날이 올 것이라고 위로합니다. 시의 백미는 현재의 우울한 날
들이 훗날 소중한 추억으로 마음에 남을 것임을 내다보는 삶의 혜
안에 있습니다.

살면서 감당하기 어려울 정도로 힘든 시기를 겪어보지 않은 사람은 없을 것입니다. 배우에게는 너무 연기를 하고 싶은데 할 수 없는 현실, 자꾸만 오디션에서 떨어지거나 열심히 노력했지만 자신의 실력이 부족하다고 느껴질 때가 참 힘듭니다. 여러 사정으로 좌절하기도 하고 스스로에게 화가 나기도 합니다.

6부에서는 연기자로서의 힘든 현실에 대한 고민을 나누고 이를 극복할 수 있는 지혜와 마음가짐을 조언합니다. 아울러 연기술이 우리의 삶에 어떻게 도움이 될 수 있는지에 대해서도 이야기 나누려 합니다.

지금까지 배운 연기술을 적용한다면 우리의 삶은 보다 행복해질 것입니다. 그리고 지금의 힘든 시기는 훗날 추억으로 남을 것입니다. 푸시킨의 시가 말하는 것처럼.

1장
행복한 배우로
살아가는 법

연기에 관한 도그마

"욘! 더 이상 보여줄 필요 없다. 나는 너의 연기를 믿을 수 없어!"

밤늦게까지 연습하고 준비한 연기 발표에 대한 지도 교수님의 평가입니다. 대사를 완벽하게 숙지한 것은 물론 의상과 소품도 꽤 정성스럽게 준비했습니다. 그런데 정작 교수님은 내가 준비한 발표를 십 초 만에 끊고는 야박한 평가를 내렸습니다. '다른 학생들보다 훨씬 많이 연습하고 준비했어. 실제로도 내가 더 잘하는데 왜 저렇게 평가하시지?' 화가 났습니다. 도대체 뭐가 뭔지 모르겠다고 생각했습니다. 얼마나 속상했는지.

'도그마(dogma)'는 종교 분야에서 유래한 용어로서 '독단적인 신념이나 왜곡된 학설'로 소개되고 있습니다. 쉽게 풀이하면 '고정관념'이라고 할 수 있습니다. 제2차 세계대전 당시에는 유대인에 대한 히틀러의 왜곡된 관념, 즉 도그마로 인해 학살이 자행되었습니다. 지금까지도 인도에는 카스트제도가 관습으로 남아 사람들을 차별합니다. 여전히 인종차별이 만연한 곳도 있습니다. 교육 현장에서 만나는 학생들과 선생님, 심지어 현장에서 만나는 배우들도 연기에 대한 일종의 고정관념을 가지고 있습니다. 그것은 '대사를 외워서 연기한다'는 것입니다. 그래서 대사를 무조건 외우도록 반복하여 연습시키는 교사도 있고, 그렇게 믿는 학생들도 많습니다. 수많은 초보 배우가 연기는 단순히 대본을 외워서 하는 것이라는 생각에 사로잡혀 있습니다.

여러분! 솔직히 말해서 연기는 만만해 보이지 않나요? 피아노를 연주하는 피아니스트의 현란한 손가락 움직임, 가수의 타고난 목소리, 발레리나의 한없이 찢어지는 다리를 보면 따라 할 엄두가 나지 않습니다. 반면 연기는 '어, 저거 나도 할 수 있겠는데?'라는 생각이 듭니다. 유명 배우의 연기를 따라 해보니 얼추 그럴싸합니다. 어쩌면 그래서 연기에 대한 잘못된 고정관념이 생겼을지도 모르겠습니다. '연기는 대사를 외워서 하는 것'이라는 관념이 얼마나 강한지 저는 도그마라는 표현까지 쓰게 되었습니다. 아마 찔리는 독자들도 있을 것입니다. 제가 그랬으니까요.

지금 돌이켜보면 저는 학창 시절에 참 열정적이었지만 한

편으로는 교수님들이 지도하기에 매우 까다로운 학생이 아니었나 싶습니다. '대사를 외워서 연기한다'는 고정관념에 사로잡혀서 아무리 교수님들의 강의를 들어도 몸으로는 느끼지 못했습니다. 게다가 고집도 세고 자존심이 강했습니다. 오죽하면 친절하고 인자한 교수님까지 강하게 비판하셨을까요? 다행스럽게도 3학년 때 '보고 듣고 말하기'라는 연기의 원리를 극적으로 깨닫게 되면서 연기술을 진지하고 깊게 공부하게 되었고 연기 실력이 급속하게 발전하였습니다.

시간이 지나 선생님이 되니 한 반에 꼭 한두 명씩은 저 같은 학생들을 만나게 됩니다. 얼마나 고집이 센지 애를 먹습니다. 스승의 날에 이십 년 전 저를 가르쳤던 블라디미르 술리모프, 나탈리아 페트로바, 드미트리 제니체프 교수님께 안부를 전합니다. 그리고 "올해는 꼭 욘 같은 학생이 두 명이나 있네요."라고 일러바칩니다. 선생님들은 파안대소하시면서 우리의 시절을 추억합니다.

연기는 '자신이 역할 속으로 들어가서 그 인물을 살아 있게 구현하는 것'입니다.

10분 Key Point
'대사를 외워서 연기한다'는 고정관념을 버려라.

온전하고 유연하고 움직이는 직업

배우는 참 상처를 많이 받는 직업인 것 같습니다. 가뜩이나 오디션장에 서면 벌거벗은 듯한 느낌이 드는데 심사위원들의 날카로운 지적까지 받으면 위축됩니다. 현장에서 연기가 잘 풀리지 않아 감독을 비롯한 스태프들의 눈총을 받게 되면 그 시선이 그대로 마음에 박혀버려서 더욱 움츠러듭니다. 학창 시절엔 교수님들의 지적이 한두 마디 정도가 아니라 따발총처럼 가슴을 후벼팠습니다.

"무대에서 진정성이 없어!"

"이기적이야. 넌 너밖에 몰라."

"욘, 혼자 연기하니? 왜 상대를 안 봐?

상대를 봐야 느낄 수 있지."

"무대 위에서 멋있어 보이는 데만 관심 있군."

"책임감도 없구나! 상대가 실수했는데 도와주지도 않고 퇴장하니?"

억울하기도 했고 내가 못나게 느껴졌습니다. 이국땅에서 남몰래 닭똥 같은 눈물을 흘린 적도 여러 번이었습니다.

어쩌면 마음에 상처를 입을 만한 지적을 받는 일은 우리 배우들의 숙명일지도 몰라요. 저 역시 연출가로서 작품의 수준이 기대보다 좋게 나오지 않았을 때 화가 나서 배우들에게 거칠게 항의한 적이 있습니다. 나중에 '내가 왜 그랬지?' 하고 후회했습니다.

연기자로서 이렇게 안 좋은 상황이 생기면 좋은 작품을 만들기 위함이라고 자신을 위로했으면 좋겠습니다. 그리고 '배우는 온전하고 유연하고 움직이는 사람'이라고 마음의 중심을 잡았으면 좋겠습니다.

사전은 '온전'을 '본바탕 그대로 고스란하다.'라고, '유연'을 '부드럽고 연하다.'라고 정의하고 있네요. '움직이다'는 '어떤 목적을 가지고 활동하다.'라는 뜻입니다.

그래요. 자신의 본바탕 그대로 상대의 비난과 지적을 고스란히 받아들이되 부드럽고 연하게 반응하며 더욱 멋진 연기를 위해 활동하면 어떨까요?

10분 Key Point
연기자는 온전하고 유연하고 움직여야 한다.

'느낌'을 대하는 배우의 자세

우리는 일상생활에서 '느낌'이라는 단어를 자주 사용합니다. '느낌이 좋다.' '느낌이 나쁘다.' '느낌 있네.' 등. 하물며 인간의 감정을 다루는 연기 분야에서는 더욱더 자주 쓰입니다.

"윤 배우님! 잔혹한 표정으로 학생들에게 소연이의 소식을 전하면서 냉소적으로 웃었으면 좋겠습니다. 그 황홀한 느낌 아시죠?"

가장 사랑하는 제자를 불의의 사고로 잃은 뒤 학급 친구들에게 소식을 전하는 선생님의 역할을 맡았을 때의 일입니다. 감독은 제자를 잃어버린 슬픔도 느껴졌으면 좋겠다고 합니다. 황당한 요구입니다. '잔혹한 표정'과 '황홀한 느낌' '슬픔'을 어떻게 동시에 연기할 수 있나요?

연기자는 여출이 요구하는 '느낌'을 매우 구체적이고 논리적으로 파악해야 합니다. '느낌'이라는 단어는 매우 추상적입니다. 감정의 깊이와 넓이도 모호합니다. 연출가나 감독은 대부분 연기를 공부하지 않았기 때문에 "기쁜 느낌으로 해주세요." "슬픈 느낌입니다."라고 주문하는 경우가 많습니다. 본인이 연기자가 아니기 때문에 연기가 작동하는 원리를 모릅니다. 어떤 이미지를 예로 들거나 흉내 내면서 부산하게 설명하지만, 배우들은 도대체 감독이 요구하는 '느낌'이 정확하게 뭔지 헷갈리는 경우가 많습니다.

하지만 절대로 불평하면 안 됩니다! 왜냐면 '연기'는 배우가 감독이나 연출가가 그리는 추상적인 그림을 구체적이고 명확하게 실현하는 전문 영역이기 때문입니다. 따라서 배우는 연출가나 감독이 원하는 추상적인 느낌을 구체적이고 명확하며 논리적으로 해석하여 제시해야 합니다. 배우의 연기는 연출이 깊게 손댈수 없는 고유한 영역입니다. 감독은 원하는 장면을 제시할 뿐입니다. 연출이 그리는 장면을 예술적으로 구현하는 일은 배우의 몫입니다. 좋은 연기자라면 연출이 그린 장면을 기대 이상으로 표현합니다. 그 속에는 연출가가 예상치 못한 순간적인 영감들이 가득합니다.

> **10분 Key Point**
> 연기자는 연출이 원하는 추상적인 '느낌'을
> 구체적이고 명확하게 파악하여 연기하는 전문가다.

진정 연기를 사랑하시나요?

어느덧 시간이 지나고 학생들이 졸업했습니다. 정든 학생들의 건승을 기도하며 선생님으로서 무사히 임무를 다했다는 사실에 감사했습니다. 그리고 새로 입학할 신입생들을 기대했습니다. 새로운 학생들이 너무나도 궁금하고 함께할 여정에 설레어 잠도 설쳤습니다.

수업 첫날, 드디어 강의실에 들어섰습니다. 그런데 뜻밖의 상황이 벌어졌습니다. 이십 대 초반으로 보이는 여학생의 몹시 개성 있는 차림새가 저를 당황시킨 것입니다. 군인처럼 짧게 깎은 머리는 샛노랗고, 시선을 어디에 둬야 할지 모르겠을 정도로 가슴 쪽이 훤히 트여 있는 브라탑과 바닥을 쓸고 다닐 만큼 헐렁한 새빨간 트레이닝 바지를 입고 있었습니다. 배꼽, 귀, 눈썹, 혓바닥에는 피어싱을 잔뜩 하고 팔과 복부에는 문신이 만화책처럼 도배되어 있었습니다.

다른 학생들 역시 부담스러워하는 눈치였지만 가장 당황한 사람은 저였습니다. 저는 어떻게든 이 상황을 넘기고 첫 수업을 유쾌하게 진행해야만 합니다. 다른 학생들은 선생님이 어떻게 대응할지 궁금해하며 저만 쳐다봅니다. 당황하지 않은 척 분위기를 부드럽게 하려고 진땀을 뺍니다. "저도 자유로운 영혼이라고 자부하는데 학생에겐 안 되겠네요. 역시 옷걸이가 좋으니까 패션이 돋보이네요."라고 말을 건네니 학생은 싫지는 않은 듯 피식 웃습니다.

여느 때처럼 자기소개가 끝나고 연기를 왜 공부하게 되었는지를 물었습니다. 그 학생의 발표는 외모만큼이나 독특했습니다. "유명해지고 싶어서요." 당돌하고 솔직한 대답에 학생들은 동요하는 것 같았습니다. 움찔하는 저와 학생들에게 그는 자신을 '미미'라고 불러달라고 말했습니다.

수업이 끝나고서도 "유명해지고 싶어서요."라는 대답은 쉬이 머릿속을 떠나지 않았습니다. 솔직히 말해서 저도 연기 공부를 시작할 때 이러한 마음이 굉장히 컸거든요. 명문 대학에서 공부한다는 자부심도 있었고, 졸업하면 금세 유명 영화배우가 되어서 큰 영화제에서 상도 많이 받고 수많은 팬의 사랑을 받게 되리라는 공상을 자주 했습니다. 유명 대학의 멋쟁이 교수로서 학생들을 가르치며 슈퍼카 포르쉐로 출퇴근하고 주말에는 할리 데이비슨을 타고 라이딩을 즐기는 상상도 했습니다. 즐거운 공상이었습니다. 그래서 미미의 대답을 들었을 때 내 마음을 정통으로 찔린 듯한 기분이었습니다.

지금 생각하면 유치하지만 그 나이 때에는 누구나 그런 공상을 할 수 있다고 생각합니다. 아니, 어쩌면 전 지금도 가끔씩은 이런 공상을 하는 것 같아요. 연기자라는 직업은 그토록 유혹적이고 매력 있는 것 같습니다. 그런데 또 곰곰이 생각해보니 이 생각이 마냥 잘못된 것 같지만은 않았어요. 오히려 좋은 생각이라는 것을 깨달았죠. 내 젊은 나날에 공상은 행복한 시간이었습니다.

미미처럼 공상하고 꿈을 꾸세요! 배우로서 꿈을 향해 나아가는 원동력이 됩니다! 그리고 예술가에게는 중요한 동기부여가 됩니다.

처음엔 미미의 기에 눌렸지만 다른 학생들의 대답도 만만치 않았습니다. 그중 미미와 같은 나이대로 보이는 남학생의 발표역시 인상적이었습니다. "저는 평생 계속 연기할 수 있는 배우가되고 싶어요. 연기를 너무 사랑해요." 속으로 놀랐습니다. '이 친구는 뭐지?' 어린 나이답지 않게 성숙한 발표라고 생각했기 때문입니다. 사십을 훌쩍 넘긴 제게도 도전이 되는 대답이었습니다.

인간의 궁극적인 목적이 무엇일까요? 전 '행복'이라고 생각합니다. 우리는 행복하기 위해서 수고하고 노력한다고 해도 무방할 정도입니다. 미미는 연기를 유명세라는 행복을 위한 부차적목적이라고 생각했습니다. 다시 말하면 연기는 유명 인사가 되기위한 방법입니다. 반면 남학생은 연기 그 자체를 행복으로 생각했던 것입니다. 철학적으로 표현하자면 연기를 '존재의 이유'로 본것입니다.

오해하지 마세요! 저도 유명해지고 싶은 마음은 미미와 같습니다! 저와 함께 공부하거나 일했던 선후배와 동료 배우들이 유명 영화나 드라마에 출연하여 재능을 한껏 뽐내며 연기하는 모습을 보면 부럽기도 합니다. 팬들에게 둘러싸여 사인해주고 있는 모습을 보면 은근히 질투심도 느끼고요. 하지만 동시에 학생들을 가르치기 위해 나서는 출근길이 늘 감사하고 기쁩니다. 연기를 사랑하기 때문입니다. 실패를 많이 겪은 선생님이지만 오히려 그렇기 때문에 현장에서 겪었던 시행착오들을 바탕으로 학생들의 마음을 잘 헤아릴 수 있습니다. 연기를 소신껏 옳게 가르치는 일이 행복합니다. 나날이 실력이 쑥쑥 느는 학생들의 성장을 보면서 큰 보람을 느낍니다.

유명해지겠다는 야망을 가지세요! 돈도 버세요! 명예도 얻으세요! 동시에 자신의 가슴 속에 있는 연기를 사랑하세요!

미미는 어떻게 되었을까요? '존재의 이유'에 대한 노력이 소홀했기 때문에 학업에 적응하지 못했습니다. 그리고 석 달 만에 연기 공부를 그만두었습니다. 미미는 연기 자체를 사랑하지는 않았던 것입니다.

10분 Key Point
연기 자체를 사랑하라.

원트(want)로 시작해서
머스트(must)로 끝난다

연기를 시작한 지 벌써 이십 년이 넘었네요. 그동안의 시간을 돌이켜봅니다. 최고 명문 대학에 입학했을 때의 기쁨, 열정적이었던 유학 생활, 귀국 후 금방 유명 배우가 되리라는 기대에 부풀었던 마음, 수많은 오디션에서 떨어지며 낙심했을 때, 돈이 없어서 엑스트라라도 하겠다고 새벽녘에 여의도에서 일용직 인부들처럼 봉고차에 몸을 싣고 촬영 현장에 나섰던 시간들, 가난했지만 열정을 다했던 대학로 소극장에서의 공연들 등. 단번에 유명 감독의 영화에 출연시켜주겠다는 꼬임에 넘어가 사기당할 뻔했던 일도 생각나네요. 가장 힘들었던 시간은 너무 연기를 하고 싶은데 서류 심사에서 떨어져 오디션 기회조차 없었을 때였던 것 같습니다. 그래서 영화 제작사에 무작정 찾아가서 프로필을 돌렸던 것도 기억에 남습니다.

그동안 수많은 선후배와 동료 배우를 만났습니다. 그중에는 대종상 시상식에서 당당하게 상을 받고 지금은 유명 배우가 된 사람들도 있고, 대학 교수가 되어 학생들을 가르치는 이들도 있습니다. 훌륭한 연출가가 되어서 꾸준히 작업하는 동기도 있구요. 다들 수많은 어려움을 극복하고 자리를 잡았네요. 반면 현실의 벽에 막혀서 끝내는 하고 싶은 일을 포기할 수밖에 없었던 배우들도 있습니다. 카페나 치킨집 등 자영업자 사장님이 된 친구들도 있고 생활고로 대리운전을 하는 선배, 택배 일을 하는 후배도 있습니다. 평범한 가정주부로 살아가는 사람도 있습니다. 아예 사업을 시작해서 크게 성공한 이도 있습니다. 이들은 연기가 아닌 다양한 분야에서 삶을 살아가고 있습니다.

이들은 한결같이 열정적이고 재능 있는 배우들이었습니다. 또한 여러분과 같이 꿈을 가슴에 한가득 담은 젊은 청년들이었습니다. 저는 아직까지 이 직업을 억지로 하는 학생이나 배우들을 보지 못했습니다. 정말로 하고 싶은 일을 하기 위해 모인 사람들인 만큼 작업 현장은 열정적입니다.

공부를 마치고 사회생활을 시작하는 학생들에게 조언합니다.

"여러분은 원해서(want) 시작했습니다. 현장에서 지치고 힘들 때, 포기하고 싶을 때 자신을 점검하세요. 연기를 해야만 하는가를요. 결국 현장에 남은 사람들에게는 해야만 한다는(must) 집념이 있습니다."

그렇다고 오해하시면 안 돼요. 연기의 길을 포기했다고 해서 절대 실패자는 아닙니다. 새로운 분야에서 각자의 길을 개척해 나가고 있는 것이니까요. 경험 있는 선배 배우로서 프로 연기자를 꿈꾸는 여러분에게 조언하고 싶은 얘기가 있습니다. 다음의 내용을 읽고 자신을 체크해보면 좋을 것 같아요.

1) WANT: 연기를 하고 싶나?
2) CAN: 연기를 할 수 있나? 연기자의 삶을 살 수 있는가?
3) WHY: 왜 연기를 하나? 스스로와 다른 사람을 명쾌하게 설득할 수 있는가?
4) MUST: 연기를 해야만 하는 것인가?

10분 Key Point
프로 배우의 삶을 살기 위해서는 '해야만 한다는 집념'이 필요하다.

규율과 책임

삼 개월 동안 준비한 연극 공연이 일주일 앞으로 다가왔습니다. 연출과 스탭 들은 물론이고, 특히 연기자들은 신경이 곤두서 있을 정도로 예민합니다. 도저히 작품의 퀄리티가 나오지 않아서 좌절하는 연출의 문제를 차치하더라도 배우 스스로 무거운 짐을 어깨에 인 듯한 부담감을 느낍니다. 혼신의 노력을 다하지만 부족합니다. 몸이 생각만큼 따라주지 않습니다. 아무리 연기력이 좋은 배우라도 이 순간만큼은 정신적으로 흔들릴 수밖에 없습니다. 그래서 자기도 모르게 다른 연기자와 연출, 스태프 들에게 짜증을 부리고 갈등을 빚기도 합니다. 스탭들은 여기저기 눈치를 보느라 곤혹스러워합니다.

하지만 결국 우리는 이 모든 상황을 극복합니다. 배우들의 예술 활동은 화가나 사진작가처럼 독립적인 것이 아니라 단체 예술이기 때문입니다. 내가 아무리 연기를 잘해도 다른 사람들이 받쳐주지 못하면 작품이 빛을 발하지 못합니다. 혼자만 잘해서 될 문제가 아닙니다. 모두가 잘해야 나의 연기가 돋보이고 작품이 관객들에게 감동을 줄 수 있기 때문입니다. 팀워크가 매우 중요합니다.

단체가 돌아가기 위해서는 엄격한 규율이 필요합니다. 사람들은 '마릴린 먼로' '제임스 딘' '장국영' 등 역사적인 유명 배우들을 언급하며 연기자는 자유로운 영혼이라고 여깁니다. 하지만 아닙니다! 연기를 진지하게 공부한 사람이라면 그들은 그 누구보다도 연기를 사랑했고 자신이 출연한 작품이 성공할 수 있도록 단체의 규율을 따르며 주변과 화합하려 노력했던 사람들임을 알 것입니다. 그래서 작품 속에서 더욱 빛났던 것입니다. 책임도 필요합니다. 팀워크를 위해서 아무리 작은 역할이라도 책임감 있게 수행해야 합니다. 자신이 맡은 역할을 필사적으로 멋지게 소화해내야만 훌륭한 작품이 탄생하게 되는 것입니다.

유학 시절에 의외로 놀란 점이 있습니다. 당시 서구 사회는 자유분방하고 개인의 개성을 중시한다는 통념이 있었습니다. 호기심이 많고 혈기왕성하던 저는 서구 문화에 대한 동경을 안고 입학하였고 모든 수업 시간을 만끽하였습니다. 하지만 이곳은 모든 배우가 함께 작품을 올리는 연극대학교입니다. 그래서 개인의 자유를 제한하는 강도 높은 규율들이 있습니다.

아직도 수업 시간에 틈이 날 때마다 과거의 영웅담처럼 잠깐씩 들려주는 이야기가 있습니다. 언젠가 연기술 수업 시간에 딱 일 분 늦은 적이 있었습니다. 지도 교수님께서는 저를 냉정하게 바라보시더니 엄하게 말씀하셨습니다. "욘! 여기서 나가!"

저는 이삼십 분 뒤에는 부르실 줄 알고 교실 밖에서 내내 기다렸습니다. 그런데 감감무소식이었습니다. 더군다나 제가 주인공을 맡은 실습 작품을 연습하는 시간이었는데도요. 네 시간 뒤 수업을 마치고 나오시면서 교수님은 저를 호되게 질책하셨습니다.

"욘! 전혀 기본이 안 되어 있구나! 네가 어떻게 주인공이냐? 지각을 하다니. 연기자로서 자격 미달이다!"

제게는 그 말이 큰 트라우마가 되었습니다. 그 일을 겪은 이후 전 작업 현장에 늦기는커녕 최소 한 시간 전에는 나타납니다. 연기는 개인 작업이 아닙니다. 단체 작업입니다. 연극과 영화 속의 배우에게는 마치 전쟁에 나가는 군인 같은 엄격한 규율과 책임감이 필요합니다. 제게는 제자가 많지만 수업 시간에 자주 지각하거나 결석하는 학생은 아무리 재능이 있어도 프로 무대에 캐스팅하지 않습니다.

팀의 목표를 이루지 못한다면 개인의 성공은 빛을 볼 수 없습니다. 팀은 규율과 책임으로 움직입니다.

> ### 10분 Key Point
> 연기는 단체 예술이다. 그래서 규율과 책임이 매우 중요하다.

암포아

'암포아'라는 용어를 아시는지요? 우리말로 풀이하기에는 애매하고, 유사어로 '아우라' '카리스마' '매력' 정도를 들 수 있습니다. 아마 '존재감'이라는 단어가 가장 잘 어울리지 않을까 합니다. 어디선가 분명히 들은 것 같은데 도저히 기억이 나지 않으니 어쩌면 제가 만든 용어인지도 모릅니다. 저는 암포아를 '고상한 존재감'으로 정의했습니다. 저는 배우들이 암포아가 있으면 좋겠습니다. 곧 '품위'가 있었으면 한다는 것이지요. 하지만 유감스럽게도 많은 배우가 그렇지 못합니다.

러시아에서는 배우를 액터(actor)보다는 아티스트(artist)로 더 많이 호칭합니다. '아르찌스트(артист)'! 예술가라는 거지요. 또한 '인텔리겐차'로 여겨집니다. 학문과 예술에 종사하는 사람들을 가리키는 말로 '지식인'이라는 뜻입니다. 러시아에서 "당신의 직업은 무엇입니까?"라는 질문을 받으면 "저는 배우입니다"라고 대답합니다. 그러면 그들은 존경을 표합니다.

쉐프킨 대학은 연기에 관련된 실습 과정인 연기술, 화술, 무용, 무대 동작, 성악, 펜싱, 승마, 수영, 분장술뿐 아니라 여러 교양 과목을 필수적으로 가르칩니다. 서양사, 물질 문명사, 러시아 극장사, 유럽 극장사, 미술사, 음악사, 철학, 미학, 문화학 등. 어휴. 어떻게 그것들을 모두 공부했는지 지금 생각해도 아찔합니다. 모두 배우로서의 품격과 지성을 갖추도록 하기 위해서입니다. 이런 것들이 모여서 배우의 암포아를 형성합니다. 연극 연출가나 영화감독들은 똑똑하고 공부를 많이 한 사람들입니다. 이런 사람들과 작업하려면 대화가 통해야 합니다. 걸맞은 지적 수준을 갖추고 품위와 교양 또한 있어야 합니다. 즉 배우로서의 고상한 존재감을 풍겨야 합니다. 그렇게 될 때, 설사 악역이라 해도 깊은 연기를 통하여 관객의 호감을 얻을 수 있을 것입니다.

> ### 10분 Key Point
> 배우로서 고상한 존재감을 풍겨야 한다. 품격과 지성을 갖추자.

행복한 배우

연기는 참 재있습니다. 전 특히 깡패나 건달 역할을 좋아합니다. 왠지 강해진 것 같습니다. 실수한 부하에게 카리스마 있게 겁을 주면 상대 배우는 비굴해져서 무릎을 꿇으며 굴복합니다. 솔직히 스트레스가 한 방에 해소되는 것 같습니다. 사실 전 어렸을 때 또래들보다 왜소한 편이었기에 싸움 잘하는 애들한테 곧잘 얻어맞았거든요. 눈물 뚝뚝 흘리며 집에 가서 엄마한테 이르곤 했지요.

수업이 한창인데 한쪽 구석에서 꾸벅꾸벅 조는 학생이 보입니다. 어려운 형편에 배우가 되겠다고 밤늦게까지 술집에서 서빙 아르바이트를 하고 아침 일찍 수업에 참여하다 보니 피곤할 수밖에 없었습니다. 강의실에는 신체 훈련을 위한 매트와 스트레칭을 위한 베개 비슷한 도구가 있습니다. 검은색 커튼 뒤에는 학생들의 사물함이 있는 대기실이 있고요. 저는 말했습니다.

"준성아! 괜찮으니까 대기실에 매트 깔고 좀 자고 와!"

근데 이놈이 괜찮다며 수업에 투혼을 발휘합니다. 그러나 오 분도 지나지 않아 또 꾸벅꾸벅 좁니다. 결국 준성이는 마지못해 잠을 청하기 위해 커튼 뒤로 들어갔습니다. 그로부터 이삼 분이나 지났을까, 수업을 진행하는데 커튼 뒤에서 우렁차게 코 고는 소리와 잠꼬대가 들려 옵니다. "하하하!" 학생들과 저는 박장대소하며 이 황당한 순간을 즐깁니다. 저는 그러면서도 한편으로는 '배우라는 게 뭐라고 이렇게까지 애써야 하는가?' 생각합니다. 그냥 안쓰럽습니다. 이렇게나 좋아하는 일이라니.

전 배우라는 직업을 매우 좋아하고, 억지로 연기자라는 직업을 택한 사람을 단 한 명도 보지 못했습니다. 많은 장점과 매력이 있기 때문입니다. 재밌고 좋아하는 일이라는 점 이외에 배우라는 직업이 행복한 이유를 몇 가지 기술하겠습니다.

첫째, 스트레스가 풀리고 마음이 위로받습니다.

사회생활을 하며 우리는 너무나 많은 감정을 숨기고 절제합니다. 이게 응어리 지면 마음의 병이 생기고 '묻지 마 범죄' 같은 사회적 문제까지 야기될 수 있습니다. 연기를 통해 우리는 묵은 감정을 폭발시키며 마음을 건강하게 가꿀 수 있습니다.

지역 문화원에서 사십 대에서 육십 대 여성들을 대상으로 '신나는 힐링 연기'라는 주제로 일 년 동안 강의한 적이 있는데요, 아마추어 강좌였지만 그분들은 수업 시간에 울고불고 통곡하고 맘껏 떠들고 미친 듯 화내고 깔깔 웃으면서 연기를 만끽하였습니다. 제가 떠날 때 반장은 학생들을 대표하여 작은 선물을 건네며 이렇게 얘기했습니다. "윤 선생님! 지난 일 년 동안 통쾌한 시간이었습니다."

둘째, 경쟁하지 않습니다.

우리는 늘 남들과 경쟁하면서 삽니다. 입시 경쟁, 회사에 들어가면 인사고과 경쟁, 자영업자는 가격 경쟁 등. 굳이 구체적인 예를 들지 않더라도 실감하실 겁니다. 이러한 경쟁은 너무 치열하고 피로합니다. 오죽하면 "회사는 전쟁터고 밖은 지옥이다."라는 드라마 〈미생〉의 대사가 많은 공감을 얻으며 사람들의 마음을 저며 오게 했을까요? 연기자는 남과 경쟁하지 않습니다. 등수도 없고 순위도 없습니다. 명문 대학 간판도 필요 없습니다. 현장에선 '명문 대학교 연극영화과 출신이 연기를 잘한다'는 편견이 깨진 지 오랩니다. 다만 자신의 강점과 개성을 발전시켜서 나만이 표현할 수 있는 캐릭터를 만들 뿐입니다.

특히 정년 퇴임을 걱정하지 않아도 됩니다. 평생직장입니다. 당연히 나이 많은 역할도 필요할 테니까요. 오히려 연기 잘하는 나이 많은 연기자는 희소해서 일거리가 많아질 것입니다. 저 역시 십 년 뒤, 이십 년 뒤, 삼십 년 뒤 연기 활동이 더욱 기대됩니다.

셋째, 작품의 꽃입니다.

작품이 대성공을 거두었습니다. 연출가는 수개월 동안 연극 작품을 기획하고 연출하느라 고생이 이만저만 아니었습니다. 작품을 만든 사람은 연출가인데 관객의 관심은 배우를 향합니다. 커튼콜에서 배우들은 우레와 같은 박수를 받습니다. 연출이 뛰어났다고 말하는 관객은 한 사람도 찾아볼 수 없습니다. 대신 "배우들의 연기가 감동적이었다." "오늘부터 나는 아무개 배우의 팬이 됐어." 등의 말이 넘칩니다. 영화도 마찬가지입니다. 유명 감독이 아닌 이상 대중은 출연 배우에 대해서만 이야기하며 열광하지요. 연출가나 감독으로서는 조금 섭섭한 일이지만, 역시나 배우는 작품의 꽃입니다. 또한 대중에게 배우는 환상의 존재입니다.

넷째, 개인적인 아픔을 예술로 승화시킬 수 있습니다.

누구나 살면서 고통스러웠던 경험이 있을 것입니다. 어쩌면 그저 인생 낭비였다고 생각할 수도 있습니다. 기억하기도 싫어서 인생에서 통째로 덜어냈으면 좋겠다는 생각도 합니다. 하지만 연기자에게는 아팠던 기억과 경험들도 쓸데없이 허공으로 날린 시간이 아닙니다. 연약함, 실패, 잘못된 선택을 연기로 승화하면 됩니다. 낭비된 시간이 오히려 연기를 위한 귀중한 자양분인 것입니다. 그냥 실컷 아프기만 하고 끝나면 너무 억울하고 아깝잖아요. 나쁜 경험이 한가득 보관된 창고, 아픔을 저축하는 통장에서 조금씩 꺼내 연기에 쓰는 것입니다. 관객들은 삶의 고단함이 묻어나오는 당신의 진정한 연기에 눈물 흘리며 감동할 것입니다.

> **10분 Key Point**
> 연기는 참 재밌고 행복한 일이다.

프로의 자격

어느덧 학생들은 성장하여 학교를 졸업하고 연기 현장에 뛰어들었습니다. 사회생활이 시작된 것입니다. 현장에서 연기자로서 꿋꿋하게 자기 길을 개척하며 커리어를 차근차근 쌓아나가는 모습들을 보면 대견합니다. 하지만 뜻대로 되지 않아 좌절하는 제자들을 보면 측은해집니다. 한여름 장마로 비가 쏟아지면 우산 장수 첫째 아들을 생각하고 기뻐하기보다, 부채 장수 둘째 아들을 안쓰러워한다는 어머니 마음처럼요.

제자였던 배우들과 같이 작업하게 되었습니다. 이때 저는 자랑스럽고 기쁘기보다는 사실 둘째 아들을 대하는 어미 같은 마음입니다. 어떡하겠습니까? 알아서 제 앞가림하는 제자는 프로 배우로서 잘 활동할 것이고 실력은 있지만 운이 따라주지 않는 제자는 제 능력이 닿는 한에서 프로 세계에서 자리를 잡도록 발판을 마련해줘야 하지 않겠습니까? 다행히 전 단편영화와 연극을 제작할 수 있는 능력이 있기 때문에 그런 제자들을 대학로 연극과 단편영화에서 데뷔시키려고 노력합니다.

과거에는 선생님으로서 학생이 연기가 잘되지 않아 우울해하면 위로하고 용기를 복돋아주며 자신감을 갖도록 배려했습니다. 그리고 하루가 다르게 실력이 발전하는 모습을 보면서 보람을 느꼈습니다. 하지만 이제 이곳은 학생들을 성장시키는 교육 현장이 아니라 돈이 오가는 엄연한 프로의 세계입니다. 프로는 돈을 받고 만족할 만한 서비스를 제공하는 전문가입니다. 저는 더 이상 인자하고 배려심 많은 선생님이 아닙니다. 막대한 제작비가 들어간 만큼 수준 높은 공연을 만들어내야만 하는 연출가입니다. 따라서 배우들에게 프로 의식을 강조하며 다분히 엄격해졌습니다. 그렇다면 연기자로서의 프로 의식이란 무엇일까요? 크게 세 가지로 설명하겠습니다.

첫째, 실력

실력은 프로 배우가 갖추어야 할 기본입니다. 하지만 이 당연한 진리가 일부에게는 중요하지 않은가 봅니다. 아니, 그들에게는 어느 정도 타당한 이유가 있습니다. 졸업했는데 캐스팅이 되지 않으니 연기를 지속할 수 있는 기회가 없어 감을 잃고 실력이 떨어진다는 것입니다. 학교나 학원에서는 늘 연기할 기회가 있었고 여러 선생님이 실력 향상을 도왔습니다. 하지만 프로의 세계에서는 연기 발전을 위한 모든 일을 혼자서 해야 합니다. 스스로 연습하고 연구해야 합니다.

십 년 전인 2010년대 초까지만 해도 다소 실력이 떨어져도 외모가 멋지면 TV 드라마에 출연할 수 있었고 소위 인맥으로 줄을 잘 타서 데뷔하는 경우도 있었습니다. 출연을 위해서 뒷돈이 오고 가기도 했다고 합니다. 하지만 지금은 시대가 바뀌었습니다. 우리 드라마와 영화의 위상이 높아져서 전 세계적으로 주목받고 있는 만큼 배우의 연기력에 대한 관객들의 기준 또한 올라갔습니다.

대형 연기학원에서는 캐스팅 디렉터를 두어 수강생들을 유명 드라마와 영화에 출연시켜준다고 홍보하지만 옛말입니다. 요즘은 아무리 단역이라 해도 전문 배우들을 찾습니다. 대형 학원과 계약하거나 인맥으로 실력이 미진한 연기자들을 캐스팅했던 과거와는 달리, 오늘날의 캐스팅 디렉터들은 독자적으로 눈에 불을 켜고 실력 있는 배우들을 찾습니다. 자신이 캐스팅한 배우가 연기를 못하면 현장의 감독과 제작사로부터 일이 끊기기 때문입니다. 광고계도 마찬가집니다. 예전에는 호감을 주는 멋진 외모를 가진 모델을 기용하여 시각적인 이미지를 내세웠지만, 현재는 영화적인 스토리텔링이 중요해지면서 실력 있는 배우들을 찾고 있습니다. 그래서 페이스북, 인스타그램, 트위터 등 소셜미디어에서 실력 있는 예술가들이 발굴되어 대중의 주목을 받기도 합니다. 실력으로 승부하세요!

둘째, 진정성

아무리 실력이 있다고 하더라도 진정성이 없다면 프로 배우로서 살아갈 수가 없습니다. 배우는 사람과 사람이 밀접하게 만나서 감정을 교류하는 연기를 업으로 삼습니다. 그래서 작품에 대한 진정성과 상대 배우에 대한 배려가 없다면 금방 탄로 납니다.

때로는 수준 이하의 작품이나 연기자들과 작업하는 경우도 있습니다. 하지만 그들도 경험과 실력이 모자랄 뿐 좋은 작품을 위해서 최선을 다하고 있다는 사실을 명심해야 합니다.

가끔 지인 소개로 대학생들의 단편영화에 출연합니다. 커리어에 도움도 되지 않고 개런티도 보잘것없습니다. 하지만 저는 즐겁게 작업합니다. '배우는 자신을 필요로 하는 현장이 있다면 무조건 연기해야 한다'는 철학을 가지고 있기 때문입니다. 제가 보기에 학생들의 작업 현장은 많이 서툽니다. 그때마다 제가 가르치는 학생들이 생각납니다. 그래서 실례가 되지 않는 선에서 조언도 하고, 다소 무리한 듯한 요구도 흔쾌히 승낙합니다. 좋은 작품이 될 수 있도록 제가 할 수 있는 최선을 다하는 것입니다. (물론 진정성만 있고 실력이 없다면 이 또한 곤란할 것입니다.)

셋째, 비즈니스

배우에게 있어 비즈니스는 무슨 거창한 것이 아닙니다. 바로 인간관계입니다. 활동하면서 존경할 만한, 혹은 진정성 있는 동료나 선후배를 만난다면 그들과 친분을 유지하는 것입니다. 서로 좋은 영향을 주고받으며 더욱 발전할 수 있습니다. 캐스팅 정보를 공유할 수 있고, 연기 조언도 구할 수 있습니다. 오디션에 떨어져 실의에 빠졌을 때 위로를 받을 수도 있습니다. 한편 안 좋은 사람들과 엮일 때도 있습니다. 이때는 과감하게 분별해야 합니다.

또한 프로 배우로서 자기 자신이 상품이라는 사실을 간과

하면 안 됩니다. 고급스럽고 좋아 보이는 상품이 잘 팔립니다. 자신을 예쁘고 멋지게 포장해야 합니다. 프로필 사진과 동영상 연기를 끊임없이 업데이트해야 합니다. 하지만 포장만 예쁘다고 팔리는 것은 아닙니다. 홍보도 해야 합니다. 끊임없이 오디션 정보를 알아보고 지원하면서 인스타그램이나 유튜브 등 소셜 미디어를 활용해서 자신을 적극적으로 알려야 합니다.

마지막으로, 인간관계의 연장으로서 안부 문자 보내기를 권유합니다. 각자의 사정으로 오랫동안 교류가 끊긴 사람들이 있습니다. 전 스승의 날이면 졸업한 몇몇 학생들로부터 안부 문자를 받습니다. 새해에는 제가 연출한 연극 작품에 출연했던 배우들로부터 덕담과 함께 안부 문자를 받습니다. 추석이 되면 제가 감독한 작품에 출연했던 영화배우들에게 감사 문자와 함께 기프티콘을 선물받기도 합니다. 그러면 차기작에 그들을 염두에 두지 않을 수가 없습니다. 저도 책이 나오면 저를 출연시켜주신 연출님, 감독님, 제작사 대표님, 캐스팅 디렉터, 동료·선후배 배우님들에게 책이 나왔다고 운을 띄우며 안부를 여쭤야겠습니다. "윤용근 배우, 아직 살아 있습니다!" 하고요.

명품 배우를 만드는 사소한 기술

* 연기는 단순히 외운 대사를 읊는 것이 아니다.
* 배우는 온전하고 유연하게 움직이는 사람이다.
* 연기자는 작품이 원하는 추상적인 느낌을 구체적이고 명확하게 표현하는 전문직이다.
* 연기 그 자체를 사랑하라.
* 프로 배우로서 must, 해야만 한다는 집념을 가져라.
* 연기는 단체 예술이다. 그래서 규율과 책임이 무척 중요하다.
* 배우로서 '고상한 존재감'을 드러내기 위해 품격과 지성을 갖추자.
* 연기는 재미있고, 배우는 행복한 직업이다.
* 프로 배우로서 실력과 진정성을 갖추고 비즈니스해야 한다.

2장
왜 사냐고 물으면
그냥 웃지요
- 연기로 배우는 삶

소통과 공감

이 시대의 화두는 '소통'입니다. 소통이 되지 않아서 개인 간에 갈등이 생기고 사회적으로도 반목과 오해가 일어납니다. 층간 소음으로 이웃끼리 싸우거나 상류층 인사가 갑질을 해서 물의를 일으켰다는 내용이 뉴스에 자주 나옵니다. 국회에서는 민생은 뒷전이고 상대 정당을 비난하기에 바쁩니다. 나라와 나라 사이도 마찬가집니다. 소통하고 협력해서 함께 발전을 이루었으면 좋겠는데 오히려 전쟁을 합니다. 영토 확장과 국가적 자존심 싸움 등에 치중하여 민간인의 희생, 전 세계적인 물가 상승, 가난한 나라의 식량난 등 예상되는 어려움은 무시하고 편 가르기를 합니다.

최근 들어 소통을 강조하는 목소리가 여기저기서 들려 오는 것은 그 때문일 것입니다. TV 프로그램에서 부부 간 갈등, 부모와 자녀 사이 갈등 사례를 소개하면 패널들은 격하게 공감합니다. 이에 대한 전문가의 답은 한결같습니다. 소통을 통해 상대방이 뭘 원하는지 이해해야 한다고 합니다. 선거철이면 후보들은 국민과의 소통을 강조합니다. 이렇게 강조하는 걸 보면 소통은 참 어려운 것 같습니다. 소통이 쉽다면 이렇게 강조하지는 않겠죠.

사전은 소통을 다음과 같이 정의합니다.

1. 막히지 아니하고 잘 통함.
2. 서로 통하여 오해가 없음.

소통이 잘되면 당연히 상대방과 잘 통할 것이고 공감대가 형성되고 오해가 없을 것입니다. 만약 좋아하는 친구가 오해를 살 만한 행동을 하더라도 그의 마음속으로 들어가서 '그럴 수도 있겠구나.' 이해할 수 있을 테니까요. 이는 상대의 콤플렉스까지 이해하는 계기가 됩니다. 그렇게 되면 대화의 기쁨이 생길 것입니다. 관계는 상호적이니까요.

또 하나의 키워드는 '공감'입니다. 소통하면 상대방을 이해하게 되고, 이해하게 되면 공감하게 된다는 것입니다. 공감하게 되면 갈등은 사라지고 원만하고 화목한 인간관계를 맺을 수 있기에 전문가들은 공감 능력이 중요하다고 합니다.

그렇다면 어떻게 해야 소통하고 공감할 수 있을까요? 소통과 공감이 중요하다는 것은 알고 있는데 어떻게 해야 하는지 명쾌하게 답을 제시하는 곳은 찾지 못한 것 같습니다. 저는 원활한 '소통'을 위해서 여러분께 제안합니다. 연기의 기본 원리 '보고 듣고 말하기'를 적용해보시라고요. 보고 듣고 말하기는 소통을 위한 좋은 훈련법입니다. 연기를 잘하기 위해서는 상대방을 정확하게 보고 상대방의 얘기를 분명히 들은 뒤 말해야 한다고 배웠습니다. 하지만 초보 배우들은 상대방을 보지도, 듣지도 않습니다. 머릿속에 자기 대사만 꽉 차 있습니다. 이처럼 우리는 대화할 때 상대방을 보는 척만 하고 그가 하는 얘기는 잘 듣지 않습니다. 상대의 말이 다 끝나기도 전에 자기 얘기를 꺼냅니다. 머릿속에 내 할 말만 가득하기 때문입니다. 그러면 상대방 역시 '어, 내 말을 끊었네?' 생각하며 자기 말을 다시 이어갈 수 있는 타이밍만 기다립니다.

구체적으로 설명하겠습니다. 먼저 우리는 '보기'를 통해 상대방의 기분이나 상태를 알 수 있습니다. 예를 들어 좋아하는 분야에 대해서 열정적으로 얘기할 때의 표정 혹은 불쾌한 감정이 느껴지는 눈빛 등을 알아차릴 수 있습니다. 다음으로 '듣기'는 경청을 의미합니다. 경청하게 되면 상대방이 겉으로 내뱉는 말뿐만 아니라 그 이면에 숨은 감정이나 의도도 알 수 있습니다. 마지막으로 '말하기'는 보기와 듣기를 종합하여 적절하게 대응하며 말하는 것입니다. 단도직입적으로 강하게 어필할 것인가? 예쁘게 돌려서 얘기할 것인가? 설득할까? 수긍할까?

'공감'을 위해서는 우리가 배웠던 '교감 훈련'을 떠올려봐요. 연기는 혼자 하는 것이 아닙니다. 좋은 작품을 위해서는 상대 연기자와 교감하여 앙상블을 이뤄야 합니다. 교감의 핵심은 상대방에게 집중하는 것입니다. 공감하기 위해서도 상대방에게 집중해야 합니다. 하지만 인간은 이기적인 존재이기에 온통 내 감정, 내 생각에만 사로잡혀 있습니다. 그래서 다툼이 일어납니다. **공감하기 위해서 상대방에게 집중해요.**

한 가난한 부부가 살았습니다. 남편은 연탄 배달부였습니다. 새벽부터 지게에 연탄을 한가득 지고 산동네 골목길을 누비며 배달했습니다. 아내는 알뜰하게 살림하며 두 아들을 키웠습니다.

아내는 연탄 먼지를 뒤집어쓰고 퇴근하는 남편이 안쓰럽기도 했지만 든든했습니다. "여보, 힘들었지? 얼른 씻어. 물 데워 놨어." 남편은 녹초가 되었지만 자신을 반겨주는 아내와 아이들을 보니 하루의 피로가 싹 가시는 것 같습니다. "자기야! 나 하나도 안 힘들어. 원래 이쁜데 오늘따라 왜 이렇게 더 이뻐 보이냐. 오늘 당신 보고 싶어서 죽는 줄 알았어. 얘들아! 엄마는 아빠 거다!" 그러면 아이들은 까르르 웃습니다.

아내는 기분이 좋습니다. 힘든 내색 하나 없이 오히려 자신을 사랑해주는 남편에게 고마운 마음이 들었습니다. 행복했습니다. 하지만 한편으로는 불편했습니다. 사실 자신은 예쁘지 않았기 때문입니다. 아내는 어렸을 때 눈썹과 이마에 화상을 입었습니다.

시간이 지나며 이마에는 새살이 돋아났지만, 눈썹만은 다시 나지 않았습니다. 아내는 그 사실을 남들에게 들키지 않으려고 항상 눈썹을 그리고 다녔습니다. 남편과 함께 있을 때도요.

시간이 지나 아이들이 학교에 입학하게 되었습니다. 아내는 조릅니다. "여보! 이제 교육비가 더 들 텐데 애들 학교 가 있는 동안 당신 일을 거들게요." 남편은 처음에는 한사코 말리다가 아내의 진심을 알고 마지못해 허락합니다. "그러면 딱 하루만 해보고 정합시다." 그렇게 부부는 함께 연탄을 나릅니다.

고된 노동이 끝난 뒤, 아내는 눈물이 핑 돌았습니다. 남편이 한여름이나 한겨울에도 이렇게 고생하며 일했을 것을 생각하니 이내 눈물이 왈칵 쏟아집니다. 남편은 당황하며 위로합니다. "왜 울어? 괜찮아." 얼굴에 묻은 연탄 가루 사이로 눈물이 번지고 아내는 말을 잇지 못합니다. 남편이 눈물과 연탄 가루를 닦아주려고 다정하게 손을 뻗습니다. 아내는 얼어붙습니다. 눈썹을 그렸다는 사실을 들키면 안 되니까요. 심장이 쿵쿵 뜁니다. 남편의 손길이 얼굴에 부드럽게 와닿습니다. 그렇게 남편은 아내 얼굴에 묻은 연탄 가루와 눈물을 천천히 닦아주었습니다. 눈썹 근처만 빼고요.

10분 Key Point
소통과 공감을 위해서 연기술에서 배운
'보고 듣고 말하기'와 '교감'을 응용하자.

타가테니에

'타가테니에(тяготéние)'는 러시아 단어입니다. 우리말로 해석하면 '끌림'입니다. '끌림'은 매우 긍정적인 의미를 가진 단어입니다. '좋아하는 일에 끌리다.' '그 사람에게 끌리다.' 등 설렘과 기대가 가득합니다. 하지만 타가테니에는 부정적인 의미의 끌림을 뜻합니다. 끌리면 안 되는데 할 수 없이 끌려다니는 기분이나 상태인 것입니다. 예를 들면 이런 것입니다. 담배를 많이 피우면 건강을 해치기 때문에 사람들은 담배를 끊으려고 합니다. 하지만 마음먹은 것처럼 되지 않고 담배를 다시 피우게 됩니다. 담배에 끌려다니는 것이죠. 알코올중독이나 도박 중독, 게임 중독 등도 타가테니에의 예가 될 수 있을 것입니다. 친구들과 적당히 술 한잔하며 가볍게 내기 게임을 하는 정도라면 오히려 스트레스를 풀 수 있습니다. 하지만 중독되면 일상생활이 무너질 정도로 심각한 피해를 초래합니다.

　　연기자에게 타가테니에라는 개념은 매우 중요합니다. 우리는 주어진 삶을 살아가는 데 있어 너무나 많은 타가테니에에 시달리니까요. 스타니슬랍스키는 이 문제를 매우 중요하게 생각했고 배우들에게 강도 높은 정신력과 지혜를 요구했습니다.

그럼 우리가 배우 활동을 하는 데 있어 가장 치명적인 방해가 되는 타가테니에는 무엇일까요? 제 경험을 통하여 대표적인 몇 가지 사례를 소개하겠습니다.

가장 먼저 '돈'입니다. 유명한 배우는 거액의 개런티를 받고 작품에 출연합니다. 하지만 무명 배우들은 적은 개런티를 받고 일합니다. 그나마 출연 기회조차 희박하여 수입이 불안정합니다. 그래서 많은 연기자가 아르바이트와 부업을 통하여 생계를 유지합니다. 부양할 가족이 없다면 그래도 괜찮습니다. 아직도 꿈과 열정은 활활 타오르기 때문에 너끈히 견뎌낼 수 있습니다. 하지만 결혼하게 되면 대부분 점점 배우 활동과 멀어집니다. 가족을 부양해야 하기 때문입니다. 거기에 아이까지 태어난다면 배우 활동으로는 생활에 필요한 비용을 도저히 감당할 수 없게 됩니다. 그래서 과거에 함께 작업했던 선후배 동료 배우 중 몇몇 사람은 보험 설계사, 치킨집 사장님, 영업 사원이 되어 제 앞에 나타납니다. 우리는 삼겹살에 소주잔을 기울입니다. 밤늦은 시간까지 열정적이었던 과거에 대해 이야기꽃을 피웁니다. 배우라는 직업을 포기한 것입니다.

여러분이 배우 활동을 꾸준히 지속하기 위해서는 반드시 경제적인 문제를 해결해야 합니다! 넉넉하지는 않더라도 최소한 기본적인 생활을 유지할 수는 있어야 꿈을 놓치지 않고 계속 도전할 수 있습니다. 이를 위해서는 지혜가 필요합니다. 두 가지 성공

사례를 여러분께 소개해요.

　　한 배우는 누구나 알아주는 대기업에 다니다가 염증을 느끼고 퇴사하여 서른 초반 늦은 나이에 제가 가르치던 학원으로 연기를 배우러 왔습니다. 그는 일찍 사회생활을 시작했기 때문에 세상 물정에 밝았습니다. 그래서 배우가 되고 싶다고 무작정 회사 생활을 접는 것이 아니라 자신의 생활 습관과 모은 돈, 배우 활동을 위해 안배할 수 있는 시간 등을 철저하게 분석했습니다. 퇴직금에 약간의 대출을 받아 조그만 가게를 열었습니다. 요즘 유행하는 무인 아이스크림 가게입니다. 무인 시스템이기 때문에 가게에 상주할 필요가 없고, 제품을 주문하고 시스템을 관리하는 일만 하면 되었습니다. 덕분에 경제적 문제뿐만 아니라 시간적인 문제까지 해결하여 연기 공부를 열심히 할 수 있었고 현재 배우 생활을 안정적으로 영위하고 있습니다. 결혼도 하여 행복한 가정을 꾸렸습니다.

　　취미가 사진이었던 어떤 배우는 특기를 살려 아예 스튜디오를 열었습니다. 자신이 좋아하는 취미를 또 하나의 직업으로 삼은 것입니다. 이 스튜디오는 백 퍼센트 예약제이기 때문에 예약된 시간에만 일하고 나머지 시간에는 배우로서 작품 활동을 하거나 오디션에 적극적으로 참여하고 있습니다. 배우로서 출연 날짜가 고객의 촬영 문의 시간과 겹치면 천연덕스럽게 "그날은 다른 예약이 있습니다."라고 말합니다. 그러면 고객은 '아! 이 스튜디오는 인기가 많은 곳이구나. 비는 시간에 빨리 예약해야지.' 생각하고 다른 날짜에 얼른 예약한다고 합니다. 이 배우는 배우 활동과 스튜디오를 균형 있게 운영함으로써 십 년이 넘는 기간 동안 배우로서의 커리어를 지속적으로 쌓을 수 있었습니다.

돈 다음으로 우리를 배우 활동에 집중하지 못하게 하는 것이 바로 '시간'입니다. 젊은 배우들은 아르바이트를 많이 하는데, 일하는 시간이 길어지다 보니 정작 배우로서 시간을 투자하지 못합니다. 프로필을 돌리고, 오디션에 지원하고, 공부하고 연습도 해야 하는데 시간이 부족해지는 것입니다. 심지어 출연이 확정되었는데 촬영 기간이 아르바이트 시간과 겹쳐 고민하게 되는 사례도 빈번하게 일어납니다. 가끔 있는 출연 기회인 만큼 연기 활동에 집중해야 하는데 그러려면 안정적인 수입원은 포기할 수밖에 없습니다. 또 먹고살려면 일을 해야 하는데 그러다 보면 꿈과는 점점 멀어집니다. 많은 배우가 겪고 있는 딜레마입니다.

특히 여성 배우들은 출산과 양육 문제로 배우 활동을 포기하는 경우가 많습니다. 스스로 풀어야 할 숙제이지만 주변의 도움도 필요합니다.

'건강'도 배우를 괴롭히는 타가테니에입니다. 학생들을 가르치다 보면 자주 지각하거나 결석하는 학생이 꼭 있습니다. 몸이 약하기 때문입니다. 저는 자신의 건강과 지병을 지혜롭게 잘 관리하라고 당부합니다. 몸의 건강과 함께 정신 건강도 무척 중요합니다. 특히 우울증은 아주 무서운 타가테니에입니다. 제가 가르쳤던 학생들과 동료 배우들 중에도 우울증으로 고생하는 사람들이 생각보다 많습니다. 극단적인 시도를 하는 경우도 있습니다. 수많은 연예인과 배우가 자살로 유명을 달리했다는 뉴스가 이제는 낯설지 않습니다. 매우 안타깝습니다. 아마도 배우는 감정을 다루는 직업이기 때문에 좀 더 예민한 것이 아닐까 유추해봅니다. 그렇기 때문에 '이성>의지>감정'이라는 연기의 기본 원리는 더욱 설득력을 얻습니다. 이성으로 지혜롭게 생각하고 의지로 몸과 마음의 질병을 잘 다스려야 합니다.

한 선배 배우는 운 나쁘게도 삼십 대 후반에 중증 당뇨병 판정을 받았습니다. 처음에는 매우 좌절하고 힘들어했습니다. 주변 사람들도 안타까워했습니다. 그러나 몇 년 뒤 그는 완전히 새로운 모습으로 현장에 복귀했습니다. 그토록 좋아하던 술과 담배를 끊고 식단을 철저하게 관리하며 다이어트와 웨이트 운동을 꾸준히 해왔던 것입니다. 저는 무대 뒤 대기실에서 사람들이 없을 때 몰래 자기 허벅지에 인슐린 주사를 놓던 선배의 모습을 아직도 생생하게 기억합니다. 그는 자신의 지병에 끌려다니지 않고 지혜롭게 이겨냈습니다. 이제는 오히려 아프기 전보다 몸이 훨씬 좋아져서 소위 '몸짱 배우'로 탄탄한 커리어를 이어가고 있습니다.

후배 여자 배우 하나는 지독한 우울증으로 수년을 고통받아왔습니다. 무슨 사건이 있었는지는 모르겠지만 외상 후 스트레스 증후군과 공황장애, 불면증 등이 겹치면서 도저히 일상생활이 어려울 정도였다고 합니다. 유일하게 연기하는 순간에만 모든 걸 잊고 자신이 살아 있다는 존재감을 느낄 수 있었습니다. 매일같이 작품 의뢰가 들어오는 유명 배우였다면 항상 그렇게 의미 있고 가치 있는 경험을 할 수 있었겠지요. 그러나 현실은 냉혹하기만 합니다. 가뭄에 콩 나듯 들어오는 출연 기회는 마약같이 그때만 고통을 잊게 했고 평상시에는 다시 우울증으로 고생했다고 합니다. 경험이 있는 분들은 우울증이 얼마나 힘든지 공감하실 거라 생각합니다.

후배는 마지막으로 자신의 의지를 쥐어짜서 어렵게 결심하고 행동으로 옮겼습니다. 원래 혼자 사색하는 걸 좋아했지만 일부러 룸메이트를 구했고 강아지도 입양했습니다. 볼일이 있을 때는 조금 돌아가더라도 일부러 사람이 많은 대로변으로 다닙니다. 전에는 집에서 혼자 대본을 연구했지만 이제는 일부러 사람이 많은 카페에 나갑니다. 그러자 생활이 바뀌었습니다. 집에 가면 룸메이트가 기다리고 있으니 퇴근길에 맥주라도 한 캔씩 사서 자기 전에 하루 일과를 나누며 스트레스를 풀게 되었습니다. 그리고 강아지를 먹이고 재우고 똥을 치워주고 산책시키고 아프면 병원에 데리고 가다 보니 일상이 바빠졌습니다. 자신을 혼자 두지 않고 사람들 속에 있게 하니 잡생각과 묘하고 기분 나쁜 상상들이 점차 없어졌다고 합니다. 약 이 년 뒤에는 약을 완전히 끊게 되었고 배우 활동도 의욕적으로 열심히 하게 되었습니다.

마지막으로 '각종 사건과 사고'입니다. 평소 존경하고 따랐던 선배 배우가 자동차 접촉 사고로 폭력 사건에 휘말려 새벽에 경찰에 입건되었다는 소식을 들었습니다. 그는 후배인 나를 잘 챙겨주었고 유머 감각도 풍부해서 주변 평판도 좋은 사람이었습니다. 우리는 무명 배우 시절 단역으로 함께 영화에 출연하기도 했고 무작정 영화사에 찾아가서 프로필을 돌리는 등 고생도 같이했습니다. 제목을 대면 누구나 알 만한 유명 영화와 드라마에 매우 비중 높은 역할로 출연하여 이제야 배우로서 대중의 사랑을 받기 시작했는데 한순간의 실수로 공든 탑이 무너진 것입니다. 그 선배는 폭력과는 거리가 먼 사람입니다. 성격이 매우 온순해서 후배들이 곧잘 놀리고 장난을 치기도 했습니다. 그런데 그런 사람이….

　　우리는 누구나 실수합니다. 하지만 실수는 실수일 뿐입니다. 빨리 털고 일어나 다시 시작해야 합니다. 실수에 매여, 즉 '타가테니에 당해서' 정신적인 에너지를 소진하면 안 됩니다. 저는 안 좋은 일을 당하면 '맥주 한 캔! 좌절의 시간'을 엄숙하게 진행합니다. 예를 들어 오디션에서 떨어졌다는 소식을 들으면 딱 맥주 한 캔 먹을 삼십 분 동안만 스스로에게 좌절할 수 있는 시간을 줍니다. 스스로에게 온갖 욕을 퍼붓고 양말을 잔뜩 꺼내서 벽에 시원하게 내던집니다. (핸드폰이나 텔레비전은 비싸서 던진 적 없습니다.) 불평, 불만, 푸념, 짜증을 매우 격렬하게 늘어놓습니다. 삼십 분이 지나고 의식이 끝난 후에는 다시 온전하게 내가 다음에 해야 할 일에 집중합니다.

이외에도 우리가 예상치 못한 여러 사건이 우리의 행보를 방해합니다. 연인과의 이별, 부모님의 갑작스러운 죽음, 자식의 질병 등등… 무수한 일이 우리의 삶을 괴롭힙니다. 그럼에도 불구하고 우리 삶과 공존하는 타가테니에를 인정하고 당연하게 여겨야 합니다. 그리고 현명하게 다스리고 관리해야 합니다. 실수는 과감하게 잊어버리면 됩니다. 왜냐면 다음부터는 그런 일이 없을 테니까요. 그리고 어쩔 수 없이 다가온 인생의 불행은 절대로 당신의 잘못이 아닙니다.

10분 Key Point

우리의 삶을 방해하는 '타가테니에'를 당연하게 여기고 현명하게 다스려야 한다.

명품 배우를 만드는 사소한 기술

* 소통과 공감을 위해서 연기술에서 배운 '보고 듣고 말하기'와 '교감'을 응용하라.
* 우리의 삶을 방해하는 '타가례니에'를 당연하게 여기고 현명하게 다스려야 한다.

"엄마! 내 초록색 긴팔이 어디에 있어?"

모스크바 유학을 마치고 귀국하여 인사차 친한 선배가 운영하는
연기 학원을 방문했습니다. 반가워하는 선배의 소개로 수업을 우
연히 참관하게 되었고, 몇 년만에 처음으로 고국에서 어느 연기
지망생의 대사를 듣게 되었습니다. 별로 어렵지도, 특별하지도 않
은 짧은 대사인데 그의 연기는 선생님이 보기에 너무나 초라했습
니다. '왜 그 학생은 이 단순한 연기를 잘하지 못했을까?'라는 물
음이 이 책을 쓴 동기입니다. 그 물음에 시원하게 대답하고 싶었
습니다. 그 대답이 이렇게 길어질 줄은 꿈에도 몰랐습니다.

사실은 그 학생이 이십 년 전 저의 모습이었습니다.

학부 시절 "욘! 왜 그게 안 돼?" 하고 의아하게 물어보는

교수님의 질책은 마음을 타들어가게 했고, 저는 위축되어 쥐구멍이라도 있으면 숨고 싶었습니다. 하지만 무대는 냉정합니다. 숨을 데가 없습니다. 나의 어색한 심리와 행동, 어설픈 실력이 머리부터 발끝까지 발가벗겨지듯 고스란히 관객들에게 들통납니다.

저는 유감스럽게도 앞에서 말한 학생처럼 연기에 재능이 없습니다. 그런데 문제가 생겼습니다. 재능이 없으면 그냥 포기하면 되는데 연기를 너무나 사랑하게 된 것입니다. 그래서 최선을 다했습니다. 짝사랑을 얻기 위해서. 짝사랑은 이루어지지 않는다는 사실을 알고 좌절할 때도 있었지만, 포기하지 않고 현장에서 수고하고 노력했습니다. 그리고 집필을 끝낸 지금, 드디어 비로소 짝사랑이 이루어진 것 같은 기분이 드네요.

산발적인 이론들을 현장 경험과 함께 일목요연하고 짜임새 있게 정리하려 노력했습니다. 쉽고 재미있으며 공감할 수 있는 내용으로 독자들이 부담 없이 연기를 접하도록 배려했지만, 그렇다고 마냥 가볍지만도 않습니다. 현대 연기술의 아버지라고 불리는 스타니슬랍스키의 연기 시스템 외에도 역사적으로 굵직한 족적을 남긴 학자들의 이론에 기반한 전문적인 책이기 때문입니다. 저는 이를 응용하여 우리나라 현실에 맞는 실용적인 교육법을 개발하고자 했습니다.

배우 지망생, 신인 배우, 연기에 관심 있는 모든 이가 이 책을 통해서 유용한 정보를 얻고 실용적이면서도 전문적인 기술을 터득하여 배우라는 꿈을 향해 도전할 수 있었으면 좋겠습니다.

혹시 도전에 실패하더라도 아쉬움은 절대 없을 것입니다. 오히려 실패했다는 슬픔보다 두려워서 도전하지 못했다는 아쉬움이 더욱 괴로울 수도 있습니다.

꿈만 꾸지 말고 해보는 거예요. 연기는 아름다우니까요.

저자 윤용근

감사의 말

이 책이 완성되기까지 스승의 큰 가르침이 있었습니다.

그들에게 경의와 감사를 전합니다.

고인이 되신 러시아의 인민 배우이자, 쉐프킨 연극 대학교의 정신적 지주 빅토르 이바노비치 코르시니코프(Виктор Иванович Коршунов) 학과장님.

할아버지같이 따스한 유머와 인자함으로 지도하시는 인민 배우 블라지미르 술리모프(Владимир Сергеевич Сулимов) 연기술 지도 선생님.

특유의 카리스마로 엄격하게 가르치셨던 마음 따뜻한 나탈리아 페트로바(Наталья Алексеевна Петрова) 연기술 지도 선생님.

학생들의 젊은 혈기를 잘 헤아리는 친구 같은 연기 선생님이자 러시아의 명배우 드미트리 제니체프(Дмитрий Зеничев).

모든 쉐프킨 대학 학생들의 뮤즈 고(故) 마리나 페트로브나 니콜스카야(Марина Петровна Никольская) 성악 선생님.

어린 학생들의 말썽을 할머니처럼 감싸셨던 고(故) 나탈리야 바실례브나 샤로노바(Наталья Васильевна Шаронова) 화술 선생님.

불의의 사고로 고인이 된 우리의 반주 선생님이자 필요할 때 늘 연습을 도와주던 나의 친구 올가 키실로바(Ольга Кишилова).

늘 친절한 노신사 빅토르 안드레예비치 테이데르(Виктор Андрее-вич Тейдер) 무용 선생님.

고려인으로서 한국 학생들이 러시아에 잘 정착하도록 물심양면으로 도와주신 러시아어 교수이자 통역 선생님 고(故) 리지아 알렉산드로브나 권(Лидия Александровна Квон)

마지막으로 저를 러시이 쉐프킨 대학으로 이끌어주신 전 동국대학교 예술대 학과장이자 한국 연극계의 거목 고(故) 김흥우 교수님.

참고문헌

김병정, 『단편영화 제작 가이드』, 아모르문디, 2019.

남도현, 『남도현 발성법』, 코러스센터, 2011.

로버트 맥키, 고영범·이승민 옮김, 『STORY: 시나리오 어떻게 쓸 것인가』, 민음인, 2002.

리나 쿡, 최정선 옮김, 『시작하는 배우를 위한 보이스』, 비즈앤비즈, 2014.

만프레드 브라우넥, 김미혜·이경미 옮김, 『20세기 연극』, 연극과인간, 2000

민병현 글, 백윤미 그림, 『만화로 쉽게 배우는 영상제작』, 예스미디어, 2013.

박서연, 『영화 연기』, 커뮤니케이션북스, 2015.

박우성, 『영화 언어』, 아모르문디, 2017.

블레이크 스나이더, 이태선 옮김, 『SAVE THE CAT!: 흥행하는 영화 시나리오의 8가지 법칙』, 비즈앤비즈, 2019.

삼성출판사 편집부, 『한글 12주 1단계: 기본 모음과 자음 익히기』, 삼성출판사, 2016.

삼성출판사 편집부, 『한글 12주 2단계: 받침 글자와 쌍자음 익히기』, 삼성출판사, 2016.

삼성출판사 편집부, 『한글 12주 3단계: 복잡한 모음 배우기』, 삼성출판사, 2016.

시실리 베리, 이상욱 옮김, 『배우와 목소리』, 동인, 2016.

안민수, 『연극 연출: 원리와 기술』, 집문당, 1998.

오세황, 『배우로 가는 길』, 예니, 1996.

우타 하겐, 김윤철 옮김, 『산연기』, 퍼스트북, 2015.

이은영·강영미·권정아, 『중학 국어: 문법연습 1』 이룸이앤비, 2018.

이은영·강영미·권정아, 『중학 국어: 문법연습 2』 이룸이앤비, 2018.

인나 살로비에바, 김태훈 옮김, 『스따니슬랍스끼의 삶과 예술』, 태학사, 1999.

콘스탄틴 세르게예비치 스타니슬랍스키, 신겸수 옮김, 『배우 수업』, 예니, 2014.

콘스탄틴 세르게예비치 스타니슬랍스키, 김동규 옮김, 『액터스 북』, 예니, 2001.

콘스탄틴 세르게예비치 스타니슬랍스키, 김균형 옮김, 『역할 구성』, 소명출판, 1999.

콘스탄틴 세르게예비치 스타니슬랍스키, 신은수 옮김, 『역할 창조』, 예니, 2013.

헬렌 가비, 박지훈 옮김, 『영화제작 가이드』, 책과길, 2000.